THE EFFECTIVE
EXECUTIVE

有效的经营者

宋志平 著

机械工业出版社
CHINA MACHINE PRESS

图书在版编目（CIP）数据

有效的经营者 / 宋志平著. -- 北京：机械工业出版社，2024.8（2025.3重印）. -- ISBN 978-7-111-76252-2

I. F272.3

中国国家版本馆 CIP 数据核字第 2024WP6448 号

机械工业出版社（北京市百万庄大街22号 邮政编码100037）
策划编辑：吴亚军　　　　　　　　责任编辑：吴亚军　徐子茵
责任校对：韩佳欣　丁梦卓　闫　焱　责任印制：常天培
北京科信印刷有限公司印刷
2025 年 3 月第 1 版第 5 次印刷
170mm×230mm・20.25 印张・3 插页・231 千字
标准书号：ISBN 978-7-111-76252-2
定价：89.00 元

电话服务　　　　　　　　　　　网络服务
客服电话：010-88361066　　　　机 工 官 网：www.cmpbook.com
　　　　　010-88379833　　　　机 工 官 博：weibo.com/cmp1952
　　　　　010-68326294　　　　金 书 网：www.golden-book.com
封底无防伪标均为盗版　　　　　机工教育服务网：www.cmpedu.com

谨以此书献给

经济转型中的企业家朋友们

THE EFFECTIVE
EXECUTIVE

序　言

　　2024年"五一"假期前夕，我拿到了宋志平的《有效的经营者》书稿。这个书名似曾相识，让我想起了"现代管理学之父"彼得·德鲁克20世纪60年代写的一本书——《卓有成效的管理者》。这本书在管理学界和企业界可谓如雷贯耳、影响卓绝，至今仍然脍炙人口，为各界人士津津乐道。

　　德鲁克的《卓有成效的管理者》聚焦的是管理者，泛指一切从事管理工作的人，可以是各个行业、各个层次、各个方面的管理者，只要你是管人（包括自己）的人，读了都有用。然而，你把全书读完之后，可能会有种感觉，德鲁克所讲的管理者还是侧重于企业内部的管理，他说的"卓有成效"也是指企业内部的人、财、物的有效配置和利用，以实现效益最大化。这无疑是企业管理的根本，是管理学需要研究和解决的基本问题。

　　在经济全球化时代，企业的经营环境越来越复杂，充满了不确定性。企业不仅要做好内部的资源配置和利用，更要重视外部的市场机会，应对风险、迎接挑战，做好资源整合与战略谋划。在这样的背景下，宋志平的《有效的经营者》就显得特别有意义。

"经营"是日本企业界、学术界频繁使用的一个词语。日本的"经营学"与美国主流学术界的"管理学"不太一样，似乎更重视"做正确的事"，更多的是一种营造、谋划和追求全局的成功。这个概念在 20 世纪 90 年代引入中国以后，在学术界和企业界都产生了不小影响。在中国，如何经营并取得成功，已经成为企业家等经营者追求的目标，由此受到越来越多的关注。

善于中庸之道的中国人，把经营与管理放在一起，常用"经营管理"来阐述这两个概念的合集。这样就有了：经营是眼睛向外，主要处理好企业外部的事情，做正确的决策和获取资源，目标是获得效益；管理是眼睛向内，着重处理好企业内部的人、机、物、料的关系，目标是提高效率。这种说法乍听上去似乎有点牵强，但仔细想来不无道理，这是中国人对发源于美国的"管理"和流行于日本的"经营"，在中国企业实践基础上的一种中国式解释，很有中国特色。我赞成宋志平的建议："我们企业负责人应该更加重视经营工作，可以把大量的管理工作下移给部下。"此刻对企业负责人来讲，最重要的是在不确定的环境下做出正确的选择。从这个角度来看，这属于"经营者"的工作，讨论如何成为一名"有效的经营者"就显得有特别的意义。

我和宋志平已经认识好多年了，过去我们都是全国 MBA 教育指导委员会委员，每年都有一定的交流。宋志平带领北新建材、中国建材和国药集团取得了许多成绩，他的一些企业实战故事也是广为人知的。他不仅是一位企业经营管理的实战者，也是一位企业实战的思考者，还在不少大学做实践教授，把他的经验在课上讲通了，再写成书，广受读者的喜爱。

纵观宋志平企业经营的实战经历，他在北新建材做了7年主管销售的副厂长和10年厂长，把一家十分困难的企业经营成了享誉行业的上市公司；他在中国建材做了18年的一把手，在此期间同时做了5年国药集团的董事长，硬是把两家原本弱小的企业带入了《财富》世界500强行列。他一直在企业经营的第一线摸爬滚打，个中艰辛是可以想象的。当年的国家建材局领导曾评价宋志平"勤学习、善谋略、团结人、不怕难、求完美"，他的博士生导师也是我的老朋友，这样评价他："宋志平是位优秀的企业家，他勤于思考，做事认真，为人善良，待人真诚，企业做得好源于他做人做得好。"我认为，他们的评价都很中肯。所以，宋志平讲话直接、简单、实用，看他写的书既妥帖又清晰，十分解渴，相见恨晚。

实际上，宋志平40年的企业经历是一个由管理者跨越到经营者的过程，他深谙管理的意义和价值，但他也认识到时至今日，企业领导者要更重视做正确的事，要从"卓有成效的管理者"升华为"有效的经营者"。宋志平认为，"不是管理不重要，而是经营更重要"。尽管企业领导者首先必须是个经营者，但他也一直重申管理是硬道理，也是企业永恒的主题，只不过要有人抬头看路，做正确的事，还要有人埋头拉车，正确地做事。宋志平是那种长期扎根企业的人，工作深入，喜欢学习和思考，他自己就是一位有效的经营者，书中大量的内容源自他的经营实践，应该说，由他提出有效的经营者这一命题，既有坚实的实践基础也有一定的合理性，他的观点还颇具辩证思维。

《有效的经营者》是宋志平众多著作中的一本代表作，集他40年的企业经营管理智慧和数百家企业调研的洞见、反思于一体，是他花了巨大心血写成的一本书。在这本书里，宋志平提出了有效经营者的五项任务，那就是：正确选择，有效创新，资源整合，创造价值，共享机制。这既是他的经验总结，也是他的理论贡献。

对有效经营者来说，正确选择永远是最重要和第一位的。很多时候，经营者所面临的情势常常是看不清、分不明、剪不断、理还乱，这是对每位经营者的挑战和考验。有效经营者一定是比别人更敏感、更理性、更仔细、更谨慎，他们会做出正确的选择，正确地取舍，有效地配置资源，并在合适时机果断地出手。要做到这一点，非常不容易。在这本书里，还有许多故事，宋志平是个喜欢讲故事、很会讲故事的人，他的故事让人读起来十分有趣又深受启发。

有效经营者一定是个善于有效创新的人。创新是我们这个时代的主旋律，也是企业成功经营的关键所在。企业发展的机会靠创新来获取，企业经营业绩的突破靠创新来实现。然而，这本书特别强调有效创新，很有意思。我们平时所做的创新，往往并不一定有效，有的是花架子，有的则很低效，不是什么创新都是必要的。对企业经营者来说，需要强调创新的有效性，宋志平积累了丰富的创新实战经验，从中悟出了许多道理，可供读者参考。

相对于企业经营管理的其他各项工作而言，资源整合是有效经营者非常重要的一项任务。企业要把优质资源整合进来，把小资源整合成大资源，把明天的资源整合成今天的资源，把死的资源整合成活的资源，等等。这些只有经营高手才能做到，宋志平长期从事企业经营工作，运筹帷幄，举重若轻，做得十分出彩。这些经营实战读起来栩栩如生、趣味无穷。

创造价值是经营者不可推卸的责任，也是衡量有效经营者的重要标准。企业既要能创造产品市场的利润，也要能创造资本市场的价值。随着高科技和新经济时代的到来，资本市场创造价值的方式发生了重大变化，有效经营者必须学会应对之法。在复杂多变、充满不确定性的环境中，不断发现、满足、创造产品客户和投资客户的需求，企业才能长盛不衰、基业长青。要做到这些并不容易，正是因为不容易才显示出有效经营者的可贵之处、可学之处。

共享机制，是有效经营者的立身之本。它包括与员工的利益共享，与合作者的成长共享，与社会的发展共享。今天企业的员工主要是知识型员工，他们的知识、经验、才能等都是企业的重要资源，也是企业的人力资本，因而应该像金融资本那样参与企业财富的分配，企业也应该将激励机制上升为共享机制。这种机制设计得越科学，企业往往发展得越好，金融资本的所有者获利也就越多。

这些是我读了《有效的经营者》之后的一些体会。这本书是经管领域特别有价值的一本书，宋志平在这本书里讲清了经营与管理的联系和区别，讲清了企业领导者为什么工作重心要从管理转向经营，讲清了有效经营者的主要任务，这对处于经济转型期的企业领导者来说有着重要的指导意义。我相信这本书会给读者带来思考、带来启发、带来动力、带来希望。

是为序。

王方华

上海交通大学安泰经济与管理学院原院长、教授

THE EFFECTIVE
EXECUTIVE

目 录

序 言

第 1 章 —— 从管理到经营 　　1

管理的成就 　　2
20 世纪的"管理百年" 　　2
中国管理的热潮 　　4
我的管理实践 　　6

21 世纪的变局 　　8
不确定性与脆弱性 　　9
我国经济的转型 　　12
企业面临的三大变化 　　14

有效经营者的任务与能力 　　17

从管理转向经营	17
有效经营者的五项任务	20
有效经营者的十大能力	24

第 2 章 —— 正确选择　　29

战略即选择　　30
　　战略关乎企业生死存亡　　30
　　战略旨在取得竞争优势　　35
　　战略要有取舍　　38
　　公司层面的五大战略　　41
　　业务层面的五大战略　　45

选业务的原则　　48
　　专业化是企业立身之本　　49
　　专业化和多元化的对立统一　　53
　　业务选择归核化　　56
　　业务选择的三大原则　　58

选人用人的逻辑　　61
　　以德为先，以才为主　　62
　　重用"痴迷者"　　64
　　人才培养的精髓　　66
　　领导者的六力修炼　　67

第 3 章 —— 有效创新　　77

创新的本质　　78
　　企业是创新的主体　　78

　　　　企业家是创新的组织者　　　　79
　　　　资本是创新的杠杆　　　　　82
　　　　科技创新的逻辑　　　　　　85
　　创新的原则　　　　　　　　　　89
　　　　创新要有效益　　　　　　　90
　　　　创新要有目的　　　　　　　92
　　　　创新要有组织　　　　　　　94
　　　　创新要有基础和管理　　　　98
　　　　创新要把握机遇　　　　　　100
　　创新模式的选择　　　　　　　　102
　　　　自主创新　　　　　　　　　102
　　　　集成创新　　　　　　　　　105
　　　　持续性创新　　　　　　　　108
　　　　颠覆性创新　　　　　　　　110
　　　　商业模式创新　　　　　　　113
　　创新文化的培育　　　　　　　　116
　　　　深圳创新的启示　　　　　　116
　　　　创新文化的特点　　　　　　118
　　　　让企业成为创新的沃土　　　120

第4章 —— 资源整合　　　　　　123

　　联合重组　　　　　　　　　　　123
　　　　让联合重组变成有机重组　　124
　　　　联合重组应以盈利为出发点　127
　　　　混合所有制是联合重组的重要途径　129
　　　　联合重组的四大原则　　　　133

机构整合 136
- 机构整合是基础 137
- 机构整合的精干化原则 139
- "两材"重组后的机构"三减" 141

业务整合 143
- 剥离非主业 143
- 合并业务同类项 145
- 关注未来业务发展格局 146

市场整合 148
- 行业内卷破解之道 149
- 从竞争到竞合 152
- 三分天下原则 156
- 区域市场整合之法 159

管理整合 161
- "三五"管理整合 161
- 管理整合的八大工法 164
- 格子化管控 167
- 三精管理 171

文化整合 176
- "三宽三力"文化 176
- 文化上不能另搞一套 178
- 收人先收心 181
- 文化整合的五大原则 183

第5章 —— 创造价值 187

价值创造的内功 188

产品市场的利润创造	188
从量本利到价本利	191
五优飞轮效应	193
深耕细分领域	196
品牌创造价值	198

资本运营   202

资本市场的稳健发展	202
资本市场的力量	205
企业发展离不开资本运营	208
资本市场的新规律	210

重视价值管理   213

利润是价值的基础	213
价值管理的五大要领	215
产品市场与资本市场的共生	220
重视分拆和回购提高价值	222

建设高质量的上市公司   225

完善治理	226
提升核心竞争力	229
专注主业	231
稳健经营	232
回报投资者	234

第6章 — 共享机制   237

企业的目的   238

做企业要以人为中心	238
不应片面强调股东利益至上	241

企业的目的是让社会更美好	243
站在道德高地上做企业	245

企业发展离不开机制 247

机制是激活企业的"金钥匙"	247
机制改革需要开明的"东家"	249
国企改革的最后一扇门	250
混改的关键是转换机制	253

共享机制与觉醒企业家 256

从激励机制到共享机制	256
建立共享平台	259
共享机制的实践	261
觉醒企业家	266

第 7 章 —— 回归常理做企业 273

做企业的四大主义 274

秉持务实主义	274
坚守专业主义	275
坚持长期主义	277
弘扬人本主义	279

做企业的四大核心 280

做强核心业务	280
打造核心专长	282
建设核心市场	283
开发核心客户	285

做企业的四支队伍 286

建设一支有企业家精神的干部队伍	287

培育一支有科学家精神的技术队伍 288
组建一支有"四千精神"的营销队伍 290
锤炼一支有工匠精神的员工队伍 292
做企业的四大风险 293
防范周期性风险 293
减少决策性风险 295
警惕资金链风险 297
规避大企业病风险 299

后　记　　　　　　　　　　　　　　　　302

THE EFFECTIVE
EXECUTIVE
第 1 章

从管理到经营

企业的工作林林总总，但归纳起来主要是两件事：一是经营，二是管理。经营是做正确的事，眼睛向外，要在不确定环境下做出正确的选择，目标是提高效益；而管理是正确地做事，眼睛向内，处理好人、机、物、料的关系，目的是提高效率。经营和管理既密不可分，又各有侧重。西方语境下的"management"，往往指的是大管理的概念，把经营的内涵包括在内；而在东方语境下，尤其是中国和日本，往往把经营和管理分开来讲。20世纪可谓是管理的百年，但是进入21世纪，不确定性、脆弱性已成常态，这使得企业的工作重心发生了重大转移。企业领导者要顺应新的趋势和要求，一方面要学会把繁重的管理工作下移给部下，完成从管理到经营的转变；另一方面也要提高自身的经营能力，从普通的经营者成长为有效的经营者。我结合自己 40 年的企业经营管理实战和思考，归纳并提出了有效经营者的五项任务，而成为有效经营者这一目标可以通过后天学习而达成。

管理的成就

每个时代的企业都有属于自己的烙印，如果说 19 世纪企业的烙印是工业化，那么 20 世纪企业的烙印就应该是管理，它是一个解决产品有无的生产管理时代，其间产生的很多管理理论也都是围绕效率提升而展开的。20 世纪的管理成就被称为"管理百年"，中国企业从 20 世纪八九十年代掀起学习西方与日本企业的管理热潮开始，到逐渐形成今天的中国式管理，大约历经了 50 年的管理实践。

20 世纪的"管理百年"

从工业革命开始，在人口和需求增长的持续牵引下，企业当时面对的最大问题是怎样更多更好地提供产品，怎样提高劳动者的效率和技能，这拉开了 20 世纪"管理百年"的序幕。谈到管理，19 世纪末 20 世纪初有两位管理界的人物是绕不开的，一位是弗雷德里克·泰勒，另一位是亨利·法约尔。泰勒被誉为"科学管理之父"，他最早提出用秒表计算工人的应有产出，以此来提升工人的生产效率。在我看来，泰勒的管理理论属于衡量式管理，用量化与标准化的方式来解决企业里存在的问题。法约尔则被誉为"管理理论之父"，他在法国的一家矿业公司工作了一辈子，把这家公司从濒临破产的状态做成了当时法国财力最雄厚的公司之一，他不仅提出了管理的五大要素，即计划、组织、指挥、协调和控制，还提出了著名的14条"管理的一般原则"。在他的《工业管理与一般管理》一书中，"管理"一词用的就是现在MBA中的"A"，即Administration。

1913年，福特汽车公司建成了世界上第一条汽车装配流水线，实现了机械化的大工业生产，大幅度提高了劳动生产率。这种大规模生产方法造就了大企业，企业大了之后，人们又开始发现组织结构和人对企业的重要性越来越高。"组织理论之父"马克斯·韦伯提出了科层制组织理论，主要讨论的是大型组织的结构设计，强调专业化、权力等级、规章制度和非人格化，科层制是现代行政管理的基础。道格拉斯·麦格雷戈的X理论、Y理论，以及威廉·大内的Z理论，讨论的都是人的中心地位，人本管理思想开始在企业中受到重视。

彼得·德鲁克也是一位谈及管理必须提到的人物，他被誉为"现代管理学之父"。他认为，管理不仅仅是一种实践，更是一门需要研究和理解的学科，他把管理上升到了学科的重要位置，提出管理是可以被学习的，企业里需要卓有成效的管理者，并大力推动了管理教育与管理培训，他也开创了以实践为导向的MBA教育模式。

在20世纪的后半叶，日本经济开始复苏，走向繁荣，后来在管理方面的成就也逐渐占了上风。比如，丰田的精益生产模式、戴明在日本推行的质量管理、大前研一的战略理论等，都曾风靡全球，松下幸之助、稻盛和夫等企业家也总结了不少独特的管理思想与管理工法。现在，不少企业还在运用松下幸之助的"蓄水池"理论、稻盛和夫的"阿米巴"模式等。那时，中国企业也涌现出了诸如"鞍钢宪法"、大庆油田"三老四严四个一样"⊖等管理模式。鞍钢模式强

⊖ 三老，就是当老实人、说老实话、办老实事。四严，就是严格要求、严密组织、严肃态度、严明纪律。四个一样，就是黑天和白天干工作一个样、好天气和坏天气干工作一个样、领导不在场和领导在场干工作一个样、没人检查和有人检查干工作一个样。

调的是企业应该加大技术创新，改进流程，提高生产效率；大庆油田模式主张的是企业员工应该追求卓越，有昂扬的精神风貌，既要提升工作效率，又要强化团队协作。

回顾20世纪的"管理百年"，是涌现出了一大批优秀企业和优秀企业家的百年，企业家、管理学者创造的管理工法和管理理论可谓是层出不穷。正是这些人、这些企业、这些思想，共同绘就了20世纪的管理画卷，深刻影响了20世纪的经济生活，也带动了全世界关注管理、学习管理、运用管理。

中国管理的热潮

世界经济的发展、企业的兴起，其实都与管理有着密切的联系。企业家的管理实践和管理大师的理论在20世纪得到了广泛的传播，掀起了一场又一场的管理热潮。最先出现管理热潮的是20世纪五六十年代的欧美，那时各种管理理论在美国已经盛行，不少大企业对管理模式、方法的创造与运用也是如火如荼。与此同时，商学院在美国也得到了快速发展，尤其是MBA教育，从美国开始，横扫欧洲，继而传到了亚洲。当20世纪七八十年代的日本在企业管理上做得最轰轰烈烈的时候，它们的管理也影响到了全世界，美国、中国等国家的企业开始纷纷研究和学习日本企业的管理模式。

我国在20世纪八九十年代出现了管理热潮，那时正逢改革开放，一方面是国有企业在大规模地进行改制，另一方面是民营企业大量兴起。西方管理思想、管理学说大量涌入我国，我们企业积极学习和借鉴先进的西方管理理论、优秀的国外企业管理经验，其中也包括日本企业的管理工法。在这场管理热潮中，宝钢集团有限公司（简称"宝钢"）是最早开始引进日本设备、技术与管理模式的，它与新日铁合作，系统地引入了"集中一贯管理""点检定修制""作业长制"等制度和方法，不仅完全消化吸收了这些引进的技术和管理经验，还在此基础上进行了创新和发展，最终形成了具有宝钢特色的管理模式，并对外输出自己的管理经验。

那个时候，国内企业常讲的就是"外学日本，内学宝钢"，学习管理的企业犹如雨后春笋一般，纷纷冒了出来。20世纪90年代初，邯郸钢铁集团有限责任公司（简称"邯钢"）在企业管理改革中脱颖而出，创立并推行了"模拟市场核算，实行成本否决"的经营机制，俗称"邯钢经验"，成为全国学习的典范。海尔集团公司（简称"海尔"）创造了全方位优化（overall every control and clear，OEC）管理法，该方法是海尔管理模式的典型代表，企业那时通常把"日事日毕，日清日高"作为OEC管理法的标准和宗旨。

1980年8月18日，中国工业科技管理大连培训中心如期举行了开学典礼。这是中国引进西方现代管理理念和教育培训体系的第一个窗口，也是中国政府与美国政府合作的第一个现代管理教育项目。为了培养工业科技管理人员，国家在大连成立了培训中心，这个培训中心就是中国大连高级经理学院的前身，也是这个培训中心最早与美国纽约州立大学布法罗分校管理学院合作举办了研究生班，1986年12月，38名学员获得了MBA学位。这个培训中心也成为我国高等院校创办管理学科的种子，清华、北大等数百所高校陆续组建了自己的经济管理学院、商学院等，开办MBA教育项目，当时很多企业领导干部都接受过这样的管理教育。

我国加入WTO以后，大规模的制造业为企业管理奠定了深厚的实践基础，涌现出了许多优秀的企业家。我在《哈佛商业评论》创刊百年中国年会上提出，过去《哈佛商业评论》刊登的多是西方企业案例，让我国企业界来学习；今后希望刊登越来越多的中国企业案例，让西方企业界也来学习，共享中国企业在管理实践上的成就和新思想。有思想才会被尊重，固然我们企业的产品好、赚了钱，会被人尊重；而如果我们能在管理界创造很多一流的、优秀的管理思想，将更会为全世界所尊重。

"以我为主，博采众长，融合提炼，自成一家"，这是袁宝华㊀先生对企业管理工作者的寄语，也是打造中国本土化管理的一个指导思想。现在，我国企业在管理上也从"跟跑"变为"并跑"，并在一些领域开始"领跑"。我国企业管理理论与方法论也开始受到全球企业界和学术界的重视，中国式管理体系正在不断地发展中。

我的管理实践

我1979年大学毕业后就到了企业工作，工作不久便有机会参加海外培训，到德国、瑞典学习西方企业的管理，这些企业的现代化水平对我产生了非常大的影响。后来，我从北京新型建筑材料试验厂（1985年更名为"北京新型建筑材料总厂"，1997年北新集团建材股份有限公司成立，简称"北新建材"）的技术员做到了副厂长，20世纪90年代初开始做厂长。我每年都会去日本两次，学习日本企业的先进管理工法，如5S现场管理、TQC、定置管理、看板管理、零库存等，我们那时称之为管理十八法。我接手北新建材时，工厂管理基础比较差，我就带着大家推行5S现场管理，以整理整顿为核心开展工作，把一个脏乱差的工厂变成了一个非常整洁而漂亮的现代化工厂，也是花园式的工厂。

㊀ 袁宝华（1916—2019），经济学家、企业管理学家、教育家，原中共中央顾问委员会委员，原国家计划委员会副主任，原国家经济委员会副主任、党组副书记，中国人民大学原校长。

我当时的管理理念就是要把现场和市场连起来，倡导像办学校一样办工厂，像办商场一样办工厂。记得日本三泽住宅的社长看了北新建材之后就说，北新建材的管理让他大吃一惊，因为北新建材把每一个细微处都管理得特别好。当时，北新建材占地1平方千米，建有14万平方米的厂房，每个厂房都安装了很多窗户，那可是上万块的玻璃，每块玻璃都很干净，每个厂房也都是窗明几净的。美国高盛总裁到北新建材参观时说，走进北新建材让他想起了日本的企业，先进而简约。万科王石也曾来过北新建材，他对我说，北新建材实际上是用一个普通的技术，创造出了一家优秀的企业。我想，这就是管理的魅力吧。

后来，我到中国新型建筑材料（集团）公司（现"中国建材集团有限公司"，简称"中国建材"，下文中"中国建材"有时也指该集团的H股上市公司，即"中国建材股份有限公司"）开展了大规模的水泥重组。当时那些刚收进来的水泥企业管理水平参差不齐，必须进行管理整合。于是，我们在中国建材开展了三五整合、八大工法、六星企业、三精管理等，力求处理好企业发展中速度规模和质量效益的关系，应该说中国建材一路发展过来，既得益于正确的战略，也得益于这些有效的管理。

在管理的学习方面，我是从读德鲁克的书开始的，也读了不少其他方面的管理书和企业家们的传记。我还参加了日本产业教育培训，以及日本海外技术者研修协会（AOTS）组织的培训。20世纪90年代初，我读了MBA，1996年又攻读了华中科技大学的管理工程博士。当然，这也不光是我自己学习，我还推荐北新建材符合条件的中层干部到清华、北大读MBA；后来我到中国建材任职，我也推荐中国建材符合条件的管理人员去读EMBA。其实，北新建材、中国建材的兴起就跟管理提升有着很大的关系。我离开北新建材已经 20 多年了，多年来产品质量一贯地好，服务一贯地好，效益一贯地好，股价表现也一贯地好，所有的这一切都与 90 年代那十年打下的管理基础和培养的一大批训练有素的管理干部不无关系。

我的一些管理成果曾获全国企业管理现代化创新成果一等奖、中国管理科学学会"管理科学奖"，以及中国质量奖个人奖、亚洲质量奖个人奖（石川馨 - 狩野奖）等。我先后被聘为第二届、第三届、第五届全国工商管理专业学位研究生教育指导委员会委员，还为清华、北大等高校的商学院做了大约 30 年的实践教授。我还写了 20 多本书，我的想法是要用自己的经验与教训为年轻的管理者插上前行的路标和指示牌。

做好企业，有几件事很重要：一是把产品做出来，二是能量产，三是提高产品合格率，四是把成本降下来，五是把产品卖出去，做好服务。在这一系列的工作中，管理是基础。即使今天社会发展到了高科技时代、新经济时代，管理还是有效经营者的基本功和看家本事。如果一家企业的管理做不好，就谈不上专精特新，更谈不上世界一流，甚至可能难以为继。

21 世纪的变局

我国发展进入战略机遇和风险挑战并存、不确定难预料因素增多的时期，各种"黑天鹅""灰犀牛"事件随时可能发生。现在也是我国从传统型经济向创新型经济转型的重要时期，无论是国有企业、民营企业，还是混合所有制企业，以前企业的工作重心是管理，但现在这个重心需要随着环境的变化而转化为经营。在变化中的正确选择成了企业的头等大事，企业首先要做正确的事，然后才是正确地做事。如果把 20 世纪看成是生产管理时代，那么 21 世纪的头二十多年来，我们已从生产管理时代走向经营管理时代。

不确定性与脆弱性

当前，世界百年未有之大变局正在加速演化，互联网革命、气候问题、全球化进程的演变、中国的后工业化和后城市化等，这些都给企业带来了空前的不确定性与脆弱性。互联网诞生于 20 世纪 60 年代的美国，到 90 年代才进入商业应用领域，并迅速掀起了一场互联网革命，颠覆了传统的商业模式。90 年代末，我国也掀起了一股电子商务热潮。我做北新建材的董事长时，也曾创立北新数码公司。但是，很快这个热度就消退了，为什么？因为当时条件并不成熟，既没移动智能终端，手机只能发短信，也没电子支付，第三方物流也不发达，再加上互联网泡沫开始破灭，这些电子商务网迅速变成了信息网，因而存在的时间比较短。后来随着条件的逐渐成熟，我国消费互联网走在了全球的前列，现在产业互联网也正在加速赶上，5G、AI、新能源汽车等领域的一批新经济企业也在快速崛起。互联网技术的迭代日新月异，每一波新技术的兴起都有可能重塑行业生态，有多少企业崛起，就会有多少赶不上变化的企业无声无息地消失在时代洪流之中。企业需要不断投入资源进行技术创新和升级，否则很容易被淘汰。

罗马俱乐部⊖在 1972 年发布过一份具有里程碑意义的报告——《增长的极限：罗马俱乐部关于人类困境的研究报告》，它的核心结

⊖ 罗马俱乐部是一个由科学家、企业家和其他重要人士组成的国际性非政府组织，成立于 1968 年，旨在探讨全球性的挑战，尤其是与可持续发展相关的问题。

论是，如果全球的经济增长、人口增长以及资源消耗继续按照当时的趋势进行下去，地球将面临一系列的"极限"，包括资源枯竭、环境污染加剧和生态系统的不可逆损害，这些最终都会限制经济增长并可能导致系统崩溃。20 世纪 90 年代，科学家们发现地球的大气温度在升高，由此引发了冰川融化，海平面上升，以及全球气候的恶化，给人类带来了生存的极限。2015 年 11 月，我在巴黎参加了第 21 届联合国气候变化大会，并分别在中国的"红角"和欧洲的"蓝角"做了演讲，宣传了中国企业应对气候变化所采取的措施。也是在那次大会上，大家达成了协议，从工业革命之前的 1750 年到 21 世纪末，将全球气温上升幅度控制在 2℃ 之内作为目标，争取不要超过 1.5℃。现在，全球气温上升幅度实际上已经超过了 1℃。也就是说到 21 世纪末，气温上升空间已经非常有限。但是，如果我们不节制的话，全球气温甚至有可能会上升 4~5℃。围绕这些变化，企业一方面要进行绿色低碳生产，另一方面也要加快新能源的发展，还要开展碳交易，进行碳捕捉等新的减碳尝试。

现在，世界的全球化进程发生了改变，美国提出了回归实业，欧洲提出了再工业化。美国希望恢复本国的制造业，对外采取了相关措施，这是企业当前面临的现状。今后的全球化可能会按区域化发展，诸如北美、欧洲和亚洲等进一步区域化，企业的国际市场准入与供应链的稳定性受到了极大挑战。这些变化让我国必须重新思考经济发展的路线，不能再继续用过去那种"两头在外、大进大出"⊖的模式带动经济发展了。

⊖ 改革开放之初，我国珠三角地区探索出了"三来一补"的外贸模式：来料加工、来样加工、来件装配和补偿贸易，即由外商提供资金、设备、原材料、来样，并负责全部产品的外销，由我国企业提供土地、厂房、劳动力。这种资金来源与产品市场都在国际市场的格局，被称为"两头在外，大进大出"。

我们企业一方面要积极开拓国内市场，另一方面也要加大"走出去"的力度，走深走实。今天的国际贸易摩擦和国内激烈的市场竞争也倒逼着我国企业加速"走出去"，不"出海"则"出局"，国际化是我国企业的一个必然选择。今后，我们要从"中国是世界的工厂"转变为"世界是中国的工厂"，也要从注重 GDP（国内生产总值）转变为既重视 GDP 也重视 GNP（国民生产总值），形成国内国际双循环互相促进的格局。在这个发展过程中，有效的经营者必须熟知国际规则，眼光向外，有国际视野，还要能因势利导，规避一些风险，思考企业国际化的新途径、新模式。

在中国的后工业化、后城市化进程中，新技术的出现将会为企业带来机遇，对传统产业的业务模式则会带来挑战；企业对高技能人才的需求将会增加，而社会上那些低技能劳动力的就业则会面临挑战，这也促使企业要在人才结构上进行调整。当然，国家也会出台一些新的政策法规来引导产业升级、环境保护和社会治理。面临着这些不确定性，企业需要不断提升自身的灵活性、创新性和风险抵御能力。

很多专家学者把我们现在所处的时代称为 VUCA 时代[一]、BANI 时代[二]，但无论是 VUCA 时代所凸显的不确定性，还是 BANI 时代所强调的脆弱性，都表明企业面临的环境发生了巨大的变化。企业必须要用全面、辩证、长远的眼光分析形势，认清当前变化的大环境，只能在不确定性下调整心态、做好自己，在脆弱性下更加坚韧、稳

[一] 所谓 VUCA 时代，指的是这个时代具有易变性（volatility）、不确定性（uncertainty）、复杂性（complexity）、模糊性（ambiguity）。它在 20 世纪 90 年代被提出来，后来被广泛用于描述数字化时代的商业基本特征。

[二] 所谓 BANI 时代，指的是这个时代具有脆弱性（brittleness）、焦虑感（anxiety）、非线性（nonlinearity）、难以理解（incomprehensible）。它在 2016 年被提出来，后来也被广泛用于描绘当今时代特征。

健发展。同时，企业也要能发现机遇、抓住机遇，积极应对市场变化，适时调整发展战略，创新产品和服务，努力化危为机、守正出新，推动企业改革与发展，在变局中开新局。

我国经济的转型

党的二十大报告提出，完整、准确、全面贯彻新发展理念，着力推动高质量发展，主动构建新发展格局。而新发展理念的核心内容就是：创新、协调、绿色、开放、共享。创新是引领发展的第一动力，解决经济跨周期问题、克服企业的困难、提升企业的竞争力，都要靠创新；协调是持续健康发展的内在要求，我国经济一定要协调发展，要平衡；绿色是永续发展的必要条件，绿水青山是我们的金山银山；开放是国家繁荣发展的必由之路，要发展我国经济，中国开放的大门不会关闭，只会越开越大；共享是中国特色社会主义的本质要求，是实现共同富裕的内在要求。这些都关乎我们的工作和生活，对企业发展产生了很大影响。我们必须了解这些深刻变化，在变化下找到适合自己的发展之路。

经济学的康德拉季耶夫周期理论认为，经济发展每五六十年是一个周期。1945—1965 年，美国和欧洲都经历了快速成长阶段，经济持续增长；但 1965 年之后的 20 年，欧洲经济开始出现衰退，美国经济却出现了繁荣。德鲁克一开始疑惑，这到底是怎么回事，是康德拉季耶夫周期理论不对，还是其他因素所致；最后经过研究发现，1965—1985 年，美国是用创新型经济取代了管制型经济，创新使美国获得了发展，美国就业人数从 7000 万人增加到 1.1 亿人。

当前，我国经济已由高速增长阶段进入高质量发展阶段，正在从传统型经济向创新型经济转变，整个社会也向创新型社会演进。有些人怀念过去经济高速增长的日子，总想用过去的方式做今天的事情。实际上，经济发展是回不到过去的，我们只能研究现在和未来的情况，把握现在的机遇。过去，钢铁、化工、建材等重工业和房地产等行业带动了我国经济的发展，但是现在从高速增长进入了高质量发展的新时代，不能只靠过去这些传统产业，而是要靠新兴产业，形成新的增长极，如新能源、电动车、新材料、大健康等。2023年9月，习近平总书记在黑龙江主持召开新时代推动东北全面振兴座谈会时指出，"积极培育新能源、新材料、先进制造、电子信息等战略性新兴产业，积极培育未来产业，加快形成新质生产力，增强发展新动能"。新质生产力的提出是重大的理论创新，它将会颠覆我们既有的生产方式，强力推进社会经济生活全面转型。

在当前践行新发展理念、构建新发展格局的时代背景下，资本市场发挥着至关重要的作用。我国资本市场发展了30多年，其间经历了由小到大、从弱到强的过程，现在已成为全球第二大资本市场。这些年来，资本市场为我们国家经济发展做出了巨大贡献，有力地支持了国有企业的改革发展、民营企业的快速成长，也有力地支持了我国的科创事业。现在，资本市场又通过深化新三板改革、设立北京证券交易所（简称"北交所"），大力支持中小企业，特别是专精特新"小巨人"企业创新发展。可以说，资本市场的制度创新迈开一小步，我们企业的创新就会迈开一大步，制度创新极大地促进了企业的创新。

上市公司是推动形成新质生产力的主力军，许多上市公司长期以来都在积极布局未来产业，着力抢抓新赛道、培育新动能。截至2023年10月底，我国上市公司数量已经超过5300家，总市值在80

万亿元左右,约占 GDP 的 66%,其中有 1760 多家上市公司属于国家统计局划分的战略性新兴产业,约占全部上市公司家数的 1/3,市值约占全部上市公司总市值的 1/5。

企业面临的三大变化

新质生产力的出现,一定要有与之相匹配的新型生产关系,这样才能促进经济和谐发展。企业里的生产关系,主要有三个方面:一是所有制形式,二是分配方式,三是人在企业里的地位。所以,企业在所有制形式上、在分配方式上、在对员工地位的认知上都面临着不同程度的变化。

在所有制形式上,公有制为主体、多种所有制经济共同发展和"两个毫不动摇"⊖都是我国基本经济制度的重要内容。国有企业和民营企业是我国经济中的孪生兄弟,公有制和非公有制并存,不可能做到泾渭分明,它们必然会产生交叉持股,产生新的所有制形式,这就是混合所有制。所以,混合所有制的产生,并不是哪个人的突发奇想想出来的,而是经济生活中出现的一种自然规律。党的十八届三中全会通过的《中共中央关于全面深化改革若干重大问题的决定》指出,国有资本、集体资本、非公有资本等交叉持股、相互融合的混合所有制经济,是基本经济制度的重要实现形式。现从实践来看,中央企业和地方国有企业所属的混合所有制企业户数占比分别超过 70%、54%。

中国建材 2006 年开始进行大规模混改,混改了上千家水泥企业,中国医药集团有限公司(简称"国药集团")也混改了 600 多家

⊖ 毫不动摇巩固和发展公有制经济,毫不动摇鼓励、支持引导非公有制经济发展。

医药公司。那时,我提出了"国企的实力+民企的活力=企业的竞争力",混改的关键不在于"混",而在于"改","改"就是改体制机制,让国企更具活力、让民企更加规范,最终国企、民企实现双赢和多赢,这就是国民共进。2019亚布力中国企业家论坛第十五届夏季高峰会在天津开幕,参会代表中有2000多位民营企业家,我在主题演讲时呼吁"国企民企一家亲,试看天下谁能敌?"国企和民企要团结起来,我们未来的社会一定是国民共进的社会,未来的经济也一定是国民共进的经济。

自党的十八大以来,以习近平同志为核心的党中央亲自谋划、部署和推动了国有企业的改革,更加注重改革的顶层设计以及改革的系统性、整体性、协同性,搭建形成了以《关于深化国有企业改革的指导意见》为统领,以数十个配套文件为支撑的"1+N"政策体系,国有企业改革三年行动计划推动和促进了国企改革全面深化,"坚持党对国有企业的领导是重大政治原则,必须一以贯之;建立现代企业制度是国有企业改革的方向,也必须一以贯之。"这"两个一以贯之"在改革实践中更加全面地深化、细化,改革方向也更加明确。过去,我们针对体制、制度、机制进行了一系列的改革;现在,我们正在深入实施国有企业改革深化提升行动,着重针对提升企业的核心竞争力和增强核心功能,让企业真正按市场化机制运营。

《中共中央 国务院关于营造更好发展环境支持民营企业改革发展的意见》,是中共中央、国务院为了进一步激发民营企业活力和创造力,推动民营经济高质量发展而制定的一系列政策措施。它具体包括31条,涵盖了市场准入、公平竞争、融资支持、产权保护、技术创新、法治环境等多个方面,就是为了解决民营企业面临的实际困难,希望营造出更加公平、透明、可预期的市场环境。在改革的新征程上，我国企业要更加紧密地团结在以习近平同志为核心的党中央周围，加快建设一大批专精特新企业和世界一流企业，为全面建设社会主义现代化国家、实现第二个百年奋斗目标和中华民族伟大复兴的中国梦做出更大贡献。

在分配方式上，我们国家今天在倡导共同富裕，过去经历了"让一部分人先富起来"的阶段，才形成了现在的经济实力。当前，我们进入了一个新的阶段，并把共同富裕的实质性进展作为新阶段的重要内容。共同富裕就是希望打造中间大、两头小的橄榄型分配结构，扩大中等收入群体的比重，增加低收入群体的收入，合理调节高收入，力求社会的公平和正义。在企业里，我们同样面临公平和正义的问题，我认为，共同富裕对企业而言就是要设计好分配方式，建立起共享机制。我们企业以前常讲激励机制，现在应该思考把激励机制上升为共享机制，让企业成为共享的平台，成为共同富裕真正的理想基石。

在对员工地位的认知上，要从员工是劳动者转变成员工是真正的"主人翁"。激励机制与共享机制的不同之处，就在于对员工地位认知的不同。激励机制只是把员工当成劳动力看待，而共享机制则是把员工当成一种资本（即人力资本），与企业里的金融资本一样，可以享受企业创造的财富。国有企业着力推进机制改革，通过科技型企业股权分红、员工持股、上市公司股权激励、超额利润分享、骨干员工跟投等，让人力资本像金融资本那样共享企业财富，增强员工对企业的归属感，提升员工的向心力和凝聚力。通过共享机制，进一步打造橄榄型分配结构，逐步扩大中等收入群体的比重，以让整个社会处于比较稳定的结构，也更有利于我国经济实现稳健发展。

有效经营者的任务与能力

企业的工作重心从管理转向了经营，不是说管理不重要了，而是经营更重要。经营需要面临外界的变化和不确定性，保证做正确的事并不容易。企业往往不缺少训练有素的管理者，而真正缺少的是能够登高望远、有战略思维的经营者。诺基亚、摩托罗拉等当年"巨无霸"企业的挫折，也都是因为犯了经营的错误。对企业来说，过度的管理无法弥补经营的失误。不仅如此，企业领导者意识到自己是个经营者，这是远远不够的，还要治企有方，兴企有为，从普通的经营者成长为有效的经营者。有效经营者的五大任务是：正确选择、有效创新、资源整合、创造价值、共享机制。与之相对应，有效经营者还需要具备十大能力。

从管理转向经营

当今这个时代，由于技术的进步、智能化和数字化的推进等，过去那些复杂的管理环节大大简化了，比如工厂的很多流程性管理，都放到了程序和机器里。记得新中国成立初期，甘肃永登的一个水泥厂就需要12 000人，而要管理好这些人并不容易，所以那个时候管理是企业最重要的基础。现在建一个与永登水泥厂同样生产规模的智能化水泥厂，只需要50人左右，三班倒，每一班也就十几个人，这大大减轻了管理的工作负荷。作为企业领导者，如果还是采用传统人盯人的管人管事的方式，那么可能就会与创新、变化失之交臂，也可能做不出正确的选择。管理学历经了上百年的发展，我国企业从改革开放算起也经过了近50年的现代管理历练，管理水平已经得到了极大的提升，如果谁今天管理的工厂还是脏乱差，到处跑冒滴漏，那就应该开除谁的"地球球籍"。

大家知道，在诺基亚手机被市场淘汰的时候，诺基亚总裁感慨地讲了一句话："我们什么也没做错，但我们失败了"。诺基亚的管理没有问题，但在手机从按键式转向智能化的时候，它仍把手机作为一个接听工具来看待，面对外界的变化，诺基亚的领导者没有做出正确的选择，所以，诺基亚的按键式手机一败涂地。摩托罗拉也是这样，著名的"六西格玛管理"就是它创造的，但当年因投资铱星电话而使它一蹶不振。这些著名企业的管理不可谓不好，但往往因一个经营决策失误而被拖垮，像诺基亚和摩托罗拉这样的例子可真是屡见不鲜。

1997年，哈佛商学院克莱顿·克里斯坦森在《创新者的窘境》一书中提出，如果企业过于依赖管理，可能会由此导致衰败，而如果企业和创新失之交臂，则可能会由此导致失败。创新应该成为企业的核心工作，尤其是当颠覆性创新出现的时候，我们要保持警惕。

哈佛商学院迈克尔·波特教授曾带着7名博士生，在二十多年前去日本调研后写了一本书——《日本还有竞争力吗？》，这本书得出一个惊人的结论：虽然日本的企业管理得很好，每天升厂旗、唱厂歌、开早会等，但是这样是不可持续的，因为它们缺乏自主创新，更多的是模仿式创新。后来，日本确实经历了所谓"失去的30年"。但是，在失去的这些年里，日本的企业痛定思痛，进行大规模的转型。2018年，我带着"日本的企业是不是转型了"这个问题，深入丰田、三菱等大企业进行调研，发现它们都进行了转型。

虽然管理是企业永恒的主题，但是管理并不是万能的，它只能解决需要管理的事情，而代替不了经营。很多时候，管理的边际效用是递减的，你不可能通过管理无限地降本增效，而经营的边际效用是递增的，经营得越好，你赚的钱就越多。这是管理与经营的最大区别。事实上，一些企业一旦出了问题，不分青红皂白，就去加强内部管理，如裁员、降薪、打卡等，好像把一切问题都归咎于管理，结果导致过度管理。如果问题出在经营上，企业的领导者不去反思自己的战略，调整自己的业务方向等，反而过度管理，这真的是大错特错。

随着外界环境的变化、管理水平的提高，以及创新的不断涌现，企业的主要矛盾今天已由单纯的管理问题逐渐转变为怎么反思战略选择、如何进行有效创新、怎样建立起企业机制等经营问题，企业如果不进行这样的转变，就会越来越难。如果企业的经营有问题，我们不是去思考如何把经营做好，而仅仅是在管理方面下功夫，那么可能就会事与愿违。以前我们常讲，管理就是要让干毛巾也能再挤出"三滴水"来，"三滴水"说的是我们在管理上的问题；而经营则涉及我们"三桶水"的问题，如果企业领导者不重视"三桶水"的问题，反而只重视"三滴水"的问题，企业就会在21世纪的变局中败下阵来，我们很多企业目前犯的就是这个错误。随着管理降低成本的边际效用递减，再怎么挤出"三滴水"的成本，也赚不到"三桶水"的收入。当然，"三滴水"也重要，但"三桶水"更重要。

现在，企业领导者不仅要重视管理，更要重视经营；还要知道哪些事务属于管理范畴，哪些属于经营范畴，这样才有可能从管理转向经营；也要知道有效的管理者应有哪些任务、哪些能力，有效的经营者又应有哪些任务、哪些能力，怎样才能从有效的管理者转变为有效的经营者。彼得·德鲁克一生中写了几十本书，1966年出版的《卓有成效的管理者》至今仍很受欢迎。这本书着重讲了有效管理者的五大要领，即善用时间、重视贡献、利用长处、要事优先、有效决策,德鲁克抓住了卓有成效的管理者应面对的重点工作和主要任务。今天,企业领导者不仅是要从管理者转变为经营者,还要成长为有效的经营者。有效的经营者不仅重视管理,还能区分经营和管理的工作,并把管理工作下移给部下,而将自己的主要精力用于经营,抓住经营的主要任务,不断磨砺与修炼自己的经营能力。

把管理工作下移给部下,这是有难度的,因为不少企业领导者都是从基层一步一步地成长起来的,有管理偏好,甚至觉得不管人也不管事就大权旁落,而对企业的未来却缺乏认真思考,这就是经营者缺位。现在,一些企业不乏训练有素的管理者,而缺少真正有战略决断力的经营者,用管理思维经营企业十有八九会失败。要让企业领导者转变思维模式,经常去思考经营问题并非易事,但这又是一个非转不可的弯子。

转变成经营者并不是我们的最终目的,成长为有效的经营者才是我们真正的追求。那么,如何从普通的经营者修炼成有效的经营者?其实,很多人对此并不是很清楚。粗略回顾一下我的角色转变,我在企业工作的前20年主要是管理者的角色,后20年则主要是经营者的角色。经过20年的企业经营锤炼,我才有了今天对"有效的经营者"的深刻体会与总结归纳。面对诸多的不确定性,企业既需要经营者抬头看路,也需要管理者埋头拉车,有效的经营者举重若轻,有效的管理者举轻若重。我们要通过组织的配合把有效经营与有效管理很好地结合起来。

有效经营者的五项任务

企业的事务看似千头万绪、林林总总、大大小小,但归纳起来主要就是经营和管理两件事。有效经营者不仅要考虑企业短期财务成果，更要重视企业长期的健康发展和综合竞争力的提升。企业领导者不仅要认识到自己首先是个经营者，还要致力于成为有效经营者。结合自己多年经营实战和观察思考，我归纳总结了有效经营者的五项任务。

第一，正确选择。企业面对的巨大挑战是不确定性与脆弱性，正确选择是有效经营者的首要任务。作为经营者，最难的就是决策，谁都替代不了你。尽管做决策可以集思广益，但是最后到底做出什么样的决策还是不做，都得由企业的经营者定夺。即使做了决策之后，如果发现信息不对称或环境发生了变化，经营者还得改变自己的决策，哪怕是昨天才做的决策。

经营者如果在战略选择上、在业务选择上、在选人用人上下功夫，建立起一套选择的底层逻辑，那就不怕做不出正确的选择来，这样的经营者也可算得上是有效经营者了。因为战略、业务、人才三个方面选择的正确与否往往决定企业的生死，是那种不可不察的大事。有效经营者在研究企业的战略选择时，不光要有一套明确的思路和正确的原则，关键是还要能对战略进行分解，将公司层面和业务层面的战略分别执行落地。有效经营者在选业务时遵循原则，选人时也是如此，德才兼备，以德为先、以才为主，这是他们的选人标准。同时，他们还会选择那些痴迷者、专业主义者。

第二，有效创新。普通经营者也明白创新的重要性，也想做创新，但在创新方面没有形成一套有效的方式方法。创新是要有效益的，如果没有效益，再好的技术都不能做，因为企业长期赚不到钱就做不下去。创新有风险，但是不能说有风险就不干，有效经营者不甘冒风险，还能把风险降至最低。对风险投资来说，30%的项目赚钱就行，但一般企业既不能这么想，也不能这么干。那么，企业要有多大的成功概率才能做创新呢？我认为，70%的成功率就可以，也就是说，对创新项目来说，要有七成的成功把握，企业才能干。创新既有规律可循，又有模式可依。有效经营者在创新上更加注重有效性，追求有目的、有质量、有效益的创新，同时也更重视创新模式的选择。

第三，资源整合。今天的竞争，不在于企业自身拥有多少资源，而在于企业能够整合多少资源。做企业，资源并不一定都是自己的，也不能凡事都从零开始，那样做既没必要，也过于传统，还会错失良机。经营者要有整合的理念，但又不能因单纯做大规模而去整合，整合的关键在于协同效应有没有真正发挥出来。有效经营者在整合资源上也有自己的原则，不会简单盲目地谈整合，而会讲究具体的方式方法。联合重组一定是符合战略的重组，联合重组之后也会特别重视管理、文化等层面的整合。比如，我在中国建材时总结了"三五整合""八大工法"等管理整合方法。国际并购中有个"七七"定律：70%的并购案例是不成功的，没有实现预期的商业价值，而在不成功的并购案例中又有70%是因为文化整合的失败。联合重组中最重要的就是文化整合，在文化整合方面，有效经营者总是会用好文化去同化坏文化，而绝不允许坏文化同化好文化。

第四，创造价值。今天的企业需要面对两个市场：一是产品市场，二是资本市场。在产品市场中，企业注重的是创造利润；而在资本市场中，企业关注的是创造价值；利润是价值的基础，但利润并不等同于价值。普通经营者往往重产品市场而轻资本市场，而有效经营者则是两者皆看重，不偏废其一。有效经营者主张从产品现场到产品市场，重视产品定价和品牌建设，不仅要善于管理工厂更要善于经营市场。做出好的产品是做企业的基础，但能否获得市场的认可，能否获得客户的溢价则是经营水平高低的问题。有效经营者认为市场是个大系统，他们秉持这样一种理念：行业利益高于企业利益，企业利益蕴藏于行业利益之中。在价格上，他们非常重视与竞争伙伴的和谐相处，一般不采用盲目的杀价竞争，而是采取稳定价格的方式，从量本利走向价本利、从竞争的红海走向竞合的蓝海。

有效经营者在资本市场上也不仅仅是着眼于发行股票融资，而是把是否创造出了企业价值作为他们在资本市场上最重要的表现，善于利用创新和企业的成长性来提升企业的价值，进而回报股东，回报其他利益相关者。上市公司的价值就是市值，创造价值是有效经营者的重要任务。其实，茅台只融过一次资——22.44亿元，但多年以来，它的累计分红超过了2000亿元，为投资者创造了巨大价值。上市公司还应当重视社会效益，积极履行社会责任，实现与员工、客户、供应商、银行、社区等利益相关者的良性互动、和谐共生。

第五，共享机制。机制就是企业效益和员工利益之间的正相关关系。自组织产生以来，激发人的积极性和能动性就是困扰组织发展的老生常谈的问题。不管国企还是民企，谁能破解机制的难题，谁能有好的机制，谁就能发展得快、发展得好。企业的目的是让社会更美好，共享机制的出发点是社会的公平正义。有效经营者认为人力资本和金融资本同样重要，强调企业员工通过员工持股、科技分红等在初次分配中实现与金融资本的利益共享。普通经营者还没深刻认识到共享的价值，多数时候会从激励角度出发，而从激励机制到共享机制是有效经营者进行的一次升华。有效经营者本身也是具有高度社会责任感的企业家，在创造财富的同时做到富而有责、富而有义、富而有爱。

有效经营者的十大能力

德鲁克认为，卓有成效的管理者是可以通过后天学习而养成的，其实，有效的经营者也是可以通过后天学习而长成的。有效经营者要完成五项任务，必须要进行深入的学习和必要的修炼，必须学会以有效经营的思维和站位思考问题，这样才能真正从管理者转变成经营者，从普通经营者成长为有效经营者。我建议，有效经营者应该着力学习和培养以下十大能力。

一是要把自己的工作重心转向经营层面，而把管理层面的工作真正下移给部下。回想我在北新建材当厂长的那段时间，企业开会讨论的大多是管理问题，如大修理、质量控制、现场管理等；而中国建材月度经营会主要讨论的是市场、价格、创新、商业模式等经营问题。正是因为这样，经过多年的训练打磨，中国建材培养了一大批经营者。中国建材各业务板块的一把手，主要的工作是经营内容，而管理工作分解给各级干部。

二是要能综合考虑企业的目标。有效经营者会采取一种系统化的方法，确保目标设定既全面又符合实际，能够反映企业内外部环境的各种因素。具体可以从市场环境、企业自身物质与精神的追求、政策法规、战略解码与目标分解、内部管理与运营、客户需求与市场定位、风险评估与应对、员工激励与沟通机制等角度出发，全面考虑目标设定的各个方面，确保企业目标既符合企业长期愿景，又能响应短期市场变化，促进企业的持续健康发展。有效经营者能够兼顾企业的短期目标与长远目标，真正做到投资有回报、产品有市场、企业有利润、员工有收入、政府有税收、环境有改善，能把企业利益相关者的利益都放在心上。

三是培养自己的战略思维，要把主要精力放在正确选择上。战略思维具有全局性、系统性和辩证性三种特性，培养战略思维很重要的就是要增长经营者的见识和知识。面对诸多不确定性，有效经营者之所以能做出正确选择，一方面源于自己的价值观，另一方面源于自己对商业规律、技术逻辑的把握与判断。是否拥有正确的价值观，这是普通经营者和有效经营者非常显著的区别。我常说，领导者一定要德才兼备，以德为先、以才为主，有德之人才会有正确的价值观。

四是增强自己的创新意识和改革意识。企业若要持续成长和发展，就必须不断自我革新。改革和创新能够帮助企业突破现有的局限，开拓新局面，实现可持续发展。有效经营者在创新中总是尽可能地防范风险，而不是甘冒风险。有效创新不仅仅是企业赢利的手段，更是推动社会进步、解决社会问题、创造社会财富的重要途径。有改革意识和创新意识的经营者，更能引领企业为社会做出巨大的贡献。

五是学会整合资源，能够联合起同行减少恶性竞争，进而取得更大的效益。企业可以通过对外合作、并购、政府和政策支持、社会融资等渠道获得资源与整合资源。现在市场上出现了一种新的竞合模式，就是开展一些跨企业的协同合作。比如，有时企业在某一个辖区销售水泥，如果从产地运到需求地非常远，那就会由运输距离更近的同行企业代为生产。也就是说，在生产上进行协同，把竞争伙伴都连在了一起，这种竞合的新模式，遵循了行业最低成本经营的原则。

六是学会眼睛向外，把外做市场和内做工厂结合起来，做到有效的平衡。读万卷书、行万里路、交四方友，宽阔的眼界和丰富的阅历是有效经营者的特质，常年在车间里的是管理者，有效经营者应该常在企业之外，多在市场上。我不提倡企业一把手一天到晚泡在车间里，而要时刻关注外界的最新变化，把经营做好，让企业赚到钱。比亚迪创始人、董事长王传福经常从客户那里了解产品的情况。在2023年上海车展期间，他不仅亲自参与展会活动，还与员工一起乘坐地铁出行，这不仅能让他直接了解市场动态和客户需求，也向员工和外界传达了企业注重实效、不拘形式的文化。

七是做企业要有地盘和分利的思想。有地盘，是企业为了建立自己的核心战略区、核心利润区，对自己的目标市场进行精准的定位，拥有地盘还意味着企业在特定市场或领域内拥有更强的抵御外部冲击的能力。有效经营者能与"竞争伙伴"和谐相处，还有三分天下的胸襟和眼光。任何企业都不可能独占天下所有地盘，有效经营者应有地盘和分利的思想，不仅在企业外部与产业链的上下游都要分好利，大家共同维持一个好生态，而且在企业内部也要与员工共创共享企业财富。同时，合理的分利机制可以帮助企业分散风险，增强抵御经济波动的能力。越是会"分饼"的企业领导者，就越能把未来的"饼"做得更大。

八是对数字要敏感，学会算账和过日子。企业绩效是通过数字衡量的，要了解企业的现状首先必须了解这些数字，要改进企业的经营管理也要紧盯这些数字。做企业，要能准确回答"是"或"不是"，究竟"是多少"，不能总是"大概""也许"。有效的经营者应该习惯用数字思考问题，用数字说话。中国建材每月都会召开经营分析会，每次开会，各单位负责人都得自报KPI，即关键绩效指标，把数字摆在明面上，大家你追我赶，唯恐落后。除了经营分析会外，中国建材还有半年会、年会、干部谈心会、开年谈心会、民主生活会等重要会议。在会上，我一般会跟大家讲一段话，内容主要是形势分析、战略思路、经营思想；然后，大家进行深度沟通，如介绍经验、讨论问题、交流心得、进行头脑风暴等。我常跟大家说，中国建材这些会议的学问很深，若能坚持参加三年以上，就相当于MBA毕业了。其实，这也是非常有效的经营思想和理念的布道方式。

九是提高自己的领导水平，做个有思想、有影响力的有效经营者。无论为了个人成长、职业发展，还是为了引导企业走向成功、实现企业目标、造福社会大众，经营者都应该加强自身领导力的提升，尤其是自身经营思想的归纳和传播。有效经营者要具备六大领导力：学习力、创新力、决策力、影响力、组织力、担当力，缺一不可。

十是学会识别风险和处置风险。在做企业决策时，风险是不容忽视的，企业永远是在发展和风险中寻求平衡，只重视发展而忽视风险，企业会轰然倒下，但过度担心风险而忽视发展，企业会止步不前。有效经营者要充分认识风险的客观性，做好风险管控；充分认识经济和行业的周期性，顺着周期确定发展战略和成长节奏；进行稳健的经营，确保现金流的稳定；高度重视危机，及早应对。其实，企业的利润是平抑风险的边际效益，风险要可控可承受，处置风险的办法就是将风险的损失最小化。

THE EFFECTIVE
EXECUTIVE

第 2 章

正确选择

在企业里，经营是做正确的事，而有效经营者的首要任务就是进行正确的选择。战略选择、业务选择、选人用人的正确与否往往关乎企业的生死，是不可不察的大事。普通的经营者在制定战略时往往着眼于既有资源，有什么做什么；而有效的经营者在战略选择上则有一套明确的思路和正确的原则，先定目标，缺什么找什么，将战略落实分解到公司层面和业务层面，坚持业务归核化，突出主业。人是企业的主体，是推动企业前进的根本动力，有效的经营者不是先事后人，而是先人后事；人才产生的关键在于培养、锻炼、任用，要敢用、早用年轻人，尤其是那些精通业务、聚焦专业、对专业有深刻理解的"痴迷者"。领导职位只赋予个人一定的领导力，有效的经营者注重在学习和实践中提升自身的领导力，同时更重视对接班人的培养，以解决好企业的传承问题。

战略即选择

任何一家企业都不可能包打天下、面面俱到。有所为有所不为，集中优势兵力，做到极致，是企业制胜的关键。战略就是要确定企业做什么与不做什么，是企业的头等大事。一家企业如果既没有明确的战略，又不能从全局和根本上考虑问题的解决方法，就会头痛医头、脚痛医脚，整日在细枝末节的问题上兜圈子，使工作陷入盲目和被动。战略是关乎企业生死存亡的大事，做企业首先要"务虚"，研究战略，判断方向，确定目标，权衡机遇与风险、当期利益与长远发展。

战略关乎企业生死存亡

现在，市面上有关战略的作品（包括书籍、文章、学位论文等）很多，大家都在思考和研究战略问题，但是也大都有一个倾向，就是把战略复杂化了。实际上，战略是清晰化、具体化的，也是可理解、可操作的，做企业要能把战略真正落地。

做企业无非两件事：一是做什么，二是怎么做。战略是研究做什么的学问，就是研究做什么与不做什么，包括先做什么后做什么，多做什么少做什么，也就是说，战略是选择和取舍。战略的"战"有占领的意思，"略"有放弃的意思，战略顾名思义就是占领和放弃。这也与战略大师迈克尔·波特先生"战略的本质是抉择、权衡和各适其位"的观点相契合。

既然战略是选择，那么在企业中什么都不做或什么都乱做，都是没有战略。在北新建材工作时，我们讨论企业发展，有的干部东说西说，好像怎么也不对，什么都不想做。我跟大家说，企业必须向前跨一步。后来，企业设立外部董事，依照现在的规定，如果外部董事同意的事项出了问题就要担责，而如果外部董事出具否定意见则可免责，所以，有的外部董事就经常否决。我给大家讲，其实否决一个正确的决定和同意一个错误的决定都是不对的，前者甚至危害更大，因为这会让企业错失一些重大机会。

习近平总书记在学习贯彻党的二十大精神研讨班开班仪式上的重要讲话中强调，推进中国式现代化，要增强战略的前瞻性、全局性和稳定性。其实，从古到今，从国家到企业，到每一个家庭、每一个个人，都面临着战略选择的问题。如果想做个工匠，可能中学毕业就到技校学习，技校毕业后直接进工厂；但如果想研究量子科学，恐怕还得读博士，毕业后到科研院所工作。

战略选对了，企业所做的每项努力就会产生叠加效应，不断逼近或实现目标；战略选错了，企业所做的每项努力就会引发递减效应，背离目标越来越远，甚至走向衰败。一家企业能不能有好的发展，往往不是取决于怎么做，而是取决于做什么。企业在战术上的失误一般不至于致命，而战略上的失误则是致命伤，是那种伤及企业长远发展根基的错误，往往没有补救的机会。现在，有些大企业轰然倒下，问题往往不是出在战术选择上，而是出在战略选择上。对企业来说，战略是头等大事，关系到企业的生死存亡，决定企业的未来发展。战略赢是大赢，战略输是大输。因此，企业不论规模大小，都要学习、研究战略，培养战略思维。

在企业里，制定战略是领导者的首要责任。我做央企一把手18年，主要有三项工作。第一，战略制定。尽管企业里有战略规划部门，也有董事会，但是最后还是要领导者在方寸之间做出抉择。领导者做决策既要千思万想，也要做出决断，必须让企业向前迈出一步。第二，选人用人。战略制定后还得有执行的人，我主张先人后事。如果定完战略没人执行，或者人员执行力很差，这个战略就实现不了，最后不知道是战略定错了还是执行得不好。所以，选人用人非常重要。第三，文化布道。其实，文化也是为战略服务的，整个企业要建立统一的、一致的文化。如果领导者讲清楚了企业发展的方向、目标，工作的方针、思路，让上上下下都理解了战略思想，都明白了做什么和怎么做，就用不着去纠正具体动作，纠正具体动作只需在管理层面进行。

一些企业有管理者，但是缺少领导者，尤其是为企业制定战略的人。领导者与管理者都很重要，当企业规模小的时候，领导者与管理者可能是同一个人；当企业规模大了以后，就不一样了，既要有领导者，又要有管理者，既要有人抬头看路，也得有人低头拉车。二者的最大区别是什么？那就是战略思维。领导者就像一只"领头雁"，眼睛向外，要善于辨别方向，善于从长远、全局、系统角度思考问题，为企业发展把好方向，带领企业向着目标前进，还要为企业把握机会和寻求资源。而管理者往往是眼睛向内，围绕产品处理好人、机、物、料的关系，目标是提高效率。很多从基层做起来的领导者有管理的偏好，喜欢管人管事，忽视了从管理到经营的身份和思想转变。其实，企业应该有好的领导者研究战略，在不确定性下做出正确的选择，也应该有好的管理者研究流程、做好产品。

战略不只是企业顶层设计的事情，更渗透到企业的各个经营层面。战略是"一把手"工程，但也是全体员工的共同行动，要让各级管理者都承担相应的战略任务。企业领导者重视，管理者和员工理解，上下同欲，每个人都是战略的实施者，每一个层面、每一个局部都要协同配合，认真规划，层层落实。

战略解决的是企业因何而存在、做什么、如何获取和配置资源的问题，以使企业活下去，进而实现可持续发展。做企业要先制定好战略，想清楚了再做，而不是边想边做。曾有企业的总经理跟我说："宋总，我们的企业很大，也赚了些钱，但是我们就像一艘船，一直在海里打转转，不知要往哪里走，未来会怎样。"这是很危险的。

中国建材是一家以战略为先导的企业，连续十多年进入《财富》世界 500 强行列，但 20 余年前，这家企业是什么样子的呢？大家可能难以想象。当时，这家企业的全称是"中国新型建筑材料集团公司"，由于欠债，集团位于紫竹院的小办公楼有一阵子被查封，也不敢在院子里停放汽车，否则有可能会被法院扣押。这样一家企业，怎么办呢？在艰难走出债务危机之后，战略研究成为重中之重。经过深入的战略研讨，集团决定进入约占建材工业总产值 70% 的水泥业务领域，这让我们的战略转型变得更加紧迫。

然而，中国建材战略转型所需的大量发展资金无处筹集。怎么办呢？我当时就想到两个抓手：一是联合重组，二是资本运营。资源从哪儿来？那就是联合重组现有的这些工厂。资金从哪儿来？那就是从资本市场上融资，但中国建材当时只有两家较小的上市公司——北新建材和中国玻纤股份有限公司⊖（简称"中国玻纤"），都不具备股票增发的能力。

当时，《21 世纪经济报道》是比较前卫的报刊，我订了一份放在办公室，闲时就翻翻。有一天，我突然在上面看到一则好消息，写

⊖ 2016 年更名为"中国巨石股份有限公司"，简称"中国巨石"。

的是可以把 A 股打包上市。我想到，把北新建材和中国玻纤打包，再加点水泥业务，然后到香港上市，股票名字就叫"中国建材"。我那天很高兴地通知同事下午开办公会，在会议上宣布我们要到香港上市。同事都用疑惑的眼神看着我，觉得这么一家连饭都快吃不上的公司，还要到香港上市，宋总是不是吃错药了？我说："看你们怀疑的眼神，都不相信我们能上市，但是我研究过也想通了，我们能做到。"

一听说中国建材要上市，大的国际投行都来了，但看到财务报表后又静悄悄地都走了，觉得中国建材上不了市。后来，我找到了摩根士丹利做上市中介。那时，我每月都要给包括中介机构在内的上市团队做一次动员，强调中国建材真能上市，而且上市之后一定是一家特别好的公司，以鼓舞大家的士气和干劲。中国建材集团 2005 年注册成立的中国建材股份有限公司，2006 年 3 月 23 日在香港联交所⊖成功上市，每股 2.75 港元，募集了 20 多亿港元的资金，其实不算多，但上市之后，内地金融机构会因公司有了信誉而提供资金支持，这是当时公司上市的最大意义和价值。

上市筹到钱后，中国建材就在全国进行了大规模的重组。在此后短短的六七年里，通过开展大规模的联合重组，中国建材拥有了中国联合水泥集团有限公司（简称"中国联合水泥"）、南方水泥有限公司（简称"南方水泥"）、北方水泥有限公司（简称"北方水泥"）、西南水泥有限公司（简称"西南水泥"）四大水泥公司，一跃成为全球水泥领域的领跑者。

当年在香港的 IPO 新闻发布会上，我即兴讲了一段话："中国建

⊖ 全称是香港联合交易所有限公司。

材要演绎一个稳健经营的故事、一个业绩优良的故事、一个行业整合的故事、一个快速成长的故事。"这四个故事也都一一兑现了。有一次我去新加坡路演，一位基金经理和我说："宋总的这个模式挺有意思的，先讲一个故事，让股票价格涨起来，涨了以后再增发，增发以后融到钱就把讲的故事完成。"我说："是呀，这不正是资本运营的要义吗？先有概念来寻求资金支持，获得支持以后再实现这个概念。"通过资本运营与联合重组两个抓手来拉动企业发展，一手去融资，一手去重组，中国建材那些年就是这么做过来的，从只有一点点水泥业务，做成了全球水泥大王。

战略旨在取得竞争优势

目标确定了企业想要获得什么，战略规划则明确了应该如何去达到目标。当然，战略规划不是一成不变的，而是随着环境的变化要进行必要的调整。战略是变化的，同时又是相对稳定的。战略不能朝令夕改，它的调整和变动应是递进式的，应有一定的延续性和继承性。但当企业的内外部环境发生了极其重大的变化时，我们必须想办法及时地顺应这种变化，修正或改变原来的战略，甚至对它进行本质上的调整。

战略的目的是取得竞争优势。实际上，企业竞争是优势竞争，优势也有先天优势和后天优势之分，像我们常讲的"天时、地利、人和"中的天时和地利都属于先天优势，而人和则是我们后天要建立的优势。市场环境在变化，技术创新在变化，竞争对手在变化，顾客需求在变化，而且变化越来越快，企业必须改变以前的静态化战略思维，不能再以不变应万变，而要以变应变，快速调整，取得战略上的动态优势。

1990年，普拉哈拉德和哈默两位学者提出了核心竞争力的概念。核心竞争力就是企业组织中的集合性知识，尤其是有关如何协调多样化生产经营技术和有机结合多种技术流的知识，并以此形成相较于竞争对手既快速又低成本的竞争优势。在他们看来，核心竞争力应该有三个特点：能为企业提供进入不同市场的潜力，对最终产品的顾客价值贡献巨大，难以被竞争对手所模仿和复制。

1996年，我一边做北京新型建筑材料总厂厂长，一边攻读华中理工大学（现更名为华中科技大学）管理工程博士。通过不断思考并结合自身实践，我对核心竞争力形成了自己的理解：核心竞争力是通过企业家创造性地资源组合而形成企业独特的、持续为企业带来竞争优势的能力。就核心竞争力而言，我特别强调几个关键点：企业家、资源组合、独特性、竞争优势。

2005年，北新建材提出了"制高点"战略，通过抢占制高点建立核心竞争力和战略竞争优势，成功打造技术、质量、品牌、档次、效益、规模全面超过跨国公司的中国自主高端品牌，实现了经济效益、经营质量、市场份额的全面超越。2021年，北新建材石膏板产品市场份额在国内石膏板行业排名第一，市场占有率高达67%。如今，北新建材的质量、品牌、服务形成了它的核心竞争力，营业效益一直很好。

名创优品股份有限公司于2013年创立品牌"名创优品"，它的零售理念无论是主打极致性价比的"三高三低"（即高颜值、高品质、高频率，低成本、低加价、低价格），还是"好看、好玩、好用"的"三好产品"，再到当下的"兴趣消费"与"全球品牌战略升级"的提出，都是一脉相承的。自2015年开启全球化战略以来，名创优品已经进驻107个国家和地区，聚焦规模大的市场，把市场一个一个地打透，通过 IP 联名、盲盒、推广高性价比的产品等形式来满足不同国家和地区、不同文化的年轻人的兴趣消费。而上述种种优势，都依托于名创优品强大的供应链体系，为它创造了快速响应市场需求的能力。名创优品创始人进一步总结了它保持高质量发展的核心竞争力：一是高频创新的产品研发能力，二是精耕运营的全球化扩张能力，三是通过数字化赋能全渠道的能力，四是通过关键人才打造自驱学习型组织的能力。

SHEIN 也是依靠供应链获得优势的快时尚跨境电商品牌之一，由广州希音国际进出口有限公司运营。SHEIN 在美国运作了十多年，2023 年入选"全美十大增长最快品牌"，是中国品牌迈向世界舞台的重要标志。SHEIN 一方面拥有自主品牌，另一方面也通过平台模式吸引其他品牌入驻，形成了"自营品牌＋平台"的双引擎模式。SHEIN 通过大数据和算法紧密跟随全球时尚趋势，结合用户画像进行款式设计，从而迅速捕捉市场变化，满足消费者需求。

2000 年年初，光伏行业有多晶硅和单晶硅两种技术路线，多晶硅技术要求低，价格便宜，发电效率也低；单晶硅技术要求高，价格贵，发电效率高。多晶硅凭借价格优势在较长一段时间一直占据主要市场主导地位。在深入调研后，隆基绿能科技股份有限公司（简称"隆基绿能"）"逆流而上"，坚持寻求最低的度电成本，确立了单晶硅技术的发展路线。此后，随着多次拉晶、增大装料量、快速生长以及金刚线切割、薄片化等技术的大规模产业化应用，单晶硅片生产成本大幅下降。后来，隆基绿能又不断研究新型电池技术，将电池的转换效率提高到 26% 以上，成为技术领先、产能全球第一的行业龙头，进而构建了单晶硅片、电池组件、分布式光伏解决方案、地面光伏解决方案、氢能装备五大业务板块。通过高强度的研发投入，进行开放式创新，隆基绿能以形成规模化的先进产能、提升客户价值为目标，建立全方位的技术质量标准化管理体系，贯穿组件产品及电站的全生命周期，打造质量可靠性的行业标杆。

战略要有取舍

实际上，制定战略不一定非要有什么做什么，而是先确定目标，缺什么找什么。企业有了目标之后，没有钱找钱，没有工厂找工厂，没有人找人。回想中国建材、国药集团这两家企业迅速变成行业巨无霸的这段历程，我认为正是因为走了一条捷径。这条捷径就是缺什么找什么，进行资源整合，而不是靠内生式有机成长。做企业不怕没有资源，就怕没有目标。

如今，资源已不再是企业发展的首要制约因素。做企业不一定都从零开始，资源也不一定都要是自己的。相对于找资源而言，有效的经营者反而觉得确定目标更难一些。这就像学生写论文，很多学生喜欢让老师出题，而让他自己想题目就打怵。因为老师给了题目，大方向就有了，可据此去搜集资料，写起来并不太难。难的是不知道写什么，目标不明确，无数次推翻重来。所以，我常跟同事讲，我们先要明确目标，没有资源没关系，因为资源可以让别人帮我们造。只要知道资源在哪里，我们就可以把它们找来，有效地整合在一起。

战略要有取舍。那么，它的依据是什么？我的看法是，如果企业在竞争中可以获得根本性优势，那就尽力做强做优，形成自己的核心竞争力；如果企业在竞争中无法取得根本性优势，那就不要涉足，即使进入了也要赶紧退出，而且今后应该警醒回避。比如在瓷砖、壁纸、建筑五金、卫生洁具等普通建材领域，中国建材与民营企业相比没有突出的根本性优势，因而果断地彻底退出这些领域。

商场如战场，在战场上行军打仗离不开地图。对企业而言，制定战略就是为企业绘制地图，既要系统、全面地思考问题，知彼知己，勾画企业发展的全景，又要为准备达到的目标设定界限，即懂得取舍之道。战略关乎全局，做企业不能盲目开疆拓土、摊大饼，而要做好取舍，勾画出自己的领地，并在这块领地里努力做到极致。

中国建材在整合南方水泥时，正是看好苏浙沪一带庞大的市场并发现当地缺少领袖企业，一举发起联合重组，整合了150多家水泥企业。而在西北地区，中国建材采取了主动撤出的战略，把市场让给了兄弟企业。按照有进有退的思路，中国建材依托战略性资源整合与结构调整，以新技术改造传统产业，以增量投入发展先进生产力，构建起实力雄厚的水泥、玻璃、轻质建材、玻璃纤维、复合材料、新能源产品等产业平台。这些年不少人只看到中国建材的快速扩张，殊不知，中国建材在联合重组上千家企业的同时，也相继撤出了300多家企业。可以说，中国建材就是经过一路取舍，才做大做强的。

兵贵于精，不在于多。做企业总要"腾笼换鸟"，有加有减，保持动态平衡，实现资源的优化配置，这个过程就是一个不断取舍的过程。企业要弄清楚自己和别人的区别在哪里，明晰自己的战略特色，通过战略路径的选择、资源配置的优化，形成独特的发展模式，这也是一个取舍的过程。企业战略的精髓是打特色牌，突出差异化，而非千篇一律、人云亦云。内外部环境、战略判断能力和执行能力、所在行业特点等因素的差异，都要求企业制定不同的战略，不可能通过简单的战略复制取得成功。其他企业的战略可以借鉴，但不能盲目照搬。

当然，定目标、找资源并有所取舍的过程中也要把握好机遇。机遇是有战略价值的，所以我们总讲"战略机遇"。做企业必须了解环境，抓住机遇，有清晰的方向和战略，这是企业发展的前提。有一次在香港路演时，一位记者问我："掌管大企业，您觉得自己最成功的地方在哪里？"我回答他："就是看到机遇后抓住它，然后制定一个清晰的战略，并且义无反顾地做下去。"但企业有了清晰的战略规划，并不等于就有机会，需要发现甚至等待机会，一旦机会来临，就要毫不迟疑，果断出手。

企业做什么、何时做非常关键。市场不可能总给我们机会，关键要看机遇来了我们能不能抓住它。抓住了，企业就能发展起来，否则就可能永远失去机会，造成企业最大的失误。

中国建材的联合重组就是一个重压之下与时间赛跑的故事。在最初酝酿联合重组时，中国建材面临诸多质疑：一方面，自身规模不大，刚刚上市就要以联合重组来做大规模，中国建材的资金实力和人力资源能否支撑得起来；另一方面，联合重组那么多家企业，中国建材能不能消化得了，会不会导致"大而不强"。这都是不容忽视的问题。此外，当时认同联合重组战略的人不是很多，中国建材遇到了不少困难和阻力。

现在回过头来看，假如那时放弃重组，分分钟就能做到，但是一旦放弃就意味着永远失去了机会。有效的经营者看准了、想通了，就会坚定地前行。而普通的经营者缺乏这种精神，可能患得患失、瞻前顾后，无法前进。最终，中国建材选择了勇往直前、迎难而上，整个重组过程的确像个神话，却是一件真实的事，最重要的就是中国建材抓住了机会，这是它做大做强的一个关键原因。

公司层面的五大战略

战略不是一个笼统、抽象的目标或口号，它不仅关系到整个企业的发展，也关系到每个具体业务部门，不能笼而统之，而是要细化、要落地，让企业把整体的战略分解成一个个相关的战略行动，形成公司层面和业务层面的战略组合。企业在某个行业或多个行业中创造并维持自己竞争优势的方式，往往都要受到公司层战略和业务层战略的驱动。在层级上，公司层战略要高于业务层战略。公司层战略主要有目标战略、发展战略、创新战略、竞争战略、人才战略，它明确了企业做什么与不做什么，坚持专业化还是多元化，坚守怎样的创新原则、选择什么样的创新模式，成本领先、差异化还是集中化，人才要自我培养还是靠引进等。

目标战略

企业在目标战略制定上，有两种完全不同的思路：一种是有什么做什么，另一种是缺什么找什么。有什么做什么是资源导向的，就是大家常讲的"看菜下饭，量体裁衣"，企业根据现有基础条件来决定怎么做事和做多大的事。而缺什么找什么是目标导向的，就是企业不考虑自身现有基础条件，先定目标，之后围绕目标寻找所需资源，缺资金找资金，缺技术找技术，缺人才找人才，最终把目标完成。这就像做饭，想包饺子就去找面和馅儿，想烙饼就去找面和油盐。

企业发展空间的大小、利润的高低，往往取决于自身所在产业的体量和前景。有的企业选择了一个相对小众的产业，但找到了合适的盈利模式，也能取得好的发展。但是，大企业不能这样想问题，没有稳定丰厚的利润根基，靠东拼西凑来实现效益，肯定不会走得长远。现在，我国 A 股上市公司数量约占我国公司总数的万分之一，而其他非上市公司中的绝大多数是家族企业，或是股份公司、合伙公司。就规模而言，企业要量力而行，不一定都将目标定位为《财富》世界 500 强或上市公司，适合自己的才是最好的。

发展战略

无数的成功经验表明，企业的战略眼光、战略优劣对企业的核心竞争力和可持续发展来说至关重要。如果没有正确的战略，没有长远的目标、周详的规划，仅靠一次次偶然得手，是做不好企业的。企业确定目标和定位后，到底要怎么发展呢？应该专业化、相关多元化，还是多元化？目标和定位不同，企业的发展方式也有所不同，需要不同的资源配置、不同的做法。那么，做出这些选择的底层逻辑是什么？答案是价值观。领导者的价值观决定了企业未来发展成什么样子。

企业发展选择内生式的有机成长，还是联合重组，这是我们常有的战略选择困惑。做大企业不能仅靠自我的原始创造和积累，还要靠资源整合。普通的经营者往往把内生式的滚雪球发展的方式称为有机成长，而把外延式的并购或联合重组的方式称为无机成长。但有效的经营者认为，有机成长与联合重组并不是对立的，制定清晰的战略，强化协同效应与管理整合，注重风险的管控，也可以实现有机重组。

创新战略

党的二十大报告提出，必须坚持科技是第一生产力、人才是第一资源、创新是第一动力。解决经济的跨周期、克服企业的困难、提升企业的竞争力等，都要靠创新。当然，创新是有风险的，优秀的企业和有效的经营者会尽量平抑、降低风险。对企业来讲，创新是附加了条件的，创新要试错，允许失败，每个创新都成功，那是不可能的。而对有效的经营者来讲，很重要的一点就是规避和降低创新的风险。企业不能为了创新而创新，而是要为客户解决问题、为客户创造价值而创新，这是根上的事。有效的经营者追求的不是冲动式的创新，也不是跟风或盲从的创新，而是有目的、有质量、有效益的创新。

创新是可以学习、可以实践的，既有一定的原则可循，又有不同的模式可依。企业不仅要重视创新的原则，还要研究创新的模式，如自主创新、集成创新、持续性创新、颠覆性创新、商业模式创新等，并根据自身状况和发展阶段选择适合自己的创新模式。

竞争战略

竞争战略要解决的核心问题是，企业如何通过确定顾客需求、竞争者产品与本企业产品之间的关系，来奠定本企业产品在市场上的特定地位并维持这一地位。大约40年前，哈佛商学院迈克尔·波特提出了三大竞争战略——成本领先、差异化和集中化，一直沿用至今。但是，今天一家企业可能很难只选择某一个战略，而趋向构筑综合优势，既要成本领先，又要差异化，还要集中化。

中国巨石是全球最大的玻璃纤维供应商，一根玻璃纤维做了50年。过去，公司通过"增节降工作法"等特色管理工法加强成本控制，实现了成本领先。随着技术和管理的普及，成本领先优势减弱。近年来，公司以市场需求为导向，持续优化产品结构，过去做的是普通的玻璃纤维，现在不仅做电子纱、电子布，还做风力发电叶片用的高强纤维等，中高端产品比例稳步上升。公司在当前市场不景气的情况下，取得了令人鼓舞的成绩。的确，我们要改变对过去那些传统竞争理论的认识，实事求是，既不能简单地只靠成本领先战略，也不能只靠差异化或集中化战略，而是要综合不同战略来创造企业的竞争优势。

人才战略

21世纪的竞争实际上是组织质量的竞争，是员工与员工之间的竞争、团队与团队之间的竞争、领导者与领导者之间的竞争。惠普创始人戴维·帕卡德提出的帕卡德定律总结了大企业衰败的三个原因：人才成长速度跟不上企业成长速度，企业很快就会衰败；面临的机遇太多，选择太多，企业也可能会衰败；很多企业失败并不是不创新，而是战线拉得过长，导致顾此失彼，找不到重点和关键。

在市场经济下，尤其是在高度竞争行业中，一家企业的经营、发展主要依赖于拥有强大的人才队伍，人才成为企业发展的重中之重。人才要自我培养还是靠引进，具体视不同行业或企业而异。钢铁、建材等行业的人才流动性小，大部分是靠自我培养，而高科技、金融等行业的人才流动性大，大部分是靠引进。我的主张是，要把自我培养和引进人才结合起来，双轮驱动，真正做到"广纳贤才、人尽其才"。中国建材就是以自我培养为主，同时积极引进人才，即百分之七八十靠自我培养，百分之二三十靠引进。

业务层面的五大战略

企业明确了做什么与不做什么，大方向有了，就要通过战略路径的选择、资源配置的优化，形成独特的发展模式。业务层战略，旨在明确企业在特定业务领域的定位，确定自己在行业中所处的位置，并制定相应的竞争战略，以获得竞争优势。业务层战略主要包括市场战略、产品战略、品牌战略、价格战略、商业模式战略。

市场战略

任何企业的资源和能力都是有限的，不可能包打天下，企业要根据行业特性和自身优势，理智地选择市场，这样既能减少正面压力，又能集中优势兵力，成功的把握会更大些。企业要明确自己的市场：区域市场还是行业市场，国内市场还是国际市场。不管选定哪个市场，企业都要精耕细作。

中国中材国际工程股份有限公司（简称"中材国际"）深耕国际市场，经过长期技术开发，水泥成套装备在全球市场占有率高达65%，而且质量好、性价比高，与国际上的西门子、ABB、施耐德等企业合作得也很稳定。虽然近年来国际形势变化很大，但是中材国际的市场开拓能力很强，抓住了非洲、中东、东南亚三大核心市场，经营良好。2023年公司实现营业收入457.99亿元，同比增长6.94%，归母净利润为29.16亿元，同比增长14.74%。

产品战略

产品战略是企业对自己所生产与经营的产品进行的全局性谋划。它与市场战略密切相关，企业要依靠适销对路、具有竞争力的产品，去赢得顾客，占领与开拓市场，获取经济效益。产品战略是否正确，直接关系到企业的生死存亡。做企业归根到底是为社会创造产品，产品做得怎么样决定企业的层次。如果企业选择了一个好产品，就可能会有一个好未来；如果老是选不好产品，这个企业就没有未来。

产品高端化是企业未来的发展方向，但现实市场中也需要中端产品，甚至低端产品。不过，这里讲的"低端"不是粗制滥造，低端也要保证质量。比如，汽车就有高配、中配和低配的，如果低配的质量很差，那不行，配置可以是低端的，但是质量也得是高端的。也就是说，高端、中端、低端都有需求，具体选择要根据市场而定，要根据企业自身情况而定，但是无论产品定位高端还是中端和低端，都要把质量做好。就单品种还是多品种而言，我在业务上坚持专业化，而在品种上主张多元化。五粮液是我国浓香型白酒的典型代表与著名民族品牌，品牌持有者四川省宜宾五粮液集团有限公司旗下拥有五粮液系列、五粮春系列、五粮醇系列等。

品牌战略

品牌是企业在客户心目中的形象。从表面上看，企业品牌就是企业产品的标识；但从本质来看，企业品牌是企业的精神象征，凝结着企业的思想，是企业的灵魂，它凝聚了企业经营管理和文化精神的全部。我们应该树立品牌意识，坚定品牌信心，积极宣传和维护自主品牌，讲好中国品牌的故事，提高全球市场对中国企业和产品品牌的认知度，建设品牌强国。

不同企业采取的品牌战略不尽相同，既可以是单品牌，也可以是多品牌，还可以是"无品牌"。中国巨石采取的是单品牌战略，专注玻璃纤维业务，将"中国巨石"发展为国际品牌。北新建材采取的是多品牌战略，经过多年发展，目前旗下有"龙牌""泰山""鲁班"

"梦牌"等产品,北新建材品牌价值超过1000亿元。而无印良品采取的是无品牌战略,无印良品在日文中的意思是"无品牌标志的好产品"。它的产品类别以日常用品为主,注重纯朴、简洁、环保、以人为本等理念,在包装与产品设计上皆无品牌标志。尽管无印良品极力淡化品牌标志,但它遵循统一设计理念所生产出来的产品无不诠释着"无印良品"的品牌形象。

价格战略

对企业而言,价格战略尤为重要。过去企业往往采取薄利多销的策略而选择低价路线,但现在更多的企业在产品细分上突出差异化、品牌化而选择中高价路线,我主张企业走一条"质量上上,价格中上"的路线,不主张低价竞争。产品价格是企业的生命线,企业必须认真对待。不少人认为,产品价格是由市场决定的,是客观的,企业只能适应。但事实是,市场价格往往是由卖方进行恶性竞争而形成的不合理的低价。在产能过剩和行业下行的情况下,企业之间常大打价格战,结果价格大幅下降,全行业亏损,没有一个胜利者。做企业不仅要眼睛向内,也要眼睛向外,不能光管现场、工厂,也得管市场,大家共同维护市场价格的稳定。

我之前调研过宇通客车股份有限公司(简称"宇通客车"),它集客车产品研发、制造与销售为一体,产品主要服务于公交客车、客运客车、旅游客车、公商务车、校车及专用车等细分市场。宇通汽车走的主要是高端化、全球化路线,在质量管理方面坚持"不把市场当试验场,要把试验场当市场",它的客车在欧洲市场的售价与奔驰、沃尔沃的同类型汽车售价相差无几,很受欢迎。

商业模式战略

一般来说，商业模式是指企业从事商业活动所选择的组织运行方式。企业要结合市场的变化、技术的应用选择适合自己的商业模式，比如企业选择直销还是经销，选择线下销售还是线上销售，选择 B2B 还是 B2C 等，这些商业模式的选择对企业的经营和盈利而言至关重要。商业模式决定着企业在市场中能否生存下去，它是企业战略决策过程中必不可少的一个环节，是业务层战略中的重要一环。我们可以通过分析商业模式决策所涉及的流程、要素，了解企业在面临市场变化时所应采用或不应采用的商业模式是什么。

2024 年 5 月，我在迪拜见到了黄珍。她从阿里巴巴出来，做成了中东地区最大的快递公司 iMile。当地消费者在电商平台上购物，大部分商品都来自中国，但由于快递服务欠佳，有时甚至需要半个多月才能收到网购的商品。于是，黄珍将中国成熟的物流体系引入中东地区，创立快递公司 iMile，为当地消费者提供更高效的快递服务。iMile 仅用短短 4 年的时间就获得了中东地区十多个国家 40% 以上的电商用户，还进入了拉丁美洲、大洋洲等地的市场，营业收入达到几十亿元。

选业务的原则

企业的生存时间和发展空间，往往取决于自身业务所在产业的体量和前景。业务一旦选错，就可能无法补救。在发展过程中，企业往往有业务扩张的倾向，到底坚持专业化还是选择多元化，或者兼具专业化和多元化，这是企业必须面对的重大战略抉择课题。其实，当年的通用电气走了一条从专业化向多元化发展的路子，而现在又分拆成三家专业公司。中国建材是一家深耕建材行业的企业，但建材细分后还有水泥、玻璃、新材料等，集团层面属于建材专业化投资企业，而集团成员企业基本上都是专业化龙头企业或细分领域的头部企业。这些企业的选择与做法虽有差异，实际上却蕴含着一些共通的原则。

专业化是企业立身之本

在业务选择上，企业常为专业化还是多元化而苦恼。专业化是企业立身之本，我本人是专业主义者，在做中国建材和国药集团董事长的时候，中国建材只做建材，国药集团只做医药，不敢越雷池一步。因为离开专业我们可能了解得很有限，不能总听别人讲故事，那些讲故事的人不一定是专业的，有些故事只是科普水平的，我们还是要集中精力把自己的专业做好。

做大企业，对标世界一流；做中等企业，对标隐形冠军；做中小企业，就做"专精特新"。企业无论规模如何，都应该秉持专业化的思维，努力深耕细作，这是实现长久稳健发展的前提。

从隐形冠军来看，这类企业展示的"小而美"的生存优势耐人寻味。赫尔曼·西蒙先生认为，专业主义有市场风险，当一项技术被取代时，就会遇到风险，就像蒸汽机被取代了，蒸汽机做得再好也没用。但同时他也认为，把资源高度分散的多元化也会存在风险，两种风险比较，他还是倾向于选择专业化。多年来，欧洲国家的工业发展主要走的是专业主义道路。

德国隐形冠军企业超过1400家，是有诸多原因的。第一，与生俱来的国际化思维。德国是一个拥有8000多万人口的国家，由于国内市场规模有限，注重出口业务和国际化是德国企业的一种偏好。第二，"慢就是快"的企业哲学。这些"慢公司"在诞生之初就积极将每年营业收入中相当大比例的资金投在研发上，不盲目扩张，不滥用资本，日复一日、年复一年，它们熬成了百年老店、隐形冠军。第三，精准主义。德国有制造钟表等精密机械的历史，工匠精神在制造业中得到了很好的传承，直到现在还比较崇尚专业化的技术和精细的工艺。比如，辛恩手表有氩气除湿技术、防刮伤涂层等多项专利和技术创新，为了方便消防员在极端环境下使用，辛恩手表能在-45℃~80℃的环境下表现良好。

我们讲"宽一米，深一千米"，"宽一米"是指有业务专长，在一个细分领域里技术领先；"深一千米"是指市场开拓方面可以做得多一些。依托专业化的技术和国际化的市场两大支柱，隐形冠军以一丝不苟、精益求精的工匠精神，在窄而深而不是宽而浅的领域做到极致。比如，德国的福莱希公司（Flexi）是可伸缩宠物牵引绳的市场领导者，它的产品已经卖到世界上100多个国家，全球市场占有率达到了70%。义乌市双童日用品有限公司主要生产吸管，没有太高的附加值，但是做精了，全球市场占有率也可达30%，中国市场占有率高达70%，每根吸管的利润只有0.08分钱，但每天生产1.7亿根吸管，全年产值也有2亿多元。

佛山市海天调味食品股份有限公司（简称"海天味业"）是一家具有300多年发展历史的中华老字号企业，一步一步由小到大、由分散到集中、由区域到全国、由传统手工作坊到现代化智能制造，发展成为全国调味品行业的龙头企业和第一品牌。

2014年，海天味业在上海证券交易所（简称"上交所"）主板上市，上市以来，凭借务实稳健的经营理念，公司经营业绩保持稳定增长，在资本市场上拥有良好口碑。面对复杂而严峻的经营环境，海天味业经营业绩依然保持一定的增长，靠的是什么呢？

一是务实。海天味业一直专注主业发展，没有盲目进行多元化扩张，没赚过快钱、热钱。从海天味业的营业收入占比来看，食品制造业为绝对的主营业务。

二是专业。海天味业扎扎实实、心无旁骛地做酱油等调味品，做到了极致。虽然在发展过程中历经多次蜕变，但海天味业始终专注于调味品生产和销售，致力于传统酿造工艺的传承和创新。在海天味业，从黄豆进厂到一瓶酱油包装完成，要经过至少119道工序、494个质量监测点，当每个员工都将自己负责的生产工序做到极致、精益求精时，产品质量就有了最好标准的保障，这也是对"匠心文化"的最好诠释。

三是科技赋能、创新驱动。海天味业每年投入大笔技术改造资金，在全产业链创新过程中积累了一批重大的核心技术，获得了300多项专利。这些技术和专利在支持企业发展的同时，也引领了产业发展趋势，促进了行业技术水平的提高。海天味业与时俱进，积极拥抱更多个性化、多元化的新消费趋势，加快新品类的开发，不断推出新产品、新包装，其中不乏原创新品，全方位展示产品在科技创新潮流中的竞争力。如今，海天味业已建成涵盖十几个系列、百余品种、400多个规格的产品体系。

四是持续深耕渠道。海天味业积极探索营销新模式，在发挥线下营销网络优势的同时，积极发展电商、特通、团购等渠道，适应新业态、新消费模式的变化，持续巩固海天味业的市场竞争优势。此外，海天味业通过多种方式与消费者融合互动，塑造了健康、安全、专业、值得信赖的良好品牌形象，获得了市场和消费者的广泛认可。

"工欲善其事，必先利其器。"做企业首先要有专业化能力，核心是先做好现有业务，再根据企业发展需要，顺着上下游产业链，朝着相关多元化方向发展。所谓相关多元化，是指在业务上有技术的相关性，或者有产品的相关性，或者有市场的相关性。在培育和巩固专业化能力的基础上，企业可以探索相关多元化业务，适当扩大营业规模，提高盈利能力。

北新建材经历了从专业化到相关多元化的转变。北新建材的发展几经调整，当年建厂的时候，它是一家年产60万平方米的工厂化装配式房屋工厂。当时，由于传统行政体制下的条块分割，工厂化装配式房屋这项业务就做不下去了，后来转为生产轻质建材的工厂。随着企业的不断发展，北新建材把其中的石膏板业务做大了，先后建设了100多家工厂，全国市场占有率达到67%，可以说是"撞到了天花板"。那些年，我们强调北新建材要坚持专业化，做好"石膏板大王"。但当产品的销量撞到天花板后，北新建材的年轻经营者们希望增加一些产品业务，后来经过反复思量，我们同意了北新建材走相关多元化的发展路子。

2019年，北新建材在建厂40周年之际，重新梳理并制定了下一阶段的发展战略，即"一体两翼、全球布局"。"一体"就是以石膏板业务为核心，做好轻钢龙骨、干粉砂浆、矿棉板、岩棉、金邦板等"石膏板＋"配套延伸产品业务，以及全球原创的鲁班采暖万能板全屋装配体系，构建完整的产品技术解决方案。"两翼"就是发展防水和涂料业务，进入"10倍＋"的业务和市场。"全球布局"就是以石膏板为龙头产品，逐步开展全产品系列的全球布局。

2022年，尽管北新建材遭遇了市场下行的困难，但是营业收入近200亿元，净利润超过30亿元，效益比较稳定。面对日益复杂、严峻的经营环境，北新建材克服需求低迷、成本高企等困难，紧密关注市场环境、竞争环境，围绕消费需求变化灵活制定经营发展策略：推动"一体两翼"产品形成整体应用解决系统，将主业产品加速向消费类建材转型，推进"从公装到家装、从城市到县乡、从基材到面材、从产品到服务"的四个转变。

从公装到家装、从城市到县乡：深耕渠道，采取集中爆破方式进一步下沉非核心市场及县乡级市场，对家装零售业务精耕细作、夯实基础，既对冲了传统领域下行的压力，也取得了更大赛道持续成长的基础。

从基材到面材、从产品到服务：全力以赴做好"石膏板+"和"两翼"业务，实施"渠道共享、借力营销"一站式产品集成定制策略，加快"两翼"业务培育。加速推广龙牌金刚板、泰山GFP等新产品，加大石膏板延伸产品研发和市场推广力度，加快"石膏板+"业务发展。围绕装配式装饰装修提升整体方案解决能力，带动相关配套产品及业务的发展，提供一站式全系统解决方案，实现向制造服务商的转型升级。

专业化和多元化的对立统一

专业化还是多元化，这是企业面临的重大选择，比较形象的表述就是"把鸡蛋放在几个篮子里"。企业如果想把鸡蛋放在一个篮子里就必须放对，否则，一旦这个篮子出了问题就会全军覆没；如果放在多个篮子里，虽然安全系数大了，但篮子太多又会增加成本。在工业化早期，大多数企业的业务都较为单一，走的是专业化道路。但随着经济的迅速发展和机会的不断增多，单一业务的竞争日益激烈，一些企业开始实施多元化战略，如美国通用电气、韩国现代、日本三菱等，都是典型的多元化企业。一直专注于专业化发展的日本新日铁、韩国浦项钢铁等，近些年也进入了全球不动产业务领域。

在业务选择上，有的集团公司既可以专业化，又可以多元化。也就是说，集团所属企业要做专业化，不同企业要聚焦各自业务，最好能够形成具有一定对冲性的业务组合，这样集团层面自然就是多元化的。企业要做多少业务，关键取决于自身的文化沿革和管理能力。由于多元化发展对企业的投资水平、管控能力、财务管理能力等都提出了更高的要求，许多中小企业没有足够的驾驭能力，走专业化道路是它们更好的选择，大企业则可以开展多元化业务。

就水泥企业而言，像安徽海螺集团有限责任公司（简称"海螺集团"）选择的是专业化，只做水泥；而像中国建材这样的产业集团选择的是相关多元化。中国建材构筑起了基础建材、新材料、工程技术服务"三足鼎立"的业务格局，基础建材下面又分水泥、石膏板、玻璃纤维等业务。其实，国药集团选择的也是相关多元化，既有化学药、中药、生物制药等业务，也有医疗器械、医药分销等业务。

像华润（集团）有限公司（简称"华润"）这样的投资型集团选择的是多元化，它有六大业务领域、25个业务单元，做得也很好。即便如此，它也是集团层面的多元化，而经营业务平台还是专业化的。比如，华润水泥[一]绝对不做啤酒，华润啤酒绝对不做水泥。这些多元化的公司从资本收益、公司战略等角度出发，进入市场潜力大、

[一] 2023年9月22日，华润水泥控股有限公司（简称"华润水泥"）更名为华润建材科技控股有限公司（简称"华润建材科技"）。

逆周期或周期性不明显、企业具有独特资源和经营能力的产业领域，注重形成业务之间的对冲机制，构筑业务组合力。这样既可以确保企业不会因行业波动而面临颠覆性风险，也可以获得稳定持续的收益。

那么，我们的企业到底该走什么路线？对中小企业来说，我建议做专业化；对业务发展撞到天花板的大企业来说，我建议做相关多元化，也就是在业务的技术、产品、市场上有相关性和协同效应；对大型投资集团来说，可以做多元化，业务之间并不一定要相关而要有对冲性，就是那种"东方不亮西方亮"的投资结构。瑞·达利欧在《原则》一书中就提出了一个投资的原则：可投资有对冲性的三个不相关的业务。他把投资人的钱分成三份，找三个不同的高成长行业，再分别选三个高盈利的企业投进去，这就形成了对冲机制，不至于某一个投错就导致全军覆没。

2018年年底，中国建材成为国有资本投资公司试点企业后，开始调整总部职能，抓住融资和投资两大核心，组建投资产业基金，利用上市公司平台优化资源配置，聚焦基础建材、新材料、工程技术服务三大核心投资方向，以管资本的方式推动产业进退。集团总部致力于打造国家材料领域的综合产业投资集团，完善"政府—总部—投资企业"三层管理模式，同步完成管资产向管资本、建筑材料向综合材料、本土市场向全球布局"三大转变"。

中国建材所属企业则是主业突出、技术领先、管理先进、效益优秀、混合适度的专业化业务平台，力争在水泥、玻璃纤维、轻质建材、玻璃、国际工程等领域形成具有国际竞争力的上市公司群，成为若干具有国际影响力的行业领军企业和一批专注于细分领域的隐形冠军。各专业化业务平台形成互补共进的业务族群，实现经营、市场、技术、财务、资本支出等一系列协同效应，提高资金效率和资源利用率，降低周期性运营风险。在投资企业层面，以相关多元化构筑业务的组合力；在实体企业层面，以专业化夯实竞争基础。组建业务相关多元化的联合舰队模式，它的最大好处就是让相关多元化与专业化相互弥补、合理搭配，让获取投资收益和提高核心竞争力两不误。

业务选择归核化

今天的市场竞争日趋激烈，而企业的人才、知识，包括各项能力都是有限的，有限的资源不可能做无限的事。其实，业务不在于多而在于精。做企业最忌讳"狗熊掰棒子"，一定要突出核心专长和核心竞争力，对现有业务精耕细作，不断完善和创新，而不停地更换业务和盲目地新增业务都是不可取的。对大多数企业来说，还是要走专业化道路，抵挡住非专业化机遇的诱惑。

普通的经营者为了公司发展往往会不断地更换业务，甚至盲目地新增一些非核心业务，而有效的经营者主张按照业务归核化原则，大力发展核心业务，把有出血点的非核心业务坚决剪掉。业务归核化，实际上就是指突出主业、聚焦主业、做强主业，提高主业发展质量，不断提升企业核心竞争力。在此基础上，如有必要可适度开展相关多元化经营，但要严格控制业务数量。

过去讲到央企不得超过三个主业的时候，一开始有人不是很理解，觉得这样企业会失去发展机会。20年过去了，我们回过头看，企业围绕主业发展，遵循专业主义，而不是机会主义，规避了很多风险。一些多元化的企业虽然看起来营业收入做得很高，但只是各个业务营业收入加总起来的结果，并没实现多元化的产业融合，也没形成控制力，一旦遇到问题就会轰然倒下。其实，中国建材和国药集团的营业收入也很高，而且市场控制力越强，对自身发展的掌控力就越强。企业选择的业务是有边界的，在这个边界内进行的扩张是专业化的扩张。因此在各种诱惑面前，企业要始终保持头脑清醒，要更有定力，坚守主业，心无旁骛地做好主业。

企业业务不能太多，一般来讲，如果企业的销售额也就几十亿或一两百亿元，我建议就做一个业务，把一个主业做好就行了，做成赫尔曼·西蒙所说的隐形冠军。关于隐形冠军，赫尔曼·西蒙给出了三个标准：市场份额排名全球前三；销售额低于50亿欧元；没有很高的知名度，窄而深地专注做一个行业。

赤峰吉隆黄金矿业股份有限公司（简称"赤峰黄金"）是业务归核化的一个典型案例。赤峰黄金是一家民营上市公司，创始人赵美光2016年辞任公司董事长一职，正式退居幕后，聘请了山东黄金集团有限公司原董事长王建华接任。赵美光很开明，他把律师请去，让子女们都签了一份文件，把赤峰黄金的所有管理权交给了王建华为首的管理班子，自己家族里没有一个人是董事会成员，进一步规范了治理。王建华到赤峰黄金后，梳理了公司的业务，坚定不移地剥离非矿业资产，把赤峰黄金的"出血点"都剪掉了，仅专注于金矿开采，坚持实践"让更多的人因赤峰黄金的发展而受益"的核心价值观。现在，赤峰黄金的经济效益很好，资产负债率低，股价也有提升。

中国建材旗下的企业都是专业化的产业平台，按照业务归核化的思路，加快结构调整和转型升级，形成基础建材、新材料、工程技术服务"三足鼎立"的业务格局。从基础建材业务来看，水泥业务是中国建材营业收入和现金流的主要来源。水泥是个好东西，市场空间巨大，日常生活和基础建设都离不开，如果没有水泥，很难想象我们的基础建设会怎样发展。除水泥产业之外，中国建材近年来大力培育新兴产业，新材料业务异军突起，逐渐占到集团利润总额的 1/3。进入高质量发展阶段，碳纤维、风力发电机叶片、锂电池隔膜等新材料产业潜力巨大，盈利能力不断提高，在全球市场竞争中占据制高点。在工程技术服务领域，经过长期海外深耕，中国建材的大型水泥和玻璃装备全球市场占有率达到 65%。

业务选择的三大原则

业务选择是做企业面临的最难的事情，一旦选错了，就会犯颠覆性的错误，可能再也无法补救。哈佛大学鲍沃教授 2009 年曾问我："宋先生，让您晚上睡不好觉的事情是什么？"我不假思索地说："怕自己想错了。"当时，我正在国内整合水泥业务，处在一个比较艰难的阶段。自己的压力很大，社会上对我整合水泥业务的质疑声也很大，再加上全球金融危机让中国建材的股价一落千丈，我确实睡不好，常想自己是不是做错了；或者说水泥业务整合要做，但适不适合中国建材这家实力相对弱小的企业来做。虽然整合水泥业务后来被证明是对的，但整个过程中的各种担心一直和我如影随形。在充满不确定性的今天，我们所做的决定也充满了不确定性。这有点像在大海里航行，即使你的方向正确，也要时时注意暗礁，并随时应对恶劣的风暴。

有的企业之所以能够成功，往往是因为选对了一项业务，而一些企业失败往往是因为它们在选择业务时来回变换，始终没有选对业务。经常有人问我某项业务要不要做，我为此总结出三大原则，分别是"四问""四不做""四要"。

业务选择的"四问"

一问：在行业里自身是否有优势？企业要进入的领域应该符合自身的战略需要和自身条件，要能结合技术、人才、管理等优势，形成足够的业务驾驭能力。对企业来说，在选择新业务时，应选择那些与现有核心业务相关的产业和产品，以提高新业务成功的概率。中国建材之所以进入薄膜太阳能电池领域，是因为我们在玻璃领域具备强大的技术优势，而太阳能电池是玻璃的衍生品。

二问：市场是否有空间？企业要进入的市场应有足够的容纳度，能为业务成长提供支撑，若市场太小甚至几近饱和就不宜涉足。中国建材是第一家做出光纤石英棒的公司，一根石英棒能被拉出几千公里的光纤，看起来是一个大生意，实际上市场体量却很小，一年的石英棒用量也就能实现 40 亿元的销售收入。整个市场就这么大，因而中国建材不宜做石英棒这样的项目。中国建材需要像湖泊或海洋般广阔的市场，有足够的容纳空间。

三问：商业模式能否被复制？星巴克、肯德基、麦当劳等企业的商业模式都可以被复制，选择可以迅速被复制的业务，就能更快形成规模。比如，中国建材旗下的凯盛科技[一]在山东德州做的智慧农业大棚，就把现代农业与光伏产业结合了起来，大棚透光性好，还能全方位智能控制种植条件，蔬果长势十分喜人，这种模式正在全国迅速推广。

四问：与资本市场能否对接？企业不能只赚产品市场的钱，还得赚资本市场的钱。效益不仅包括产品的利润，还包括资本市场的市值，企业要把产品利润在资本市场上放大。

[一] 全称是凯盛科技股份有限公司。

这"四问"想清楚了,自然就过滤掉了一些不适合的业务,从而帮助企业做出更好的业务选择。

业务选择的"四不做"

一是产能过剩的业务不做。产能过剩可以重组,但是不能再作为新业务,也不能再建新生产线。过剩行业正在减量发展,任何企业都不能再盲目增量,而是要在品种、质量、产业链上精耕细作。

二是不赚钱的业务不做。一个业务怎么也找不出盈利模式,就不要做了。业务能不能赚钱,盈利点在哪里,盈利模式是什么,这些问题都必须事先明确。

三是不熟悉的业务不做。针对某一项业务,如果企业里没人熟悉情况,没人说得清楚,没人能做出清晰的判断,这项业务十有八九会亏损。中国建材对生物制药、旅游等行业都不太熟悉,因此就没做相关业务。这么多年来,中国建材尝试过各种各样的业务,但是一旦出了建材业务的范围,就没有成功的。不过,很有意思的是,中国建材一投资工厂,做建材制造,就能找到感觉,投资的工厂大都实现了盈利。

四是有法律风险的业务不做。不注重法律风险的企业,很容易被拖入泥潭,尤其是当相关企业的业务板块正在打官司时,就不要进去掺和。

业务选择的"四要"

对照"四问""四不做",企业对一个业务能不能做就有了基本判断。那么,这个业务能不能长久地做下去呢?关键点是什么?在新业务培育发展的过程中,还应牢记"四要"。

一要评估风险。开展新业务必须慎之又慎,它的核心是对风险进行全面评估和考量，明确风险点在哪里，风险是否可控、可承受，一旦出问题能否进行有效的切割，把损失降到最低。

二要专业协同。在选择业务时，必须小心谨慎，而业务一旦选定，就应交由专业的平台公司去做，按照平台专业化思路，一个平台只做一个专业领域，突出核心专长。同时，新业务发展不是孤立的、单一的，要与现有业务产生协同效应，推动企业内部的协作发展，提升产业链的综合竞争力。

三要重组团队。发展新业务可以采用技术重组的方式，不仅要重组企业，还要重组它的研发团队。这样既可以保持新业务核心技术的稳定性，又可以稳定"军心"。重组技术就要重组团队，重组团队就要重组研发中心，有一班整齐的人马，再去做创新就会相对容易一些。中国建材进行技术重组时，会保留被重组企业的技术团队，因此原技术团队的员工热情高涨、干劲十足，出了不少重要成果。

四要执着坚守。发展新业务不是一朝一夕的事，一定要有执着的劲头、坚守的毅力，否则是做不成大事的。深入了解一家企业及其业务、产品、技术等，需要花费相当长的时间。

选人用人的逻辑

做企业是先人后事，而不是先事后人，知人善任是企业成功的关键。我常跟大家讲，企业要先做好两件事：一件事是选人，另一件事是选业务。如果有了好业务，选不到合适的人，业务就要放弃不做，这是做企业的出发点。所以，选人是企业非常重要的工作，尤其是选企业的一把手或经营者，难度很大。

以德为先，以才为主

在选业务与选人之中，选人更为重要。做企业，成功的根本在于知人善任。企业的"企"字，是"人"字下面一个"止"字，止本义是足。这一方面可以理解为人在立足业务展望未来，另一方面企业离开了人也就停止运转、止步不前了。这也说明，选人用人是做企业的关键。毕竟，企业的财富、企业的进步都是由人来创造的。人是企业的主体，是推动企业前进的根本动力。

企业要用好人，先要选对人。我做央企领导的那些年，一项很重要的工作就是寻找企业一把手。做企业，一定要找到合适的人才去做事，如果没有合适的人，再好的业务也大可不做，因为做了也难有建树，甚至会以失败告终。在不同场合，我常常被问到这样一个问题："宋先生，你选拔企业一把手时，最看重的是什么？"其实，我选人用人的核心标准就是：德才兼备，以德为先，以才为主。

明代思想家吕坤在《呻吟语》一书中这样写道："深沉厚重是第一等资质，磊落豪雄是第二等资质，聪明才辩是第三等资质。"三个资质依次对应的是人格、勇气和能力。一流的领导者要有一流的人格。小胜靠智，大胜靠德。如果一个干部品德不过关甚至存在大问题，那么他的能耐越大，对企业的损害就越大，不仅会把整个团队的风气带坏，还会把企业的基础搞垮。所以，有才无德的人即使能力再强也不能用。当然，有德无才也不行，没有真才实学，只是个"好好先生"，做企业也不会有大起色。正确的选人方法是在品德好的前提下选择有才干的人。

以才为主，关键在于寻找那些精通业务、聚焦专业、对专业有深刻理解的"痴迷者"。我喜欢干部能把自己的工作讲清楚、把事情做好，因为其他事情能知道更好，不知道也不为过，关键是要把自己的一亩三分地种好、把自己的工作都做好。我不喜欢"百事通""万金油"式的干部，说起来天花乱坠好像什么都懂，但说到自己的专业、自己的企业却支支吾吾、说不清楚。

在选人上，专业背景也是个重要标准。在卖方市场中，企业大都喜欢启用有生产管理经验的人做领导者，为的是做好产品生产工作；市场竞争激烈时，领导者大都由市场销售经验丰富的人出任，我做厂长时就是这种情况，之前有了10年的销售经历；随着企业上市、金融化、资本化，财务变得越来越重要，许多公司领导者改由有财务背景的人出任；后来，在科技和商业模式创新的冲击下，尤其是在新发展阶段，很多公司选择创新能力出色的人做领导者。

可见，企业选人、用人实际上是会随着市场、企业内外部情况的变化而动态变化的。从今天来看，英雄不问出处，选择什么专业背景的领导者关键在于企业的具体情况。从个人实践来看，我更倾向于选理工科专业的人做一把手，因为他们有过数学和逻辑训练，数字化管理的基础更牢靠，这是很重要的。当然，人的知识结构和思维习惯不是固定不变的，自身不足是可以通过后天的学习和培训来弥补的。

作为企业的带头人，不仅要提升自我素养，还要成为团队素养的培育者。什么样的企业干部才是素养高的好干部呢？在2016年全国国有企业党的建设工作会议上，习近平总书记强调，"国有企业领导人员必须做到对党忠诚、勇于创新、治企有方、兴企有为、清正廉洁"㊀，这是国有企业党员领导干部的标准，也是他们肩负起做强做

㊀ 共产党员网. 习近平在全国国有企业党的建设工作会议上的讲话[EB/OL].（2016-10-11）[2024-05-12]. http://www.12371.cn/special/xjpgqdjjh/.

优做大国有企业，履职尽责，担当有为的总要求。

我之前去中国广核集团有限公司（简称"中广核"）交流时了解到，它大概有27座机组、9个基地，其中核心是大亚湾核电站。从大亚湾核电站起步，我国核电在30多年中经历了一个"引进—消化—吸收再创新"的技术发展过程，从一开始引进法国的技术，到后来自行研制了岭澳核电站，再到造出来华龙一号核电站，完全是自主产权的技术。在大亚湾沿岸，分布着3个基地、6个机组，每个机组大概有100万千瓦·时的发电量。在大亚湾核电人才培养基地，有八个醒目的大字："核电发展，人才先行"。"不是培训，而是培养"，是中广核遵循的人才培养理念。中广核的发展离不开它对人才的重视和培养。

重用"痴迷者"

实践告诉我们，企业经营不善往往和用人失误有关：一是用了不该用的人，二是用的人不能挑大梁，承担不起应有的责任。激烈的市场竞争每时每刻都在考验企业的选人与用人水平。人才从哪里来呢？有效的经营者，会把企业自我培养的人才和外部引进的人才结合起来，建立健全各层次人才培养、选拔、考核、使用、激励相统一的长效机制，千方百计、不拘一格地吸引人才、留住人才、培养人才，充分发挥人的专长和潜能，实现人才强企。

做企业的态度，就是"痴迷"两个字。在企业一把手的选拔任用上，我主张重用"痴迷者"。所谓"痴迷者"，就是能一心一意做企业、做事情，干一行、爱一行、专一行、精一行的人；就是每天早上眼睛一睁就想这件事，半夜睡醒了还在想这件事，一门心思做好一件事的人。普通的经营者常把企业一把手与高学历、高智商、高职称这"三高"挂钩,在我看来,创新型企业可能更需要这类人,而更多企业需要的是"痴迷者"。从我的经历来看,有相当多学历不是很高但对做企业无比痴迷的人创造了奇迹。尤其是工厂的一把手,更要踏实肯干,业务过硬,钻研生产技术,懂得生产管理,好高骛远的人是做不好企业的。

做企业是个苦差事,需要硬功夫。有效的经营者一定不是那些心思过分活络、这山看着那山高的人,而是那些脚踏实地、有激情、能持之以恒甚至有些"一根筋"的人。稻盛和夫曾说,当年他做企业时,"聪明人"都跑了,留下的那些看似木讷的"笨人",却把企业做成了世界500强。我对此深有同感,做企业宁可要"笨人"也不要"聪明人"。有效的经营者做事踏踏实实,能沉得住气,稳得住性子,就像龟兔赛跑里的乌龟似的,一直向着终点执着地爬行。而普通的经营者做事容易左顾右盼,什么都知道一些,但什么都不专业,干什么都不精,就像小猫钓鱼一样,蜻蜓来了抓蜻蜓,蝴蝶来了抓蝴蝶,最终一无所获。

做企业这么多年,我把很多精力都用于寻找"痴迷者"和企业家,在中国建材如此,在国药集团也是如此,这可能是我做好企业的诀窍之一。在重组企业之前,我一般会先跟这家企业的老板谈话,在谈话中,我就在想他是"痴迷者"吗?他是那种愿意把身家性命拴在企业上的人吗?如果是,那我就把宝押在他身上;如果这个人左顾右盼,显得很灵光,概念讲得天花乱坠,那恰恰说明他不专注,这样的人我不会选。

在中国建材的队伍里,有一大批能征善战的"痴迷者",他们能吃苦、肯钻研,让中国建材在玻璃纤维、碳纤维、石膏板、风力发电叶片、新能源等新业务领域闯过一个又一个难关,接连打破西方国家的技术壁垒。

人才培养的精髓

在我的职业生涯中,我认为有一段经历非常重要,那就是在比较年轻的时候进入领导层。我在北新建材做副厂长时30岁,做一把手时36岁。由于比较早地进入领导层,我学习和积累了不少管理知识与领导经验,为后来担任更大企业的领导打下了基础。

后来,让年轻人早点儿走上领导岗位、技术管理岗位,成了我用人的特点。有效的经营者主张早点任用年轻人,多创造机会,让年轻人尽早脱颖而出,到重要岗位上历练,让他们边学边干。有经验的同志则为他们把关,发挥并提升他们的才干。这样可以尽早培养出年轻人对事业的责任感,对锤炼他们的领导力和责任心来说是非常重要的。

有人担心年轻人没经验,然而经验是在实践中积累的,年轻人只有早用,才能尽早丰富他们的经验,总比到时候青黄不接而临时选将要好。实际上,大多数知名企业家都是较早担任领导职务的。对于年轻人,大家有时容易求全责备,可是不把他们放在相应的岗位上,他们怎能学到知识,又怎能快速成长呢?人才产生的关键在于培养,在于锻炼,在于任用。

我一直认为,有效的经营者有两大责任:一是带领企业实现战略目标;二是把企业交给年轻一代,培养年轻一代做好接班人。一家企业成功与否,取决于基础是否稳固,取决于能否打好人才基础。企业要加强人才队伍建设,选拔、培养和任用年轻干部,重视后备干部的选拔和培训，形成合理的干部梯队。对于那些有活力、有激情、有远大抱负和志向的年轻人，我们要及早任用，给他们充分施展才华的舞台，让他们在实践中接受锤炼，不断成长，成为推动企业发展的强大生力军。

大量实践证明，不少企业都面临这样一道难题：如何解决好传承问题，找到一位好的接班人。越是出色的企业领导者，面临的"传承"问题越严峻。这个问题解决不好的话，企业就可能很快跌入低谷、陷入危机。通用电气的杰克·韦尔奇提出了一系列的"灵魂拷问"，其中一个重要的拷问是：越是成就辉煌的企业和企业家，越要重视"传承"问题，也就是要选好接班人。他曾这样说："选择接班人不仅是我的职业生涯中最重要的一件事，而且是我面临过的最困难也是最痛苦的选择。整个过程几乎让我发疯，给我带来了无数个难以成眠之夜。"

归根结底，企业最终是要交给年轻一代来管理的，所以对年轻人才要敢用、早用。在企业这个大家庭里，年轻人就像我们的孩子一样，要为他们想得长远一些。未来要留给年轻一代，年轻人不是要照着我们以前的经验去做，而是要像前辈那样遇到问题时去克服、去改变、去创新、去发展，这才是人才培养的精髓。

领导者的六力修炼

党的二十大报告提出，中国式现代化为人类实现现代化提供了新的选择。要实现中国式现代化，必须提高企业核心竞争力，而这必须要有出色、一流的企业带头人和优秀的企业干部，提升他们的领导力就成为企业今后很长一段时间重中之重的工作。我常想，企业家成功的道路有许多条，像李嘉诚、松下幸之助、艾柯卡等企业家的传记有很多，但是读过他们传记的千百万人之中却少有人能够超越他们，也就是说我们要探索一条适合自己的道路，构筑自己的领导力。领导力的确有个人的先天特质，但领导力也是可以后天培养的，学习和实践可以提升领导力。即使有一定的领导天分，做个称职的领导者仍需要个人的不断努力。

领导和领导力是两回事，简单地说，领导是一种职位，这种职位可以赋予个人一定的领导力，但这只是初级的领导力；有真才实学，能在组织中取得出色的业绩，为下属提供学习、成长的机会等，让大家在思想上、感情上和能力上认同你并追随你，带领大家一起实现奋斗目标，这才是有了真正的领导力。做领导的确不容易，企业领导者要比常人付出更多的努力，做更多的功课，才能成为一位优秀的领导者。这么多年来，我反复揣摩并在实践中提升领导力，觉得领导者修炼以下六力挺重要。

第一，学习力。领导者首先要有自我学习的能力，毕竟，做企业是一项复杂且有难度的工作。这些年的企业实践告诉我，要想做好企业，只靠经验不行，但只靠读书学习也不行，要理论联系实际，知行合一，只有既学习又实践的人才有可能做好企业。企业领导者要想在瞬息万变的市场环境中带领企业发展，唯有不断学习，否则就会思想落后于时代，能力落后于他人，只能"以其昏昏，使人昭昭"，使企业陷入泥潭。

企业里成长快的都是学习能力强的人，而且他们都很好地运用了工作8小时之外的时间进行学习。读书学习是我的一个爱好，我白天紧张地工作，晚上一般总要读一两个小时的书，无论多晚都会坚持，并在清晨思考、写作，几十年如一日。现在，我的床边有个书筐，书筐里经常有二三十本书，大多是自己所关心的问题方面的。在互联网时代，我也会从网上看一些资讯，反复比较不同的观点，然后进一步研究。当然，这样的学习还是会受到个人偏好的影响。

我主张做企业要急用先学、活学活用。这么多年来，我有很多感悟，无论遇到什么问题还是做什么创新，我都要先学习一番，看看人家做过什么研究、有过哪些经验。我到国药集团工作第一年的"十一"长假，买了8本投行视角介绍医药行业的书。整个假期我哪儿也没去，就在家里读了7天书。除了读书学习外，我还到国药集团的基层企业去调研，渐渐把医药的业务框架在头脑里构建了起来。也正因为如此，在国药集团工作的5年间，同事们从没把我当成外行看待。当然，学习不只是读书，归纳、总结和互动其实也是一种学习。企业领导者要能听明白大家讲的话，集思广益，然后进行归纳、总结，这也是挺重要的。

不管我们从事什么工作，都需要静下心来，在无干扰的情况下，进行深度学习、深度思考和深度工作。我觉得，深度学习应保证每天要阅读大约一个小时，这种阅读可以安排在每晚的九十点钟。当然，还可以定期参加一些培训、研讨会、沙龙等，认真倾听，进行深度学习。深度思考可以安排在每天清晨醒来以后，进行大约半个小时的思考，每月应选某个周末的一天为"思考日"，每年应选一个整周为"思考周"。深度工作主要是在无打扰的环境下开展的科学而有效的工作，不必一次工作时间过长，更不要经常通宵熬夜，因为人的耐受力有限，过长时间和过累工作都是不可持续的。深度工作绝不是要让人成为苦行僧和工作狂，而是要通过深度工作创造的价值实现更美好的生活。

第二，创新力。经济的发展离不开企业家的组织和推动，从根本上讲，就是离不开企业家的创新。创新力是企业领导者必须具备的一种能力，进一步地说，企业领导者要解放思想，与时俱进，勇于突破，激发创新精神，练就创新本领。企业领导者的确要创新，当然，还得会创新，既要遵循市场的规律，又要遵循科学的规律。

在商业世界中，创新意味着要制造或提供人们想要的东西，即使人们还不知道自己需要它。创新不是一些人的灵光乍现，是可以学习的，有方法可循。如何长时间保持创新的氛围？谢尔盖·布林和拉里·佩奇的"20%自由时间制"就是基于这种考量而设立的，他们在公开信中提道："我们鼓励员工，除了他们的日常项目外，花20%的时间在他们认为最有利于谷歌的工作上。这会让员工更有创造力和创新性。"

创新要立足解决企业的实际问题，企业领导者既要重视高科技的研发，也要重视中科技和低科技的开发应用。对企业来说，赚了钱的技术就是好技术。北新建材是做石膏板的，没有太高的科技，但石膏板做得既轻又结实，质量和服务都一贯地好，效益很稳定。

第三，决策力。作为企业领导者，最难的就是决策。尽管做决策可以集思广益，但最终还是要企业领导者在方寸之间做出抉择。有效的经营者，一般是从以下几个方面来培养自己的决策力。

有意识地培养自己的战略思维。有效的经营者需要具备全局观和前瞻性，能够看到企业未来的发展方向，制定长远的发展战略，所以，要进行广泛的阅读和学习，多角度地思考问题，建立起一套强大的信息共享和信息获取系统，并且亲自参与企业的战略制定和执行过程，在实践中不断提高自己的战略思维能力。规划、反思是战略思维的两大关键要素，在进行未来规划时，要多模拟不同情景下的可能发展结果，做好预案；对于做出的决策和行动，要定期进行反思和总结，思考长远的影响和效果。

进行深入的调查研究，了解自身所处的行业与企业实情。没有调查，就没有发言权，更没有决策权，调查研究是做好工作的基本功。习近平总书记一直以来都高度重视调查研究，毛主席也说过："人的正确思想，只能从社会实践中来。"其实，有效经营者的决策水平也是从企业的实践中一步一步地提高的。我的一个经营原则就是做决策时一定要见人见物，这里的"见人见物"就是调查研究的一种方式。我们要对自身所处行业的趋势、竞争态势、技术变革等进行深入的学习和思考，还要针对问题实地调研自己的企业和优秀的企业，这样才能根据环境变化及时调整企业的战略。只有深入学习与思考、进行正确的调查研究，才能做出正确的决策。

做决策时既要千思万想，也要坚定果断，关键时刻要勇于向前迈出一步。一些企业领导者针对一个需要决策的问题，总是来来回回地开会，下不了决心，而且我们平常的那些好主意也很容易在各种讨论中自生自灭。所以，当面对问题尤其是重大机遇时，有效的经营者一定要当机立断，绝不能犹豫不决、拖拖拉拉、贻误商机。没有效率的决策肯定是不行的，有效的经营者在必要时就必须做出决定，勇于担当。我不是一个"急性子"，而是一个"慢性子"，但我非常理性，也深知"该断不断，必受其乱"的道理，自己做出的决策不仅要正确，还要有效。我们有时做了决策，后面可能还会发现当初的决策不一定那么完美，所以，我们要盯着自己所做的决策，如果在实施过程中遇到什么问题，还可适时地予以解决或调整。

第四，影响力。它就是企业领导者影响别人的能力，也是领导者的一种核心能力。就一家企业而言，表面上看到的是厂房、设备、产品，再深入一些就会看到技术、管理、人才，而最深层次的则是涌动在员工内心的文化与愿景。文化的竞争是企业竞争的最后一场决赛，领导者要在企业内部把企业的发展目标变成激励员工共同奋斗的美好愿景，反复宣讲企业的战略和文化。

企业领导者应是企业的文化领袖，是文化的创造者、传播者和践行者。在企业内部，大家信奉什么、反对什么、弘扬什么、摒弃什么，公司的文化导向是什么，企业领导者必须清晰地告诉大家并反复强调，以使全体员工凝聚在共同的价值观之下。除"言传"之外，企业领导者还要"身教"。行为专家认为，语言对人的影响只有25%，75%的影响则来自行为。所以，领导者的一言一行都必须符合企业文化。否则，说一套做一套，不仅没人会信服你，还会对企业的理念和制度造成破坏。

在企业外部，企业领导者的影响力就是企业的无形资产。领导者要与社会做好沟通交流，赢得更多理解和支持。不少大企业的领导者都是演讲高手，既能创造和归纳故事，也会讲故事，一上台就能侃侃而谈，富有感染力，这是他们的必备本领。企业如同一本故事书，能否讲好企业故事与企业的经营状况息息相关，如果企业经营不善或没有长远规划，故事就很难讲下去。我崇尚布道式管理，多年来自己就像企业里的老师，自己先悟道，再清楚地告诉大家我们该往哪里走，为什么要这么走。

一流的企业需要一流的思想，有一流的思想才能引领一流的企业。所以，企业领导者不应是一个就事论事的人，而应是一个视野开阔、思考深邃、思想先进的人，有思想才有影响力。"人无远虑，必有近忧"，今天不去深入地思考问题，明天问题就会越来越多。随着环境的变化和岗位的不同，企业领导者要快速转换角色，与时俱进，找准定位，最重要的是以领先的思想带领企业不断发展。现在，中国已进入大企业时代，尤其需要一大批有思想、有建树的企业领导者，带领中国企业开拓国际市场，成为实现中国式现代化的重要推动力。

第五，组织力。要做高质量的企业和产品，关键在于高质量的组织建设，提高组织质量是企业领导者的一项重要工作。它不仅包括选人用人、知人善任等，以及做企业的"四支队伍"建设，还包括对资金、技术等各种资源的组织。如何把各种资源有效地组织在一起，发挥出巨大的资源整合优势，达到优化资源配置的目的，这对企业领导者来说是巨大的考验。

领导者是企业的中坚力量，是带领企业发展的主心骨与生力军。在企业做经营管理工作，"精心"二字很重要，企业领导者要做到"四个精心"，即"精心做人、精心做事、精心用权、精心交友"。领导者的职业素养关系到企业的经营管理水平，而职业素养又是一个长期培养和锻炼的过程，在日本，这个过程被称为企业养成教育。我根据中国建材的实际情况，提出了企业领导者应具备的一些职业素养，并归纳为"五有"，即有学习能力、有市场意识、有敬业精神、有专业水准、有思想境界，逐渐成为对全体干部和员工的素养要求。

做企业不能只看到厂房、设备和产品，而是要看到人，企业的一切归根结底是靠人创造的。谁能调动员工的积极性，谁就真正掌握了管理的真谛。企业领导者只有真心实意地对员工好，把企业建设成员工"乐生"的平台，让员工与企业共同成长，共享成果。只有这样，员工才会发自内心地为企业创造效益，进而企业也才能获得持续的成功。

第六，担当力。领导者有权威的一面，身处企业的重要岗位，但他也要有谦逊、服务、勇于担责的美德，方能赢得大家的充分信任。当企业取得成绩时，领导者要把成绩分给大家；当企业遇到问题时，领导者要能扛责任，就像美国第34任总统艾森豪威尔所讲的"有功劳给部下，有责任自己扛"。企业领导者要有担当精神，以身作则，对待事业要勤勉尽职、认真执着，遇到问题能够挺身而出，千万不要文过饰非、推诿责任。

有一次我在党校交流时，一位学员问我："宋总，没见你时猜想你肯定很严厉，可是见了你之后觉得你特别温和，那做领导者到底要温和还是严厉呢？"我给他举了一个不一定很恰当但能说明问题的例子。企业领导者就像一个家庭里的父亲，严父对子女要求很高，慈父则态度非常温和，就像朱自清《背影》里描写的父亲一样。但是，严父也好，慈父也罢，都必须承担起做父亲的责任。如果负责任，严一点儿或宽一点儿都没关系，都是好父亲；如果不负责任，不论严一点儿还是宽一点儿，都不是好父亲。勇于负责、敢于担当的人，才有可能成为一位好的领导者。常看到一些领导者当企业有了成绩时就喜笑颜开，把"金"都贴在自己的脸上；而当企业有了失误或遇到困难时就躲到一边，把责任全推给部下，关键时刻"丢卒保车"。这样的领导者成不了大气候，部下跟着他也没安全感和归属感。

企业发展道路不可能一直平坦，必然会碰到困难和危机。面对困难和危机，企业领导者既要有平常心，不浮躁、不慌乱，积极思考和应对，又要有进取心，千方百计、能动性地去解决企业遭遇的问题。在这一过程中，企业领导者要学习和总结更多的经验，在这些不确定性中找到确定性,锻炼好自己的心力。邱于芸在《用故事改变世界》一书中把英雄的故事归纳为"英雄上路、途遇师傅、历尽艰险、英雄归来"四段式。英雄总要千锤百炼,总要遍尝甘苦,总要经历四段式的重生。实际上,企业领导者也要心怀理想,矢志不渝,努力创造自己的英雄故事。

THE EFFECTIVE
EXECUTIVE

第 3 章

有效创新

　　创新是企业的第一动力，企业本身也是创新的产物，有效的经营者必须是个创新者。但是，创新又是个高风险活动，企业不创新只能"等死"，而盲目创新又可能"找死"。普通的经营者明白创新的重要性，也清楚创新要承担风险，但还是想创新，而在创新方面没有形成一套有效的方式方法。而有效的经营者在创新中总是秉持一定的原则、方法，尽可能地规避和防范风险，而不是甘冒风险。同样是创新，对企业而言，赚了钱的创新才是好创新。有效的经营者追求有目的、有质量、有效益的创新，同时也更重视创新模式的选择。

创新的本质

创新贯穿于企业发展的始终，尽管它已是老生常谈的话题，但又是每个企业、每位企业家都必须认真研究的重要课题。那么，到底什么是创新呢？不见得每个人都能回答清楚。约瑟夫·熊彼特在《经济发展理论》一书中提出的创新观点，不仅轰动了当时的整个西方世界，而且它的影响一直延续到今天。

企业是创新的主体

创新是一种革命性的变化。经济学家约瑟夫·熊彼特把经济区分为"增长"和"发展"两种情况，经济从增长到发展是一种革命性的变化。增长是数量的增加，一万辆马车还是马车，马车只有变成蒸汽机车，实现质的飞跃才是发展。熊彼特提出，创新是把一种从来没有出现过的关于生产要素和生产条件的"新组合"引入生产体系。

这里，创新包括五种情况：一是开发新产品，即消费者还不熟悉的产品；二是引入新技术，即新的生产方法；三是开辟新市场，即以前不曾进入的市场，不管这个市场以前是否存在过；四是控制原材料或半成品的新供应来源；五是实现新组织形式或企业重组，如打破垄断或形成垄断地位等。上述五种情况的创新，依次对应现在常讲的产品创新、技术创新、市场创新、资源配置创新、组织创新。

从熊彼特的上述阐释来看，创新最初指的是企业创新，是企业对新的生产要素和生产条件进行新组合。其实，我们今天不难理解什么叫"新组合"。比如新能源汽车，它是把电池、电机、电控组合起来，区别于燃油汽车的油箱、发动机、方向盘的老组合。电池也是组合，即把正极材料、负极材料组合起来。商业也一样，互联网经济实际上就是将互联网要素和实体经济组合在一起，我们把线上搜索下单和线下的产品结合在一起，通过快递等物流形式进行新组合，区别于传统的大型购物中心、柜台、售货员的组合。

谁来做新组合？其实，主要就是企业，企业是新组合的主要载体。创新活动本质上是一个经济过程，只有以企业为主体，才有可能真正坚持市场导向，反映市场需求。二十届中央财经委员会第一次会议指出，要加强关键核心技术攻关和战略性资源支撑，从制度上落实企业科技创新主体地位。企业的创新目标极其明确，就是要解决什么问题、做什么产品，都是和生产经营、市场变化密切结合的，最后要落到经济效益上，要么有当期效益，要么有市场价值。

企业创新的核心是技术创新，解决的是产品开发和制造的问题。在当今的高科技和新经济时代，技术迭代加速，数字经济呈现指数级成长，技术创新至关重要，核心技术成为企业存在的基础和竞争的利器。在激烈的市场竞争中，企业能否根据市场需求和变化，不断研发市场需要的新技术、新产品，是企业在竞争中求生存、求发展的关键。即使是传统企业，也得用技术创新来助推企业进行转型。

企业家是创新的组织者

熊彼特强调和重视企业家的独特作用，认为企业家的职能就是实现"创新"，引进"新组合"，企业家是"经济发展"的主要组织者和推动者。企业家一词源于法语"entreprendre"，最初的含义是

"承担"。法国经济学家让·巴蒂斯特·萨伊认为，企业家是那种具有判断力、忍耐力等特殊素质以及掌握了监督和管理才能的人。熊彼特认为，"企业是实现新的生产要素组合的经营单位，而企业家是实现生产要素组合的人"。德鲁克认为，企业家是创新者，是最大限度地规避风险、有目的地寻找创新源泉、善于捕捉变化并把变化作为可供开发利用机会的人。

创新是企业家的灵魂，企业家也是创新的灵魂，企业家是能用创新思维点亮企业的人，要勇于创新，在关键时刻要敢于做出改变。企业家的任务是什么呢？那就是平抑、减少相关风险，进行有效的创新。德鲁克认为，企业家精神的本质就是有目的、有组织的系统性创新，创新并创造了财富的才是企业家。企业家跟企业的规模、性质、所有制形式，以及自己的人格特征等均无关，任何所有制的企业都可以产生企业家，无论是所有者还是职业经理人，都可能是企业家。

企业家创新、创造财富，并非必然要冒险，企业家的重要能力是发现机遇。尽管冒险是企业家的天性，但不是企业家的必然选项。熊彼特所处的工业革命时代，机会很多，成功率也高，企业家敢于冒险就会成功；而到了 1985 年，西方国家工业化已经基本完成，德鲁克提出企业家必须要进行有目的的创新。如今，新一代企业家大多都是拥有高学历、有知识、懂科技的人。企业家的创新不仅要有胆量，还要特别理性。企业家要敢吃螃蟹，还得会吃螃蟹。也就是说，企业家确实要创新，但还得会创新，不仅要敢于创新，还要善于创新，也要遵循市场和科学的规律。

过去，我们讲企业家做企业家的事，科学家做科学家的事，但今天应该是高度融合的。科学家型的企业家有技术优势，但也要加强学习商业知识。对于很多传统型企业家，我鼓励他们学习科技知识，要做懂科技的企业家，这是时代对当代企业家所提出的新要求和新挑战。

最近，我到企业调研时发现，企业的创始人大多是某一方面有专长的技术人员，然后他们创办了企业，企业做得不错。例如，宁德时代新能源科技股份有限公司（简称"宁德时代"）的创始人曾毓群毕业于上海交通大学船舶工程专业，后来在中国科学院物理研究所攻读博士学位，亲自主持或参与了多项发明专利。

改革开放初期，企业家的成功主要靠胆商，后来主要靠智商、情商和逆商。从一定意义上说，胆商就是敢为人先的能力，智商就是辩证看问题的能力，情商就是理解他人的能力，逆商就是解决困难的能力。在顺利的时候，智商和情商起主要的作用，但是在困难的时候，逆商则会起重要作用。在成功的要素里，情商和智商大概只占成功要素的30%，而逆商要占到70%。对当下企业而言，除了智商、情商外，企业家更需要逆商，直面困难、解决困难的能力也非常重要。

面对困难，企业家既不要悲观失望，也不能盲目乐观，而是要务实达观，保持战略定力。就困难而言，我有三点思考。第一，困难是客观的。你困难他困难，大家都困难，不要怨天尤人，要增强耐力。第二，最困难的时候还是要坚持。要挨得住，不能躺平。"否极泰来"讲的是困难达到极点，就是要有转机了。最困难的时候，往往困难也快过去了。第三，解决困难还是要靠努力。困难既然出现了，我们不能当"鸵鸟"回避，要在战略上藐视困难，在战术上重视困难，千方百计地去克服困难。

在当前环境下，企业和企业家的韧性尤为重要。有句俗话说，

"弯的扁担不容易断",我建议企业家成为这种"弯的扁担",增强自身韧性,提高对社会和经济发展的适应性。所谓"疾风知劲草",我想这个"劲草"就是有韧性的草:一是它的根基牢,二是它不脆弱,风刮几下也没关系,但有的草,风一刮就倒了、断了。我们要做经得住刮的"劲草",要做有韧性的企业,成为有韧性的"劲草式"企业家,才能带领自己的企业一起生存下去。

资本是创新的杠杆

资本是企业家用于创新的杠杆。在熊彼特看来,资本就是企业家为了实现"新组合",用以"把生产指往新方向""把各项生产要素和资源引向新用途"的一种"杠杆"与"控制手段"。资本不是具体商品的总和,而是可供随时提用的支付手段,是企业家和商品世界之间的"桥梁",它的职能在于为企业家进行"创新"提供必要的条件。

作为创新的主体,企业是促进科技创新与产业创新衔接的有效载体。科技创新的成果,最重要的是要能实现应用,变成产品,为企业创造效益。如果科技创新只停留在科技层面而非转变成产品的话,创新就会被束之高阁。我们要把科技创新和企业创新之间的通道打通,关键在于要有效发挥资本的作用。

再优秀的企业家,假定没有资本的支持,也不太容易做成事。尤其是技术创新,早期大多是高投入,若没有风险投资或资本市场其他渠道的支持,一般企业是难以为继的。比如芯片研发,就需要大量的资金,而这个资金通过资本市场就会来得比较快,如果只靠政府资助和原始股东的出资,实际上是不够的。有关统计数据显示,截至2023年6月30日,科创板已上市的542家企业首发融资额共

8477 亿元，而这要都靠政府和原始股东出资是不现实的。如果通过银行贷款获得这笔资金，科创企业的研发周期过长，前期利润微薄，又无法承受高额的银行利息。怎么办呢？有效的经营者认为，只有加大直接融资，用好资本这一创新杠杆。

很多人把资金和资本混淆了，资金可以通过银行等贷款获得，但是贷款要付较高的利息。一些年轻创业者经常跟我说："宋总，企业发展所需的资金筹集起来很困难。"我就说："那你去找私募基金，看看能不能融点资。"有时，一些省里领导也会跟我说："宋总，我们省就是缺两样东西，一是技术，二是资金。"其实，他们缺的是创新文化和资本，有了创新文化就有了技术，有了资本企业才能稳定发展。资本不是"资金"，"资金"借了毕竟还是要还的。

党的二十大报告明确提出，要"健全资本市场功能，提高直接融资比重"。2023 年 10 月，中央金融工作会议明确指出，"优化资金供给结构，把更多金融资源用于促进科技创新、先进制造、绿色发展和中小微企业，大力支持实施创新驱动发展战略、区域协调发展战略、确保国家粮食和能源安全等。"吴晓求在《中国资本市场：第三种模式》一书中提出，美国是以资本市场为主的金融体系，德日是以银行为主的金融体系，中国是把两者结合起来的金融体系，发展多层级的资本市场，根据企业的成长周期来选择各自融资和资本运营的方式。

这几年，我国科创板、创业板相继试点注册制，深化新三板改革、设立北交所等资本市场的制度创新，为科技企业提供了宝贵的创业资金。科创板坚守"硬科技"定位，创业板服务成长型创新创业企业，北交所和全国股转公司则服务创新型中小企业，它们在打通科技—产业—资本的良性循环中发挥了重要作用。现在，上市公司发行股票筹集的资金大多用于企业的创新和转型。

最近,日本也在检讨泡沫经济破灭之后的30年来防范风险过度,拼命降低杠杆,企业不贷款也不投资,有钱就还之前的贷款,以降低资产负债率,结果失去了很多发展机会。我们要吸取这个教训,鼓励企业家融资发展,这样才能让经济正着转。但是,如果大家都上银行融资这座独木桥,这不仅会推高企业的融资成本、财务成本,也可能会给银行带来风险。所以,企业要特别注重拥抱多层次的资本市场,加大直接融资力度。目前,企业直接融资大致可分为如下三种。

第一,通过企业间相互持股、参股的方式进行融资。像浙江、江苏一带的很多企业那样,企业自己算出估值,大家同意就可以投资。

第二,通过私募基金进行融资。2023年6月16日,国务院总理李强主持召开国务院常务会议,审议通过《加大力度支持科技型企业融资行动方案》《私募投资基金监督管理条例(草案)》。会议强调,要把支持初创期科技型企业作为重中之重,加快形成以股权投资为主、"股贷债保"联动的金融服务支撑体系。近年来,我国私募投资基金行业发展较快,在服务实体经济、支持创业创新等方面发挥了积极作用。中国证券投资基金业协会发布的数据显示,截至2023年12月末,私募基金管理的资金规模达20.58万亿元,现在制定专门的行政法规,将私募投资基金业务活动纳入法治化、规范化轨道进行监管,有利于更好地保护投资者的合法权益,促进行业规范健康发展。

我去过杭州的基金小镇,这个小镇居然有2000多家基金公司,以这样的规模去投资企业,就比较容易支持企业的发展。民间的私募基金优先孵化和培养独角兽企业，因为这些企业发展到一定程度后会上市。胡润研究院发布的《2023 全球独角兽榜》列出了全球成立于 2000 年之后，价值 10 亿美元以上的非上市公司，独角兽企业总数达到 1361 家。其中，美国有 666 家独角兽企业，中国有 316 家，美国和中国的企业约占全球独角兽企业总数的 72%。中国的 316 家独角兽企业中，在北京、上海、深圳、广州和杭州的占到 70%。尽管经济增长放缓，但过去一年，全球新诞生了 500 多家独角兽企业。

第三，通过二级市场上市进行融资。近年来，资本市场进一步强化了自身为企业（特别是中小企业）提供融资的举措，形成层层递进的企业成长路径和良好的多层次市场发展生态，可以为我国不同阶段、不同规模的企业提供支持，满足企业的融资需求。企业要充分利用科创板、创业板、私募股权、风投基金等资源，选择适合自己的各种融资工具。不同地区的上市公司情况差异较大，广东一个省就有 800 多家上市公司，而仅深圳的上市公司就超过 400 家。所以，我们必须要大力发展直接融资，一个城市里上市公司多，私募基金多，这个地方的企业就发展得快，经济就发展得好，这必然是有一定道理的。

科技创新的逻辑

今天在创新的新组合中最重要、最核心的要素是科技，衡量企业家能力的重要维度就是能不能把科技这一要素组合进来，科技创新是企业创新的核心。一般来说，科技创新包含三层含义：一是科学，科学的任务是发现，发现未知是科学家的任务。二是技术，技术的任务是发明，即运用科学知识、科学技术，首创出先进、新颖、独特的具有社会意义的新事物与新方法，能有效地满足某种需要。工艺、装备等都要依靠发明，而发明主要是工程师的任务。三是创新，企业创新重在产品，企业家的任务是如何把产品做得更好，成本更低、功能更强、质量更高，最后取得效益。这三层含义彼此有联系，但又各有特点。

科学发现是技术发明的基础，技术发明是企业创新的基础，没有科技创新很难进行企业创新。一方面，一个重大发现会带来许多发明，这些发明本身又带动了企业的创新，它们之间是相互联系的。比如气体状态方程中的节流原理，它在实践中的应用是空调和冰箱。另一方面，企业创新也促进了技术发明和科学发现。比如企业在17世纪末18世纪初就开始造蒸汽机，那时还没提出热力学定律，花了几十年时间才把蒸汽机造了出来，而后才催生了热力学定律。

常常有人认为，科技创新是一项纯粹的市场化活动，但是科技创新其实从来都离不开政府的支持和引导。科技创新既需要有为政府的支持，也需要有效市场的培育。尤其是党的十八大以来，我国加快实施创新驱动发展战略，进一步加强了对科技创新的支持。像"神舟"飞天、"天问"探火、中国空间站全面建成、"奋斗者"号万米深潜等大国工程，这些重大的科技创新都是在政府的支持下实现的。

当然，不单是中国政府这样做，纵观全世界发达国家，政府在创新中都起到了重要的指导作用。第二次世界大战后，范内瓦·布什写给罗斯福总统的报告中提到，美国过去的科学技术主要依赖于欧洲，但美国必须加强自身的基础科学研究，美国政府应大力支持科技、支持教育。这份报告对美国科技和教育政策产生了重大影响，美国这么多年来也采用了政府支持和指导的科技体系。

我之前去日本出差了解到,日本有个部门叫经济产业省(过去叫通商产业省),在整个科技创新的布局、统筹、指导等方面都做了大量的工作。也就是说,日本政府在科技创新方面起到了非常重要的作用。德国也是如此,德国政府补贴科技公司创新研发费用的比例最高可达100%,公司通过银行渠道,只要把用于科技研发的费用单填好,银行就会依据程序把这部分费用补给公司。

我当年任职于中国建材的时候,收购了一家德国高科技公司后,银行并没给我们补贴。后来在一次两国总理共同出席的会议上,我向时任德国总理默克尔提出建议,应该把中资企业视同己出,给予相同的补贴。结果,默克尔总理在当天下午的大会上就承诺给中资公司同样的补贴。于是,中国建材所属的这家技术公司得到了相应的补贴。

发达国家的政府都在大力支持科技创新。国有企业在西方被称为公营事业,这些企业加大创新投入,带动了民营企业的技术创新,实际上也是政府支持科技创新的一种方式。如今,无论是国家层面还是地方层面,我国政府都对科技创新倾注了很大热情,并予以大力支持。

过去10年间,合肥的GDP翻了一番,达到了1.2万亿元,合肥模式很值得全国一些大中型城市学习。温州模式是大力发展民营经济;苏南模式是发展乡镇企业;浦东模式是发展中外合资企业;深圳模式是大力发展创新创业;合肥模式则是在创新和资本的带领下,发展现代制造业和新型工业体系。合肥每年都会举办世界制造业大会,这里聚集着大量新型工业化项目。我认为,合肥模式具有以下特点。

第一,有效市场和有为政府的结合。合肥探索出一条后发经济城市发展的道路,政府积极主动作为,为企业搭台唱戏。合肥政府最大限度地整合资源、凝聚合力,集聚全球科技创新要素,打造科技体制机制改革的"试验田"和高科技企业成长的"高产田",把科技创新优势转化为竞争优势、发展优势。同时,通过经济体制改革,处理好政府和市场的关系,让市场在资源配置中起决定性作用,更好地发挥政府作用。

第二,充分利用科教优势,重视技术转化,形成创新优势。合肥不仅有中国科学技术大学,还有中国科学院等所属的科研院所,培育了大量的科技创新人员,也将一些科技成果迅速转化并形成创新优势。2022年10月,中国科学技术大学科技商学院正式成立,把科技和商业结合在一起,为合肥的科技人才创新打造新的生态系统。

第三,充分运用多层次的资本融资体系,为创新和创业提供资本保障。虽然安徽省上市公司数量相比有些区域还不够多,但其中一半都在合肥。除了上市公司外,合肥在私募基金等方面其实也很有特色,用政府基金引领,私募基金进入,培育独角兽企业,然后再上市,高科技创业公司都愿意去合肥落户。我去合肥几家上市公司或拟上市公司进行过调研,诸如国盾量子、晶合集成等企业都做得非常好。

第四,深度融入长三角现代产业体系。合肥利用投资洼地效应,迅速集聚企业和资源,坚持把发展战略性新兴产业作为主攻方向,深度融入长三角现代产业体系,共建G60生物医药、工业互联网、环境产业等8个合作园区(数量居长三角第一位),携手打造新能源汽车和智能网联汽车世界级产业集群,推动新能源汽车产量三年跃居全国前五位，集成电路产业竞争力五年跃居全国第六位、长三角第三位。

第五，建设新兴产业和高端制造业集聚地，进行规模性扩张。合肥是一个新兴产业和高端制造业的集聚地，无论是电动车还是光伏新能源等产业，都很有规模。此外，合肥还有两个特色行业：一是显示行业，以京东方科技集团股份有限公司（简称"京东方"）为首，包括中国建材的电子薄玻璃和模组生产线等；二是科大讯飞股份有限公司（简称"科大讯飞"）带领的智能语音行业，打造出了"中国声谷"。这都不是"小打小闹"，而是要"大打大闹"。

第六，发扬徽商文化，弘扬企业家精神。自强不息是安徽企业家的一大优势，大家都知道当年徽商走遍天下，这就是创业基因。合肥这些年发展迅猛，徽商文化和企业家精神都起到了非常重要的作用。

创新的原则

2024年1月底，习近平总书记在中共中央政治局第十一次集体学习时强调，发展新质生产力是推动高质量发展的内在要求和重要着力点，必须继续做好创新这篇大文章，推动新质生产力加快发展。创新是一项艰难的、风险重重的工作，但又意义重大，普通的经营者明白创新要承担风险，而有效的经营者认为创新是有目的地寻求机遇的过程，应尽可能灵活运用创新的原则来规避风险，而不是去简单地"甘冒风险"。

创新要有效益

企业是一个营利组织,受到严格的商业约束,因此做企业就得有效益,就得赚钱,这是每位企业家必须要思考的问题,创新也是如此。面对市场约束,企业必须做能赚钱的创新,把创新与经济效益紧密联系起来。如果创新没有效益,企业也就很难对创新进行持续的投入;创新烧钱烧到最后,企业都被拖垮了,再好的创新也做不下去。

当年,摩托罗拉通过66颗环绕地球的低轨卫星组成的全球卫星移动通信系统,使铱星电话在全世界任何一个地方都能接收到信号。但是,铱星电话和后来的手机相比很笨重,无法解决信号屏蔽问题,费用也很高,没有产生效益,于是退出了舞台,摩托罗拉因此受到了很大的拖累。

现在,埃隆·马斯克的SpaceX(太空探索技术)公司发起的星链计划,目标是以大约4.2万颗卫星构成的星链网络,围绕地球轨道运行,来建设一个全覆盖、速度高、容量大和时延低的全球通信系统,尤其可为偏远地区提供低成本的互联网覆盖。应该说星链计划利用了现在资本市场对创新的支持,而铱星电话所处的时代并不像今天的资本市场这样支持创新。

所以,企业在研究创新的时候不是要把所有的创新都拿来用,而是要思考创新的效果怎么样,能否创造效益。像特斯拉前几年不赚钱的时候,它的市值就有几千亿美元,比丰田的市值还高,资本市场看好了它的未来那也行。如果既没效益,也没有资本市场的估值,那么再好的创新都不能做。

百度的口号是技术改变世界,多年来从搜索引擎到人工智能、自动驾驶，发展的核心始终是技术。当然，这个技术要获得市场认可才算好，它遵循的原则是"攀登珠峰，沿途下蛋"，在长期研发投入的过程中也要有结果，有收入，有利润。近年来，中国建材大力发展光电材料、复合材料、膜材料、石墨材料、工业陶瓷、人工晶体六大新材料业务，这些新材料都实现了工业化量产，而且都能赢利。中国建材是产业集团，创新不是摆"花瓶"或搞"花架子"，不能量产、没有规模效益的创新坚决不做。

在企业里，我不反对大家探索科学奥秘，每个人都有自己的兴趣爱好，有强烈的好奇心、喜欢探索未知事物是好事。但我同时认为，研究黑洞、引力波、人的起源这类问题，不是企业创新要聚焦的事情，企业很难为此提供专门的实验室和经费。不可否认，企业里有些技术人员的科研实力很强，甚至能带来足以推动世界科学进步的重大成果，比如日本岛津制作所的一位基层研究员因自己的研究成果而获得了诺贝尔奖。但总的来看，企业还是要发挥技术创新的专长，盯着新产品、新技术、新工艺，解决这些实际问题，这才是企业创新的立足点。

作为中国在校大学生创业的第一家上市公司，科大讯飞始终坚持"顶天立地"的发展战略。"顶天"是指核心技术始终保持国际领先，"立地"是让技术成果实现大规模产业化应用。依托国内首家上线的讯飞开放平台，科大讯飞在教育、医疗、智能办公、智慧城市等应用场景，不断扩大应用规模，进而通过"算法—数据"的持续闭环迭代，实现源头技术创新和产业应用的良性互动。

其实，传统产业中需要创新的业务也不少。像最新的智能化水泥生产线，用工减少了200多人，吨熟料标准煤耗下降了20多千克，这就是很大的经济效益。所以，企业的创新要紧紧围绕企业的需要和发展进行，最终要为企业创造良好的效益。

创新不一定都靠高科技，中科技、低科技、零科技也可以创新。德鲁克1985年在《创新与企业家精神》一书中澄清了一个误解：只有高科技才能创新。按经济学里的康德拉季耶夫周期理论分析，欧美经济从第二次世界大战后到1965年的20年间经历了繁荣发展；1965—1985年处于经济结构调整期，欧洲经济开始衰退，但美国却出现了繁荣，新增就业岗位4000万个。而在这4000万个就业岗位中，高科技只增加了600万个就业岗位。所以，德鲁克认为，创新一定要靠高科技的观念是错误的。他用大量的实例证明，创新不一定必须与技术有关，甚至根本就不需要是一个实物。

创新是发现新的价值创造方式的过程，创新的生命力在于价值创造。企业在创新时，不能只盯着高科技，而是要紧紧围绕价值创造这个核心进行，着眼于变化和不同，用不同于以往的方式来达到价值创造和增值的目的。例如，阿里巴巴、京东、滴滴等企业真正的贡献并不是创造了什么技术，而是让我们看到了商业模式创新的价值和创意的巨大力量。

创新要有目的

创新活动开始之前，要分析创新的机遇、目标和路径，认真学习前人的经验，细致地谋划组织。德鲁克认为，创新是有目的地寻求机遇的过程，有目的的创新甚至能减少90%的风险。很多人一听到创新就按捺不住了，还没了解清楚项目就立马干起来，这种盲目创新的例子并不少见。从纳米热、石墨烯热、区块链热、元宇宙热，到现在ChatGPT热，有热度是没问题的，但是光炒概念不行，一定要搞懂了再干，要有一个长期的战略目标。普通的经营者好像是为了创新而创新，而有效的经营者强调创新的目的性，并尽量减少盲目性。

企业在创新上不能做冲动派，也不能做盲从者，而是要有方向，有风险意识，有的放矢，谋定而后动。在对新技术进行深入了解和认真思考的基础上，企业要找到适合自己的方向和应用场景，扎扎实实地进行那些和自己实际情况能有效结合的创新。例如，中国建材在超薄玻璃、碳纤维、风力发电机叶片、薄膜太阳能电池等领域的成功，都是在认真分析产业形势、市场需求、自身优势的基础上，锁定目标，长期技术攻关的结果，都是有目的的创新。其中，碳纤维是中国建材这些年来一项目的性特别强的创新。

碳纤维是高档复合材料的重要原料，被称为材料行业里"皇冠上的明珠"和21世纪的"黑黄金"。碳纤维的强度是钢的7～10倍，密度是钢的1/4，还有抗疲劳、耐腐蚀等性能，被广泛应用于航空航天、交通运输、新能源（光伏、风电等）、基建等领域，波音787、空客A380、我国的C919和C929等飞机都要大量地使用碳纤维。但是，过去西方国家和日本长期严加封锁碳纤维技术，尤其是美国赫氏和日本东丽等公司控制着高端碳纤维市场，中国建材一直想攻克它。

2007年，我到连云港出差，无意中听说市里有位名叫张国良的企业家在做碳纤维，便马上托人约他见面。第二天一大早，我又专门到张国良的工厂参观，碰巧的是他正在院子里放鞭炮庆祝第一根碳纤维下线。尽管这个工厂当时生产线的年设计能力只有20吨，但通过与张国良的交谈了解到，他是从做化纤机械的角度去做碳纤维的，我决定支持这个项目，因为他的技术思路在逻辑上是正确的，而且他能在车间里连续工作48个小时，有了这种精神，又有什么是做不成的呢？

后来，中国建材以增资扩股的形式参与这个项目，组建并控股中复神鹰碳纤维股份有限公司（简称"中复神鹰"）。中复神鹰组建了一支碳纤维产业化的"国家队"，助攻装备制造难关，从创业之初的年产 20 吨 T300 中试线，发展到 T700、T800、T1000 陆续成功量产，填补了我国碳纤维高端技术的空白。

2021 年 9 月，中国建材万吨碳纤维生产线在青海西宁正式投产，项目总投资额为 50 亿元，首次实现了单线年产 3000 吨的高性能碳纤维生产线设计和高端成套技术自主可控，拥有完全自主知识产权，其中设备的国产化率更是高达 85%。投产后，它极大地提升了我国碳纤维供应链的自主可控能力。2022 年 4 月 6 日，作为中国建材旗下的第一家科创板上市公司，中复神鹰正式登陆上交所科创板，募集资金 29.33 亿元。

创新要有组织

创新不是一个人、一家企业的事，而是一个系统的事。创新不能靠单打独斗，任何创新都是在一个系统组织中进行的，进而形成功能互补、良性互动、开放共享的创新格局。2024 年的《政府工作报告》强调，"强化企业科技创新主体地位，激励企业加大创新投入，深化产学研用结合，支持有实力的企业牵头重大攻关任务"。产学研用的深度融合，将科技、人才、创新的供给方和需求方有机地统一在一起，能够高效统筹企业、高校、科研院所等创新主体，推动创新链、产业链、资金链、人才链深度融合，是科技创新引领高质量发展的重要途径。

高校的教育和研究是企业创新的基础。虽然不见得每一门学科都要直接和企业创新有关系,但基础理论的研究最终都会反映在科技创新上。任正非先生曾说过,数学、物理、化学等基础学科一定要做好,培养更多基础科学方面的人才。其实,一些人文学科看起来和科技创新没关系,却处于同一个综合系统。也就是说,今天的很多重大发明,并不是简单来自某个学科的进步,而是来自多个学科整体上的进步。

对高校来说,主要任务还是教育、基础研究,包括重大实验室建设,这些都很重要。就科研院所而言,可以结合着企业的需要,做一些技术上的发明。对企业来讲,就是应该扎扎实实地把产品做好,投向市场,让市场检验创新的成果。产学研用的合作,应该是互利多赢的合作,可以有效激活科技创新资源,提升创新体系效能,是解决科技与经济"两张皮"问题的根本途径。通过产学研用结合,企业可以充分利用高校、科研院所的研究成果与人才优势,捕捉技术前沿趋势,解决企业发展的技术难题,降低技术开发风险,推动技术创新,从而增强企业的核心竞争力。

就企业与高校之间的合作而言,中国建材旗下的中复神鹰与东华大学、武汉理工大学等多家高校建立了"产学研"联合体,以合作研发模式为主,人才培养、咨询服务与委托研发为辅,进行碳纤维相关技术及其应用的研究,在国内率先实现了干喷湿纺的关键技术和核心装备自主化,因此获得了国家科学技术进步奖 等奖。

在企业与科研院所的融合发展方面,中国建材集团与中国建筑材料科学研究院(简称"中国建材院")实施战略重组,之后整合集团原有科研院所,组建成立中国建筑材料科学研究总院有限公司(简称"中国建材总院")。国务院国有资产监督管理委员会(简称"国务院国资委")对这次重组给予了充分肯定,"中国建材院进入中国建材集团，使中国建材集团发展成为国际一流企业成为可能。"近二十年来，中国建材总院与集团内部的制造企业密切协作，将水泥短窑烧成技术、特种水泥技术等成功应用于集团制造企业平台，极大地提升了核心竞争力，促进了集团的科技创新和技术转型。

就企业与高校、科研院所之间的协作而言，由沈阳市政府和中国航空发动机集团出资成立的中国航发燃气轮机有限公司（简称"中航发燃机公司"），发起成立了一个由30多家单位组成的产学研联盟，不仅包括大连理工大学在内的10所高校，中科院金属所等5家科研院所，还包括十几家上下游企业。中航发燃机公司依托大连理工大学等建立了燃机实验室，这种产学研组织把各种创新要素结合起来，使自身一跃成为国际一流的专业公司。目前，它以航空发动机技术为依托，研发制造拥有自主知识产权的燃气轮机，已完成"三轻一重"系列化产品的设计研发与制造生产，相继投入国内多个能源示范项目，并不断推动产品迭代升级和平台化发展，以提升我国工业制造领域的竞争力。

其实，上市公司的发展与产学研用结合也是密不可分的。据了解，1600多家上市公司在2022年年报中提及产学研，约占披露年报的上市公司总数的1/3。近几年在调研上市公司的过程中，我也看到宁德时代、科大讯飞等上市公司在产学研合作中发挥了引领作用，在提高自身科技含量和创新能力的同时带动相关产业发展。

总的来看，产学研用结合要做得好，一是高校做好研究，为企业陆续提供一流的技术，同时在培育大量的科技创新人员上发挥作用；二是发挥企业的主导作用，牵头建设更多高效协同的创新联合体，从资金、人才等方面支持产学研用一体化；三是高校、科研院所、企业形成长期的制度合作，打通科技创新链上科研、中试、产业化三个环节。

在创新方面，企业应该有效分工，扮演各自适合的角色。企业家应多思考企业创新的目的是什么，在创新中的上下游是谁，是否熟悉这些领域，能否得到有力支持，从这些角度认真思考，就能在创新过程中降低风险。大企业和中小企业可以在创新上进行协同，大企业创新不需要所有工作都自己做，可以技术外包给中小企业。作为全球最大的制药企业，美国辉瑞公司的大部分创新都外包给了中小企业，动员更多的人参与大企业的创新平台，它们之中有的是夫妻店，有的是采用网上下单模式的企业。

无锡药明康德新药开发股份有限公司（简称"药明康德"）创始人李革曾在美国创立普林斯顿组合化学公司并成功上市，2000年，李革放弃在美国的成就，回国成立了药明康德。药明康德于2007年8月在美国纽约证券交易所上市，2015年在纽约证券交易所退市。2018年5月，药明康德在上交所挂牌上市，同年也在香港联合交易所挂牌上市。药明康德的创新采用的也是医药研发外包模式，在全世界有不少的合作点和研发中心，有数以万计的科学家在它的平台上。它还为辉瑞公司等全世界大药厂提供医药创新服务，接受新药研发中某一环节或某一周期的外包，在高起点上接触到大药厂的一些医药创新。

2020年7月底，我去北京汽车集团有限公司（简称"北汽集团"）调研了北汽新能源汽车的经营和创新情况。北汽集团旗下的北京新能源汽车股份有限公司（简称"北汽新能源"）成立于2009年，是我国首家独立运营、首个拥有新能源汽车生产资质、首个登陆A股市场的新能源汽车企业。2018年，北汽新能源为了打造新能源技术创新高地，牵头建设了国家新能源汽车技术创新中心，聚集了全球的优质资源。在新能源汽车的核心技术动力电池上，北汽新能源通过与戴姆勒、宁德时代等多家企业建设联合实验室开展协同创新。此外，北汽新能源还与华为、滴滴、百度等企业在大数据应用、智能驾驶以及出行业务产业链上进行深度合作。

创新要有基础和管理

什么都是时间的函数，做企业一定是一分付出一分收获。企业创新要务实，要做有质量的创新。相比较而言，企业在熟悉领域创新更容易成功。做企业，业务选择很重要，但选对了业务只是开头。业务选好后，企业可能需要一二十年或二三十年，甚至更长时间才能做到一流。在创新的过程中，如果企业放着熟悉的领域不做，反而进入一个完全陌生的领域，一切都从零开始，就容易犯错。因而，企业千万不要盲目跨界。

创新并非总是从零开始的。在创新领域里，我们应该更多地反思当前已有创新的一些基本情况，看看有哪些经验是可以学习的。其实，爱迪生发明灯泡之前，前人已针对灯泡做了 90% 的研究工作，他在此基础上又进行了大约 6000 次实验，才把灯泡做出来。也就是说，如果没有别人在前面进行的 90% 的研究工作，爱迪生也很难把灯泡做出来。所以，企业在创新时要总结前人所做的基础工作，不要去做过多的重复工作。

中国建材是全球最大的建材制造商，也是全球最大的水泥制造商。有些人可能认为水泥只是普通产品，但大家想一下如果没有水泥，我们的城市和生活会是什么样子。水泥虽然已有近 200 年的历史，但其实在这么多年的发展中一直在进行创新。过去，小立窑生产水泥，每条生产线日产规模约几百吨。之后是湿法水泥，每条生产线日产规模约 1000 吨。现在是新型干法水泥，每条生产线日产规模可达万吨。水泥厂也通过大量创新发展成为智能化、洁净化的新型工厂，体现现代工业和自然环境的完美融合。

我在同时担任中国建材和国药集团董事长的 5 年里，学到了不少东西，也发现了不少机遇，但中国建材没去做医药项目，为什么？因为建材领域的技术人员不熟悉生物医药领域的东西，在一个不熟悉的领域里是很难做决策的。当然，这并不是说不能进行跨领域的创新，外部的某些创新可能对行业产生很大乃至颠覆性的影响，必须认真研究。但是，创新通常需要对一个行业有着深刻的了解，不是积累多年经验的内行，对于风险点和路径往往无从判断，盲目跨界十有八九会出问题。如果确定要跨界且条件具备，也要有熟门熟路的盈利点作为底部支撑。

当然，创新的成功也离不开有效的管理，人们往往容易忽视管理在创新中的作用。现在，一些科技型上市公司之所以运作得不太成功，原因之一就是科学家与企业家发生了错位。科学家有了创新成果，常有自己开工厂、做管理的倾向，而一旦把工厂做起来了，就会涉及贷款、生产、销售等各种问题，这些未必是科学家擅长的领域。

我曾给创业板的科技型企业老总们做过一场讲座，我问他们：你们搞创业板，上市拿了钱之后做什么？他们说做工厂。我说，做了工厂之后干什么？他们说生产产品。生产了产品之后，怎么办？当然要去卖产品。卖了之后呢？其实，生产产品、卖后收款，都不一定是科学家要干的活。作为科技公司，不见得都要做产品，应该是做出科技成果后就把它卖了，卖了之后再创造下一个科技成果，也就是说，科技成果或技术是科技公司的产品。如果也做那些和企业家所做的差不多的产品，科学家有什么优势呢？

回顾一下当年热门的高校科技公司，包括科研院所办的那一批公司，在发展中大都遇到了困难。这一问题的根源在于一些搞创新的人在技术方面很厉害，但是，对于怎么才能让创新转化为产品或商品，怎么创办企业，怎么盈利，他们却没有经验。所以，科学家在研究创新的时候，还得重视管理，创新做得再好也不能替代管理。

创新要把握机遇

企业对创新是要有选择的，还得掌握火候。正如任正非所言，早走三步是"烈士"，早走半步是"英雄"。有些创新超前就做，就可能成了"烈士"。比如电动汽车，这两年做可以，10年以前不见得能做得起来，创新的时机不恰当，就很难赚到钱。我去日本到丰田博物馆参访时发现，丰田高管1940年就每人开着一辆电动汽车。就创新而言，外界环境的发展、各种技术的成熟度都很关键，当然，一些电动汽车企业现在还没赚到钱。像丰田还是靠燃油汽车赚钱，2023年汽车总销量达到1123万辆，创下了自丰田集团成立以来的最佳纪录，比排在第二的大众汽车集团多200万辆，连续四年全球第一。但是，丰田开发的氢燃料电池汽车并未取得成功，原因是现在加氢站太少了。

抓住机遇是创新的巨大推动力。创新的机遇无处不在，但又转瞬即逝。敏锐的创新意识来自长期实践观察，做企业要用心，才能把握创新机遇。在这里，我总结一下可带来创新机遇的五种情形。

第一，结构调整带来的创新机遇。当前，我国正处在转变发展方式、优化经济结构、转换增长动力的攻关期，其中，既有严峻挑战，也蕴藏着大量的创新机遇。结构调整带来的创新机遇，包括扩大内需投资拉动、双循环市场、技术创新、绿色低碳、"一带一路"倡议、"走出去"等方面，每一个方面都大有可为。每次大的经济结构调整，总有企业因不适应变化而销声匿迹，也总有企业因敏锐捕捉并抓住创新机遇而获得快速发展。

第二，新知识、新技术带来的创新机遇。凯盛科技开展的智慧农业，就是利用这种机遇的成功例子。凯盛科技用高透光率的白玻璃做成阳光温室，将水泥厂排出的二氧化碳作为温室里植物生长的碳肥，同时使用太阳能光伏板发电的LED灯对植物进行光合作用，这些技术的综合运用让凯盛科技种植的西红柿产量远远超过了同行，取得了不错的经济效益。

第三，市场需求带来的创新机遇。中国建材所属企业生产出了一款新型折叠电动自行车，重量为6千克，工厂还可根据个性化需求适当减轻重量。现在，我国很多城市都有地铁，但有的乘客从出发地到地铁口、从地铁口再到目的地，往往都还有一段距离，这种折叠电动自行车可以有效解决上述出行中遇到的"最后一公里"问题。通常，这种折叠电动自行车的一块电池可供体重90千克的人行驶30公里。

第四，未来能源结构调整带来的创新机遇。面对地球气温升高的挑战，我国政府明确提出了2030年"碳达峰"与2060年"碳中和"目标，并推出了一系列政策措施。这意味着我国能源结构要进行大规模的调整，据有关专家预测，仅我国能源结构调整就将带来136万亿元的投资，也有人认为新能源是下一个取代房地产的万亿级支柱产业。比如，现在快速发展的新能源汽车、太阳能和风能、锂电池等产业都获得了重大的创新发展机会，同时在工业节能改造等方面也有巨大的发展空间。

第五，时尚化带来的创新机遇。苹果手机很受消费者的青睐，它的创新秘诀究竟是什么？其中，很重要的因素是把时尚概念引入手机，迎合市场的流行趋势和年轻人的喜好。特斯拉设计的电动汽车广受欢迎，以及旨在向全世界提供电力的"特斯拉能源"计划也备受关注。马斯克改变了人们过去对蓄电池的认识，把蓄电池做成了流线型，外表美观时尚，可以像幅画一样挂在屋内，被称为能量墙家用电池。这确实引发了我们的思考，企业管理者不能简单地把产品当成一般功能性产品，应为产品融入更多时尚元素，以吸引广大消费者的关注。

创新模式的选择

创新并不神秘，它既有规律可循，也有模式可依。创新模式包括自主创新、模仿创新、集成创新、协同创新、持续性创新、颠覆性创新、商业模式创新等。普通的经营者在创新上没有形成或掌握可依循的模式，而有效的经营者会根据自身状况和发展阶段，在实践中认真研究，活学活用这些创新模式。接下来，我将主要讨论其中的五种创新模式。

自主创新

过去，我们比较习惯于模仿创新。模仿创新的好处是降低成本，提高效率，是后发经济体和企业的主要创新模式。但是，现在单靠模仿创新越来越行不通了，究其原因，一是专利保护和知识产权制度越来越严格，二是靠模仿创新只能有二流、三流的技术，不可能做到一流技术。既然一流技术买不到,技术引进、技术模仿都无路可走,我们自己又必须要提升产业竞争力,那就要大力开展自主创新,只能依靠自身力量掌握一流技术的知识产权。

自主创新是独立、原始的创新,难度比较大,投入很大,耗时长。比如,华为在世界各地拥有研发人员约10万人,2021—2023年研发投入在公司收入中的占比均超过了20%(2023年,华为的销售收入超过7000亿元),研发投入总额排名居全球前五,它的鸿蒙系统和5G通信就是自主创新的成果。而在医药领域,就一种重大新药的研发而言,大约要用10年的时间,过去需要花费10亿美元左右才能做成,现在平均需要花费26亿美元。

今天是科技竞争时代,关键核心技术是要不来、买不来、讨不来的,只能靠自主创新。更何况我国一些企业经历了跟跑、并跑,一些创新在全球处于领先水平,几乎没有可参照的模仿对象,这也要求我国企业必须进行自主创新、原始创新、独立创新。自主创新的难度比较大,大多是由国家研究机构、大学实验室、大企业的中央研究院和实验室完成的。

企业要特别注重建设一流的实验室和研发装备技术。现在有些企业规模很大,生产线很多,但没有一流的实验室,这样就很难具备自主创新的能力。像中国建材的电子玻璃、药用玻璃、发电玻璃、超薄光伏玻璃的研发,都得益于蚌埠玻璃工业设计研究院有限公司[一](简称"蚌埠院")国际一流的玻璃实验室和彭寿院士这样的技术带头人。在装备研发上,中材国际四个水泥院长年进行水泥装备的研发,使中国建材的高端化水泥装备为全球同行所认可,市场占有率达到65%;中复神鹰能够量产T1000碳纤维等产业链上"卡脖子"

[一] 经重组,后来又更名为中建材玻璃新材料研究总院。

的关键材料，主要得益于它在干喷湿纺原丝设备和碳化炉装备方面的研发。

在江南造船（集团）有限责任公司○调研时，我参观了它的船舶建造现场和数字化实验室。它的盈利能力位于行业前列，拥有 10 个创新实验室，同时开展上百项研究。造船业非常复杂，有许多新技术的应用场景，它让研究与实践紧密结合，解决传统制造业的实际问题。我还去了长城汽车，它结合全球法规、气候、路况、技术趋势，投资数十亿元建设研发硬件能力，包括环境风洞、电磁兼容、智慧交通等国际一流的综合试验室、试验场地。目前，长城汽车研发人员占公司总人数的比例约为 30%，达到世界一流水平。

日本企业过去非常重视技术引进，但并不是简单地把引进的技术直接用于生产或制造产品，而是无一例外地进行了消化吸收，使之成为自己的东西。比如，半导体最早是美国人发明的，而使半导体收音机在全世界普及的却是索尼这家购买美国专利的日本公司。在整个 20 世纪 70 年代和 80 年代，日本企业基本上以引进技术为主，但随着日本企业竞争力的增强，欧美企业提高了警惕，使得日本企业后来不得不转向开发自己的技术。日本大企业现在都建有研发机构，并将相当于营业收入 3% 的资金用于研发，进行许多前瞻性研究。

党的二十大报告强调，加快实施创新驱动发展战略。坚持面向世界科技前沿、面向经济主战场、面向国家重大需求、面向人民生命健康，加快实现高水平科技自立自强。以国家战略需求为导向，聚焦力量进行原创性引领性科技攻关，坚决打赢关键核心技术攻坚战。加快实施一批具有战略性全局性前瞻性的国家重大科技项目，

○ 它创建于 1865 年，历经江南机器制造总局、江南船坞、海军江南造船所、江南造船厂等组织形态。

增强自主创新能力。除了20世纪七八十年代的浮法玻璃外，中国建材在玻璃领域还有几项创新。手机屏幕上有四片玻璃：两片液晶面板玻璃、超薄电子触控玻璃和表面非常坚硬的高铝金刚玻璃。这几片玻璃的生产技术很复杂，过去由发达国家垄断，近些年中国建材打破了这种垄断，把这几片玻璃都做了出来。以超薄电子触控玻璃为例，玻璃越薄，透光性能就越好，柔韧性好，重量也会随之减轻。但是玻璃太薄又非常易碎，怎样让玻璃既薄又有足够的强度和柔韧性，是个世界性难题。蚌埠院开始了长达30多年的探索，凭借完全自主知识产权的成套先进技术及装备，近年来相继拉引出0.2毫米、0.15毫米、0.12毫米的超薄玻璃，实现了从"超薄"到"极薄"的跨越，接连刷新世界纪录，为我国玻璃产业发展提供了有力支撑，也使得超薄玻璃的国际市场价格降低了2/3。2024年，蚌埠院牵头研发的"高世代TFT-LCD超薄浮法玻璃基板关键技术与装备"项目，荣获国家技术发明奖二等奖。自主建成的中国首条8.5代浮法玻璃基板示范生产线，是创新链、工程链、产业链"三链融合"的创新实践。

随着5G、AI等技术的快速进步，人机交互需求会越来越多，柔性显示成为引领显示产业新一轮变革的动力引擎。可折叠手机成为未来产品升级的方向之一。中国建材旗下的凯盛科技利用自身在柔性触控玻璃上的科研攻关和产业化能力，自主研发并生产出30～70微米厚度的主流规格超薄柔性玻璃，能够实现玻璃连续90万次弯折不破损，弯折半径小于1.5毫米，达到行业领先水平，打破了国外垄断，从源头上保障了中国信息显示产业链的安全。

集成创新

自主创新不是每个企业都能做的。20世纪70年代，西方人提出了集成创新的概念。集成创新是开放式的创新，它是把各种创新要素结合起来进行的创新。这就如同"把做面包的技术用在蒸馒头上"，是介于自主创新和模仿创新之间的一种创新形态。今天，全世界几乎没有什么技术是由某个企业单独开发的，各企业在创新的过程中互相借鉴、互相学习，探索和开发新技术，实现各种要素的有效集成和优化组合，这就是集成创新。

企业很难完全关着门做出一个产品，练就独门绝活。吸纳海内外资源为我所用，取得"1+1＞2"的效果，是集成创新的真正价值所在。比如电动车，特斯拉做，宝马也做，现在几乎每个汽车厂都做电动车，原理一样，但是电池型号、设计款式等都不太一样。

在全球化新时代，能将分散创新的研发效率、大规模创新的协同效应和大规模应用的市场效应紧密结合在一起的企业，才能占据主动。对企业来说，有时窗口期很重要，如果一个窗口期都没有，有些事情就做不下来；而错过窗口期，就会错过宝贵的机会。在"卡脖子"的关键领域，我们要强化自主创新，而在其他领域，我们可以进行开放、合作的集成创新。

这些年来，中国建材在集成创新方面重组海内外高科技企业，积极引入先进技术和高层次人才，牢牢控制行业制高点，真正做到在相关领域领先一步。例如，在风力发电机叶片领域，中国建材 2007 年收购了德国做风力发电机叶片的 NOI 公司，后来更名为 SINOI 公司。NOI 公司位于德国的北豪森市，鼎盛时期曾是欧洲第二大风力发电机叶片供应商。德国风力发电走入低谷的时候，由于股东方撤资，这家公司当时进入破产保护程序。中国建材抓住有利时机，成功收购了这家公司，成立了海外研发中心。这场重组开创了中国本土企业收购国外风力发电设备公司的先河，成为"中国学生"收购"洋师傅"的典型案例。通过重组，中国建材一跃成为全球兆瓦级风力发电机叶片领域的领导者。

过去，日本、韩国和中国台湾几乎垄断了液晶显示屏市场，中国大陆产业长期忍受"缺屏之痛"，相关的核心技术相当于零。2002年，受亚洲金融危机的影响，韩国现代电子决定出售自己的液晶显示业务。2003年，京东方看准机会收购韩国现代电子麾下 TFT-LCD 液晶面板生产线，通过收购海外企业的技术、市场及人才，消化、吸收、再创新，高起点地迅速切入液晶显示领域，并于同年 9 月建设国内首条依靠自主技术的液晶显示生产线——北京第 5 代 TFT-LCD 生产线。这结束了中国大陆的"无自主液晶显示屏时代"。

京东方依托这条生产线，经过十多年的探索和研究，打造出的 5 代线、6 代线、8.5 代线乃至 10.5 代线都实现了量产。京东方用了短短十多年的时间，带领中国显示产业在全球实现了从跟跑、并跑到领跑的转变，解决了长期困扰我国电子信息产业"缺芯少屏"中"屏"的问题。现在，京东方的面板出货量和出货面积全球领先，不光生产 LCD，还生产 OLED。以京东方为代表的中国企业柔性 OLED 出货量，已经超过了韩国。近期，京东方投建的国内首条第 8.6 代 AMOLED 生产线奠基仪式在成都举行，该生产线的建设将极大地推动 OLED 显示产品快速迈进中尺寸发展阶段，引领中国 OLED 产业实现质的飞跃，对促进半导体显示产业优化升级具有重要意义。

我在与京东方董事长陈炎顺的交谈中了解到，京东方的创新发展与资本市场的巨大支持是密不可分的，因为建一条液晶显示屏生产线需要近百亿元的投入，那就要借助资本市场的力量。京东方向项目所在地政府所属企业增发股票，随着公司发展、股价上涨，政府所属企业在市场上就会逐渐退出,外部资本逐渐进入,这个过程非常之巧妙,综合利用了几方面的力量。

今天解决"芯"的问题,也得靠举国之力进行联合开发和集成创新。完全解决芯片国产化问题可能还需要一段时间,因为芯片研发中的半导体材料、理论构架、设计、制造等方面都非常复杂,要集成各种创新要素,单靠某一个企业可能做不了,需要企业之间、企业与高校之间等多方面的合作。2021年,我去上海调研了国际领先的数据处理及互连芯片设计公司——澜起科技股份有限公司(简称"澜起科技")。作为科创板首批上市公司,澜起科技成立于2004年,2019年7月登陆上交所,致力于为云计算和人工智能领域提供高性能、低功耗的芯片解决方案。澜起科技与上海交通大学共建了"集成电路设计前沿技术联合实验室",该实验室聚焦集成电路领域,重点围绕技术创新和人才培养两个方面开展合作,力争实现关键领域的技术突破,推动科创和产业的深度融合。

持续性创新

企业中的大量创新主要是持续性创新。有关统计数据显示,多数企业家认为10年之后企业90%的产品会改变;但是,10年之后很多企业90%的销售收入还是依靠已有产品,只不过是更新换代后的产品。企业要立足于现有产业,深入挖掘创新潜力。天下没有不赚钱的行业,只有不赚钱的企业,关键是企业家要在行业和企业中寻求适合的创新点。

中国建材是全球水泥大王,我常问一个问题:"大家喜欢水泥吗?"很多人都笑了。可能大家不喜欢,其实我们每天生活在水泥钢筋的大楼里,但往往忽视了水泥的存在。人类炼铜、炼铁都有几千年的历史，生产水泥却只有不到 200 年的历史。水泥是个好东西，如果没有水泥，城市建设和日常生活都是无法想象的。水泥虽传统但不落后，我多年前去拜访拉法基总裁乐峰，他当时问我："你觉得未来 50 年有没有一种材料能代替水泥？"我想了想说："没有。"他说："我也认为没有。"也就是说，水泥这个产品在短期内不会被颠覆。

中国的铁矿砂主要依靠进口，木材也大多依靠进口，而水泥的原料石灰石在中国的储藏量有 9 万亿吨，我们还是个富煤国家，所以用水泥做建筑材料是我们的偏好。同时，水泥有很多钢材、木材所不具备的功能，比如流动性，并可在流动以后再固化。其实，建筑用的水泥只有 35%，65% 的水泥用于基础建设，修筑道路、机场、桥梁、隧道、水坝等。嘉华水泥、中国建材总院携手中国长江三峡集团有限公司等合作研制出了一种低热硅酸盐水泥（简称"低热水泥"），这种水泥让"无缝大坝"得以真正实现，三峡大坝、白鹤滩水电站、乌东德水电站等都用到了中国建材生产的这种特种水泥。

这些年水泥行业一直在进行创新，从小立窑生产水泥到湿法水泥，再到现在的新型干法水泥，技术水平一直在进步。今天，水泥行业正通过技术创新加快转型，推进智能化、节能减排、技术提升，提高附加值，同时也在大力推广"水泥+"模式。这一模式的实质是互联网思维，通过开展"水泥+骨料+商混+机制砂+干拌砂浆+固废处理"的全产业链运营，提高了产品的附加值和竞争力。

在中国建材创新的过程中，我提出赚"两头"的钱，一方面要善用资源，做好自然资源的保护和合理的开发利用，另一方面要做高科技新材料的研发。资源类材料有哪些呢？石灰石、骨料、砂石等材料都属于这一类，也可以称为"自然的科技"。在西方国家，大的水泥公司基本上都是水泥、商混、骨料一体化经营，约 30% 的水泥供应自有商混企业，骨料则是水泥产量的2～3倍。中国建材是全球最大的水泥和商混制造商，下一步也要做大骨料规模。在开发和利用自然资源的同时，我们要把"自然科技"与人类科技结合好，通过资源利用产生的丰厚收益反哺和支持高科技、新材料等产业的发展。

颠覆性创新

颠覆性创新是用新技术颠覆传统技术所实现的创新，但并不是所有行业都会被颠覆，通常越是传统的行业越不容易被颠覆，而越是科技含量高的行业越容易被颠覆。比如，录像机、彩色显像管、胶片等行业就被颠覆掉了。而医药、IT同属高科技领域，医药领域的阿司匹林是1897年发明的，但到现在还在用，IT领域则有个摩尔定律，即每18个月晶体硬件等产品技术就会更新换代一次。不少行业都已进入了"摩尔时代"，随着创新的速度加快，甚至有人称摩尔定律已经失效。企业在做好持续性创新的同时，也应积极尝试颠覆性创新。事实上，一些大的领先企业之所以会失败，就是因为对持续性创新比较坚持而对颠覆性创新不够敏感，柯达等企业就是前车之鉴。

当年，柯达员工发明了数码成像技术，但是管理层压制了这个技术，因为害怕新的技术会对现有胶卷的丰厚收入和利润造成冲击，从而错失了良机，日本把这个技术拿去利用，最终将柯达逼到破产了。当时数码技术还不发达，只有200万像素，数码相机像个小孩玩具，一些专家认为这个新的技术不可能颠覆传统的胶卷。结果，数码相机迅速地从200万像素发展到了2000万像素，到现在可能都有几亿像素了，胶卷就这样被颠覆了。

我在宜宾参观了一家做智能投影和激光电视的科技公司——极米科技股份有限公司（简称"极米科技"）。2013年，年轻的创业者钟波创立了极米科技，公司于2021年在上交所科创板上市，现在做出了琳琅满目的新产品。回想一下，液晶显示电视的诞生似乎就在昨天，液晶把彩色显像管颠覆了，没想到今天遇到了新的颠覆者。

哈佛大学商学院克里斯坦森通过大量案例证明，良好的管理可能导致部分企业衰败。管理层所做出的合乎逻辑的、强有力的决策，可能会使企业失去领先地位。究其原因，就是领先企业太注重现有客户和市场，对原有技术路径过于依赖，从而与颠覆性技术失之交臂。在不确定的市场环境下，企业如果还只是用过去熟悉的质量、价格、服务三要素来降低成本，不重视创新，就可能会衰败。

企业既要有持续性创新，又要关注颠覆性创新，这就是所谓的创新的两难。现在一些大的汽车制造商，既要做好燃油汽车，也要开发电动汽车。那么，如何既造"矛"又造"盾"呢？最好的办法是把进行颠覆性创新的部分独立出来，建立新部门，同原有业务分开，依靠原有业务部门搞颠覆性创新是很难的。也就是说，让研究燃油汽车的人去搞电动汽车不太容易，应专门组织一帮技术人员，甚至地点也不放在一起，因为技术逻辑完全不同。

电动汽车和燃油汽车都是四个轮子的，但是燃油汽车是机械产品，电动汽车是电子产品，或是移动智能终端。汽车已从机械产品变成了电子产品或移动智能终端，过去燃油汽车里的发动机、变速箱等都是很有技术含量的，没有几十年的积累是造不好的；但是电动汽车的核心技术"电池、电机、电控"与燃油汽车的逻辑完全不同，技术上简化了2/3，甚至更多。小米这样的企业是有优势的，它的粉丝号召力、多年的生态圈建设以及对自动驾驶技术的积极拥抱，将有望成为它另辟蹊径的制胜法宝。随着小米汽车 SU7 的发布，小米完成"人车家生态"布局，全面打通人、车、家的场景，实现硬件设备无缝连接、实时协同，带动产业链合作伙伴共创以人为中心、主动服务于人的超级智能生态。

我国大型汽车企业以前基本都是顺风顺水的，但是近几年受到了新能源汽车的冲击。尽管它们也在研发和制造新能源汽车，但坦率来讲，它们的新能源汽车还没赚到钱，而赚钱的仍是燃油汽车。所以，它们既要造"矛"，也要造"盾"，不做燃油汽车今天就没法生存，但不做新能源汽车可能明天就被颠覆。在电动化、智能化、网联化的趋势下，产业链不断向外拓展延伸，汽车由过去的机械产品转变为数据决定体验、软件定义产品的移动智能终端。近年来，传统车企、造车新势力、芯片巨头、互联网企业与手机厂商均在新能源汽车这个万亿级赛道上展开布局，在头部品牌格局基本奠定的同时，新的品牌和车型不断涌现，为用户提供了多样化的选择。而芯片短缺、原材料价格上涨引发的供应链危机，则给整个产业链带来了更多重塑与转型的机会。

2023 年，我国汽车产销量均首次突破 3000 万辆，其中，中国品牌乘用车市场份额达到 56%。新能源汽车产销量达到 950 万辆左右，其中，中国品牌产销占比 80.6%。对新能源汽车而言，电动化是上半场，智能化是下半场。汽车企业应该抓住机遇，建立起自己在技术、品牌、渠道和供应链上的优势，积极打造一流的品牌。

作为新能源汽车的"心脏"，动力电池是新能源汽车最重要的组成部分。过去电池回收是产业发展中不可逾越的一道坎，而现在随着技术的不断革新，能够做到百分之百回收。我之前去枣庄参加了一场国际锂电产业展览会，57 家锂电池相关企业扎堆枣庄，形成了产业集群，包括欣旺达都到那里去投资，锂电产业成为枣庄城市经济发展的新增长极。在国家"双碳"目标指引下，电动汽车、动力电池等新能源相关产业都有巨大的发展空间，是提振经济信心的潜在增长极。

新一轮科技革命和产业变革日趋激烈，对我国的产业发展来说既是挑战也是机遇。企业只有不断创新，才能掌握主动。创新要着重打造新的增长点，包括新业务、新产品等。宁德时代近些年的效益很好，全球市场占有率也很高，但即使是宁德时代这样的企业，它在创新上也是绷紧了神经，坚持四大创新支撑：材料及材料体系创新、系统结构创新、极限制造创新、商业模式创新。2022年6月，宁德时代发布CTP3.0麒麟电池，吉利汽车控股有限公司旗下高端电动品牌极氪001成为搭载麒麟电池的全球首款纯电续航里程超过1000公里的量产车型。宁德时代还推出了凝聚态电池，下一步是固态电池。

商业模式创新

虽然创新和技术进步有关，但两者并不能画等号，因为创新不完全依赖技术。在企业里，高科技固然重要，但也要重视中科技、低科技、零科技的开发应用。其实，零科技主要就是商业模式创新，虽然不算技术创新，但它同样能够创造巨大价值，也是重要的创新方式。像麦当劳、肯德基、星巴克、家乐福等知名企业，以及淘宝、京东、美团、滴滴等新业态公司，都没什么特别高端的技术，但是通过探索新的商业模式而创造了新的价值，从而取得了成功。这就是商业模式创新的力量。

随着商业模式研究和实践的深入，大家较为普遍的看法是，商业模式对于企业的价值创造、价值传递和价值获取,以及利润和经营目标的实现至关重要,决定着企业能否在市场中生存下去。商业模式创新就是发现新的价值创造方式,为企业、客户、社会创造价值,从而淘汰旧的商业模式。企业不是为创新而创新,而是为解决客户问题和为客户创造价值而创新,这是创新的根本理念。做企业要在商业模式上动脑筋,学会在价值链、价值网甚至价值圈层中思考问题,通过改变商业模式的构成要素或组合方式,用不同于以往的方式提供全新的产品和服务,不断提高价值创造能力和盈利水平。

说到电商,在过去很长一段时间里,很多人习惯了"阿里第一,京东第二"的说法。然而近几年,拼多多一跃而起,以迅猛的发展势头搅动市场格局。拼多多刚出来的时候,给人们的印象就是"砍一刀",依靠平台拉新等模式仅用 2 年时间就拥有了 3 亿用户,与发展十几年的京东几乎持平。随后拼多多继续走低价路线,追求性价比,席卷三四线城市和农村市场。除此之外,拼多多的海外电商也在发力,它的跨境电商平台 Temu 的用户数增长迅猛。现在,全球基本上都沉浸在消费降级的风潮里,而拼多多正好赶上了这波风潮。

蜜雪冰城股份有限公司(简称"蜜雪冰城")是一家聚焦下沉市场的企业,也是坚持低价策略的典型案例。它的商业模式主要是采用了专注加盟的 S2B2C(供应链 - 加盟商 - 消费者)经营模式,通过加盟扩张,赚取供应链的钱,同时通过供应链优势和标准化流程,降低加盟商的运营成本,提高整体盈利能力。

中国建材智慧工业服务的模式有点像香格里拉酒店集团连锁管理饭店的模式。中国企业在走出去时,在海外建了很多工厂,我们可以输出一大批有技术水平和管理能力的人员为它们提供外包式管理,主要是提供技术支持和管理服务。现在,中国建材已经管理了中东、非洲、俄罗斯等国家和地区的 70 多个工厂，未来争取达到 100 个。这些都是商业模式的不同选择。

我国市场很大，任何一个产品或任何一个商业模式，一旦有市场都可能赚到钱。在创新方面，像芯片、生物医药、航天、新材料等高科技领域，任何一项创新都不容易实现，而商业模式创新比高科技创新的安全系数要高，难度也小。互联网带给企业的影响，不只是技术本身的应用，更重要的是它改变了人们的思维方式。互联网思维的最大好处，是想问题不拘泥于某一点，而要发散思考，发挥特定业务或技术在生产要素配置中的优化和集成作用，增加服务空间，不断创造新的商机，也就是我们常说的"互联网+"。

"+"模式的实质是跨界、融合、开放，也就是依托一个优势业务或创新要素，开展跨界经营，把过去的孤岛式创新连接起来，推动企业生产模式和组织方式变革，增强企业创新能力和创造活力。这对商业模式创新很有启发。企业如果真正理解了"+"的模式，可能生意就做活了。做企业的人都希望实现盈利，有了一个业务，就想着再做第二个、第三个等。其实，企业不妨看看已有业务能不能"+"一下。

以"玻璃+"为例，我们已经进入 5G 时代，但 5G 信号传输穿过混凝土会受到一定影响，可以通过房屋的玻璃传输信号，也不会影响玻璃透明度。另外，将来道路上行驶的智能车、无人驾驶汽车的挡风玻璃和后面玻璃上全是电子元件，而且是透明的，可以作为显示屏使用，会标出车辆行驶的速度，也会回答各种问题，车里不用另外安装显示屏。这些都属于"玻璃+"，光看这块玻璃，肯定赚不到多少钱，但是把它的功能无限扩大之后价值就提升了，这也是互联网思维。

创新文化的培育

在我国建设创新型国家的过程中，建立创新文化至关重要，这是激发企业创新动力的沃土，也是点燃草根创新活力的火种。诺贝尔经济学奖获得者埃德蒙·费尔普斯先生曾提出担忧，中国亟须进行高速的本土创新，大规模创新需要有智力能力和接纳广泛创新的大众，中国是否有这样的文化去推动创新？这个问题需要全社会共同关注。

深圳创新的启示

深圳的崛起是个奇迹，经过 40 多年的改革开放，它从一个小渔村发展成了一座现代化大都市，也成了全球瞩目的创新高地。那么，深圳是怎么做到如此飞速发展的？深圳的创新又有哪些启示？我认为，创新不仅是市场行为，政府在引导创新上也发挥了重要作用。正是有为政府与有效市场的合力，在深圳创新环境的塑造上起到了关键作用，两者的结合也为深圳企业提供了良好的成长土壤。

记得有位深圳市领导讲过，"我们深圳的荔枝不如东莞的好，我们的海鲜不及香港，我们深圳的土特产是企业家，是企业家精神。"这些朴实无华的话一语中的。深圳是座企业家的城市，深圳是片企业家成长的沃土，在这里，人人创新，家家创业；在这里，企业家精神、创新文化、市场竞争意识、不断学习的能力，这些要素都浑然地结合在一起，也正是形成深圳这块创新高地的真正动力。

费尔普斯认为，创新是靠创新文化和草根创新成就的。深圳的创新发展证明了他的观点，深圳的创新文化来源于改革开放的价值观，同时有机融合了移民文化、创业文化，形成了独特的创新文化。

深圳今天顶天立地的那些企业，哪个又不是由草根企业一路成长起来的呢？尽管有些条件难以复制，但深圳的创新经验和精神是可以复制的，尤其是创新文化、企业家精神和有为政府等。

以前，我多次到深圳，通常都是从一个"正立"的角度了解它。2020年春节开始，我在深圳深入了解一些创业家庭，跟深圳的一些创业者有了更多的接触和交流，可以说是从"倒立"的视角重新来看这座城市，这让我感受到了和之前不太一样的深圳。在这片土地上，那种民间创新创业的热情，让我感到震撼。在我调研的一户家庭里，从上一辈的兄弟几个创业，到现在这一代的几个孩子也出来创业，可以说人人都在创业。还有深圳牡丹荟，它有1000多位女企业家，每个人当年都是一路艰苦打拼过来的。

这让我想起大学毕业时读过的一本书，它主要讲的是美国西部当年为什么会出现那么多的创业英雄——企业家。当时去美国西部开发的都是牛仔，一起去的还有许多充满开拓精神和独立精神的女孩。后来，牛仔和这些女孩结了婚，他们的下一代就继承了"创业基因"，这些牛仔和女孩都变成了创业英雄的父母。

据了解，深圳早些年60%的人口都来自外地的农村，他们来到深圳经过辛苦打拼留了下来。现在，创新创业已经成为深圳的主流意识，一代又一代的深圳人传承着上一代的创新创业基因，发扬企业家精神，借助深交所等资本市场的力量，做大做强了一批优秀的科技企业。

我特地到粤海街道办事处调研，这个街道的辖区里当时有107家上市公司。在和几家上市公司高管座谈的过程中，我就有一种非常强烈的感受，深圳的政府部门更多时候扮演的是服务者的角色，企业通常感觉不到它的存在，但是当需要的时候它会马上出现，即

"无事不扰,有事服务"。这就是深圳的环境,也是深圳创新活力的来源。

当前,深圳正在大力发展战略性新兴产业和未来产业,深入实施创新驱动发展战略、提出"加快形成新质生产力,打造具有全球重要影响力的产业科技创新中心"的战略目标。深圳拥有非常浓厚的创新创业氛围,未来产业的发展基础雄厚,既有腾讯、华为、比亚迪等大企业,更有众多专精特新"小巨人"企业释放活力。深圳也是一片投资的热土,营商环境好,民营经济发达、高新技术产业发展优势明显,具有应用场景丰富、产业体系健全和联通内地广阔市场等综合优势,相信"新质生产力"将为深圳绿色化、智能化、可持续发展注入新动力。

创新文化的特点

对企业来说,要想让创新真正落地,创新文化同样重要。文化是创新形成的环境和土壤,是创新的基础,既是吸引人们进行创新活动的精神条件,又是激发人们参与创新活动的原动力。创新文化一旦形成,就会对各类创新群体产生影响,触发他们的创意进而形成创新活动。一家创新型企业,一定是以创新为核心价值观的企业,一定是一个大力培育和激发创新意识、弘扬和保护创新精神的企业。

创新文化是一切创新的前提和源泉。有效的经营者认为,建立创新文化对企业来说很重要。在导向性方面,它能激励或激发人们进行创造,保持创新思维,提高创新效率,从而实现创新目标。在引领性方面,它能促使人们保持锐意创新的勇气、敢为人先的锐气、蓬勃向上的朝气,极大地增强企业活力,推动企业不断破旧立新,改进提高。在凝聚性方面,它是整个创新团队团结一致的精神动力和核心价值。在辐射性方面,它能在企业里产生浓厚的创新氛围,进而以企业创新推动社会进步和经济发展。

企业要想打造创新高地,必须有一种尊重创新、崇尚创新、宽容失败的文化,给予创新人才更多的自由、更少的羁绊,让他们可以有充足的时间和资源去放飞思维、实现梦想。我认为,企业要建立的创新文化应具有以下几个特点。

第一,科学精神。创新不是凭空杜撰,更不是异想天开,它根植于客观实际,必须从实际出发,按客观规律办事,因而要以科学态度和科学精神对待一切事物。这就需要解放思想、实事求是的求实精神,尊重规律、崇尚科学的理性精神,追求真理、敢于质疑的探索精神。创新还需要科学规划、扎实工作、埋头苦干。

第二,敢为人先。创新意味着突破和变革,创新文化提倡和促进一切以新的理论、技术、方法、制度改变旧观念、旧秩序、旧规范、旧事物的创新行为。这里需要澄清两个误区:一是敢为人先就是敢冒别人不敢冒的风险。实际上,创新从来都不应盲目冒险,而应认真思考、评估和把控风险,任何创新都要量力而行,打有准备、有把握之仗。二是敢为人先就是独自打出一片天。其实,创新是合作的、全面的、开放的,创新必须和各方力量配套、协调进行,还要实现不同创新主体之间的沟通借鉴、交流合作。

第三,价值导向。创新就是为了超越过去,而超越的动力来自对新价值的期待和创造。创新是一个具有鲜明价值目标的创造过程。人们对创新的热衷,主要并非源于创新本身,而是创新所带来的价值。企业不是为了创新而创新,而是为了解决客户的问题而创新,为了给客户创造价值而创新,这是企业创新的根本理念,也是我做企业一直坚持的重要准则。

第四，宽容失败。创新是个破旧立新的过程，也是个试错的过程，这就意味着未知和不确定性，甚至是失败。因而，无论是社会还是企业本身，既要弘扬敢为人先的创新精神，也要有包容心、宽容度和承受力，还要敢于承担创新的风险和责任，营造不怕失败的宽松氛围。创新伴随着巨大的风险和压力，对于创新中的过失和失败，应予以一定的宽容，不能认为成者王败者寇，要给予失败者安慰与关怀，鼓励失败者东山再起。

第五，以人为中心。人是创新活动的主体，企业创新文化归根结底要以人为中心，充分尊重每个人的创新主体地位和主人翁意识，最大限度地调动人的积极性和创造性。企业要通过各种途径，启迪、引导、激励和鼓舞创新活动，形成激发创新热情、鼓励创新行为和提高创新回报的环境，搭建事业平台、人生舞台，真正让人才引得来、用得好、留得住，使他们有满足感、获得感、幸福感。

让企业成为创新的沃土

企业不仅要择天下英才而用之，更要营造有利于创新创业的文化氛围。中华民族是勇于创新、善于创新的民族，古代在天文历法、数学、农学、医学、地理学等众多领域取得了举世瞩目的成就，16世纪以前世界上最重要的300项发明和发现中，我国超过一半，远超同时代的欧洲。中国人极富浪漫主义和想象力，像《西游记》展现了丰富而令人称奇的想象力，会讲神话故事的国家也会有创新意识。但近代以来，我们多次错失了科技和产业革命带来的巨大发展机遇。

改革开放以来，中国人奋起直追，科技的整体实力和科研队伍的素质都有了显著提高。在中国经济转型发展的今天，我们应始终保持清醒认识，大力实施创新驱动战略，积极营造鼓励大胆创新、勇于创新、包容创新的良好氛围,让创新成为一种人生态度、一种民族精神、一种文化风尚。

我从头到尾认真读了费尔普斯的《大繁荣:大众创新如何带来国家繁荣》,书中的两个观点给我留下了深刻的印象。第一,创新并不完全取决于制度,价值观对创新起着非常重要的作用。因为大规模的创新有赖于普通民众的创新欲望、必要的知识能力和公众对创新的广泛接受程度,这就需要一种特殊的文化——价值观。费尔普斯认为,国家经济繁荣兴盛的源泉是现代价值观,如参与创造、探索和迎接挑战的愿望。这样的价值观点燃了实现广泛的自主创新所必需的草根经济活力,让越来越多的人获得了有意义的职业、自我实现和个人成长。

第二,创新要重视基层和民众的首创精神。费尔普斯认为,很多创新不是大企业创造出来的,而是由千百万普通人共同推动的,正是这种大众参与的创新带来了经济的繁荣兴盛——物质条件的改善和广义的"美好生活"。基层技术人员和员工的创新热情,也是企业在创新时应该认真考虑的。像美国旧金山的"硅谷"、波士顿的"128公路",其实都跟学校学生们的创新创业有关;北大等高校周围的咖啡馆、茶馆里,也有学生们在那儿聚集讨论创意、创新和创业。这就是草根创新、万众创新。

我对他的第一个观点认同,第二个观点部分认同。德鲁克在《创新与企业家精神》一书中提到,中小企业在创新方面的确更为突出,大企业往往滞后。比如在汽车时代,美国的铁路公司都去造汽车,但是最终造出汽车来的并不是铁路公司,而是像福特这样的公司。后来,汽车公司一股脑儿都去造飞机,但是真正做出飞机的都不是汽车公司,而是像波音这样的公司。不过,大企业在创新上仍大有作为，比如美国强生、3M 等大公司靠不断创新得以持续发展。我比较赞同德鲁克的见解。

在中国，中小企业的创新能力也是挺强的，它们的确推动了我国经济的发展。当年产生了像腾讯、淘宝这样的成功企业，现在的中小高科技企业借助资本市场的力量，也实现了较快的发展。但是，我们同时还要看到，像华为、比亚迪这样的大企业，包括一些大型国企或央企，它们也在不断地加大创新投入，而且往往解决的是一些"卡脖子"问题，在创新上做出了巨大的贡献。实际上，我国既鼓励中小企业创新，也提倡大企业创新，我们要把两者结合起来才比较客观。

创新是一个自下而上的过程。如果要创新，企业必须有一个比较活跃、开放的文化环境。没有好的大环境，没有适宜的机制，企业很难吸引人才，即便人才来了也很难留住，抑或是人才长期被压制，慢慢就会失去才能。这就好像挖来一棵树苗种在你的地里，如果地里的环境不好，土壤干枯、缺水少肥、温度不佳，再好的树苗也难以成活。在企业里，要弘扬创新的文化，建立创新的文化，让企业成为创新的沃土。

THE EFFECTIVE
EXECUTIVE

第 4 章

资源整合

  今天企业经营者面临的能力挑战，不见得是创造资源的能力挑战，而是整合资源的能力挑战。在联合重组过程中，普通的经营者往往只重视企业规模的扩大，而缺乏正确的原则和方法，也不重视重组后的整合；有效的经营者不是为大而大，而是有一定的原则、立场和方法，更注重重组之后的整合。联合重组需要做好五大整合，即机构整合、业务整合、市场整合、管理整合、文化整合。只有这五大整合做好了，企业才能更好地发挥出协同效应。

联合重组

  做大企业不能单靠自我资源的原始创造和积累，还要立足于资源整合。在今天这个企业无限多、智慧无限多、故事无限多的资源社会，做企业的最好方式就是资源整合，发挥资源集聚效应。这其中蕴含了一个非常重要的道理：环境变了，企业的成长方式也必须改变。

让联合重组变成有机重组

普通的经营者往往把内生式的成长看成有机成长，而把外延式的并购看成无机成长。因为内生式的有机成长是企业依托自己的核心技术、核心业务滚雪球般地成长起来的模式，而外延式的并购往往是那种"拉郎配"式的发展模式。多年的实践证明，内生式的有机成长比较安全，效益也好，而外延式的并购往往风险比较高。其实，我不大赞成"并购"这一说法，因为并购是兼并、收购的意思，不太符合中国人的观念。我很早就提出了联合重组的概念，即使与一些规模不大的企业合作，也叫"强强联合"。

现在，企业发展靠有机成长，还是靠联合重组？按照经典的企业成长理论，企业往往靠的是内生式的有机成长，关注的是如何让企业内部资源得到最大程度的发挥，如何依靠现有业务实现销售收入和利润的自然增长。换句话说，企业依托现有资源和业务，通过改进创新与生产效率等，提高产品质量、销量与服务水平，拓展客户和扩大市场份额，进而获得销售收入和利润的自然增长，这反映了企业核心业务的成长潜能和持久性。

但在企业扩张过程中，仅靠有机成长很难在短时间内迅速发展起来，可能会错失市场的窗口期。因而，有效的经营者除了要重视现有资源和业务，还要关注系统资源的集成能力与优化能力，尤其要关注通过存量整合来提升资源的集聚效应和综合价值。学物理、学化学的都知道什么叫临界体积，放射性元素堆到一定体积时就会发生链式反应，释放出巨大能量，做企业同样如此。当资本、技术、人才等各种资源聚集到一起时，就会产生集聚效应，一切源于企业领导者的经营思想。如果企业不去找资源，只知道关起门来完全靠自己做，这样费了很多劲，吃了很多苦，最后却可能没有什么效果。

有机成长与联合重组并不是对立的。以水泥行业为例，海螺集团是有机成长的典范，中国建材是联合重组的典范，两家企业都是行业中的龙头企业。海螺集团发展时间长、做得精，占据了地利；中国建材发展时间短、整合快，抓住了天时与人和。这两家企业通过开展竞合，共同推进行业健康发展。联合重组的确能让大企业快速成长，但做企业又是个慢工细活，不能为快而快、为大而大，必须平衡好发展和风险的关系，让重组建立在理性、有机的基础之上，急于求成、拔苗助长是不行的。企业追求有机成长，并不意味着不进行联合重组，关键是怎么让联合重组变成有机重组，怎么增强联合重组的协同效应，怎么回避联合重组的风险。有效的经营者认为，一是重组必须有明晰的战略，二是重组必须进行有效的整合，做好这两点就可以让联合重组变成有机重组。

因此，企业既要重视有机成长，也要重视联合重组。联合重组是市场经济的高级方式，是减少恶性竞争、实现市场良性化的最好办法，也是解决产能过剩问题的必然选择。在行业内进行大规模的联合重组，有助于提高市场占有率和产业集中度，让过剩产能有序、规范地退出，既符合市场规律、行业规律，又符合国家产业政策。过去，我国三大电信运营商都有各自的铁塔，后来新组建的中国铁塔股份有限公司把三大电信运营商的铁塔统一起来集中运行，不但节省了巨额投资，还发挥了规模效应。诺贝尔经济学奖获得者斯蒂格勒曾指出，没有一家美国大公司不是通过某种程度、某种方式的重组而成长起来的，几乎没有一家大公司是靠内生式的有机成长而发展起来的。

在中国建材启动大规模联合重组之前，我就告诫团队必须解决好有机重组的问题，否则多重组一家企业就等于多戴上一道枷锁，很容易被规模拖垮。在联合重组过程中，从区域选择与指导原则到操作原则、行为原则，再到重组方式、人员安置等，每一个环节都要想清楚、做规范，每一步都要安排得十分精细。当然，联合重组也要以加强核心业务和核心技术为出发点，通过制定清晰的战略，强化协同效应与管理整合，注重风险管控，以实现有机重组。

有机重组是企业做大做强的重要途径。短短几年间，中国建材先后重组近千家水泥企业，成为全球水泥大王，推动我国水泥行业集中度从12%提升到70%以上，在基础原材料行业普遍亏损的情况下仍然实现了盈利。中国建材能取得这样的成绩，不是哪个人有三头六臂，而是适应了市场规律，因为任何奇迹都越不过规律的边界。中国建材快速发展的背后有两个原因：一是当时中国正在推进大规模的基础建设，全世界都看好中国的经济，资本市场也予以支持；二是当时中国的水泥企业多、散、乱，内在需要整合，中国建材发现了这一规律，并按规律去做，才将这项工作做好。从产业到产业与资本的结合，再到产业、资本与资源的结合，这一次又一次的惊险跳跃是大企业必须面对的挑战。从中国建材和国药集团的成长历程来看，资本运营也好，联合重组也好，管理整合也好，它们的核心都是先找到资源，把资源聚集起来，然后再去找资源整合的办法，把各种资源有效地整合在一起，这是大企业成长的关键路径。

中国建材大规模对中国水泥行业联合重组的成功实践受到了哈佛大学商学院学者的重视，他们对中国建材重组水泥的动因、方法、效果进行了研究和整理，形成了一篇哈佛商学院案例，该案例将中国建材联合重组的方式称为中国式成长（Growth in China）。这一模式可以复制到钢铁、化工等行业。鲁迅先生说："世上本没有路，走的人多了，也便成了路。"我希望中国建材和国药集团的成长故事能为其他企业提供一些借鉴与参考。

联合重组应以盈利为出发点

在联合重组过程中，普通的经营者可能会不时地受到质疑，被认为单纯为了扩大企业规模而重组，因为的确有一些企业输在了盲目扩大规模上。事实上，被重组企业注重当前利益，而重组企业注重长远利益，有效的经营者在联合重组时要把握好各自的诉求，关注它们之间的互利共赢，这也是联合重组成功的底层逻辑。

有一次，工信部[○]让我给工业企业分享重组经验。我说："中国建材的重组是从利润出发的，我们在行业结构调整中看到了获利的机会。价格战等恶性竞争已把行业资产的价格压得很低，这时联合重组就有了低价收购资产的机会，还可以得到重组后价格回升带来的回报。"对此，国务院国资委有关领导评价说："志平的重组是赚钱的重组，是从盈利出发的，大家一定要清楚这一点。"中国建材当时收购水泥企业的土地和矿山的成本都比较低，而现在这些土地和矿山的价格都上涨得比较高，这些都是中国建材的宝贵资产，中国建材也因此成了既会赚钱又很值钱的企业。

话说回来，虽然中国建材以盈利为出发点，总能把握住联合重

○ 全称是中华人民共和国工业和信息化部。

组的时机，但是在与被联合重组的企业谈判时，我们从不算计对方，更不会乘人之危。因为我们选择的时机已经很好了，收购价格也比较公允。

正因为中国建材的联合重组始终都以效益为核心，所以在重组整合后，企业运营情况基本都比较健康，都能挣钱。那些留下来的民营企业家，工作也都顺顺利利，与他们当初自己经营企业时经常遇到困难的状况形成了鲜明的对比。有一次，一位重组后选择留下来的民营企业家跟我开玩笑说："宋总，企业现在经营得不错，一年能挣不少钱，当初要是不卖给你就好了。"我说："不卖给我，你还会像以前一样亏损。正是因为咱们成了一家人，联合重组之后市场占有率提高了，大家才都赚到了钱。"归根结底，联合重组的目的或企业发展的本质还是要实现盈利。那么，中国建材的联合重组是怎么实现盈利的呢？

第一，我们是在行业产能严重过剩的情况下实施联合重组的，重组成本比较低，相当于抄底，这就奠定了获利的基础，也是实现盈利的第一个关键点。

第二，在重组其他水泥企业之后，中国建材着重建设核心利润区，增强自己在区域市场上的话语权，使水泥价格合理回升，这是实现盈利的第二个关键点。我主张的战略是"三分天下"，而不是"包打天下"。水泥是"短腿"产品，即使再强有力的联合重组，也无法使某一家企业"包打天下"，而只能在一定区域内拥有一定的市场份额。因此，只有依靠更加精准的市场细分，将战略区域从省级划分到市县级，才能用最少的资源获得最高的利润回报。

第三，重组后的管理整合、集中结算、集中采购、集中销售、降本增效、有效创新等措施，可以形成并提高企业的规模效应，这是实现盈利的第三个关键点。

可见,企业要想赚钱,除了把握好市场机遇外,还要在成本和价格上下功夫。降低成本是管理者的看家本领,是企业赢利的基础。在价格上,普通的经营者往往感到力不从心,只能随波逐流。有效的经营者认为,要稳定价格,必须有一定的市场占有率;要提高价格,还要有一定的技术含量。即企业应通过同时提高市场占有率和技术水平来获得定价的话语权,提高盈利能力。

这些年,中国建材的联合重组从来不是为大而大、为多而多,而是紧紧围绕赚钱这个目的。每一次重组能不能赚钱?盈利点在哪里?盈利模式是什么?这些问题都必须搞清楚,至少能将相关数据大致计算出来。不仅如此,我主张只有在明显能够赚钱的前提下才行动,如果赚钱的过程说起来和做起来都很复杂或模糊,那就应该放弃重组。

混合所有制是联合重组的重要途径

中国建材在发展混合所有制方面是先行者,但说实话,走上这条道路并不是因为我有先见之明,而是受企业生存本能的支配做出的选择。早在十几年前,中国建材面对企业做大做强和行业"多、散、乱"的双重压力,走出了一条以国民共进方式进行混合发展的新路,尤其是组建南方水泥这件事情,在社会上引起了很大的轰动。因为一家央企到我国市场经济比较发达江浙一带,和民企开展大规模的市场化联合,这是前所未有的创举。当时的情形是行业需要整合,民营企业家在低价混战中看不到出路,而我们从市场化角度提出了民营企业家能接受的加盟条件。这场重组不但掀起了行业整合的高潮,改变了区域水泥产业结构,也让我们在这个过程中较早地成功探索了混合所有制模式。

混合所有制是国企改革的重要内容,是我国基本经济制度的重要实现形式,也是联合重组的重要途径。中国建材处在充分竞争领域,要想发展就必须引入社会资本,必须和民企合作,除此之外别无他路可走。这些年来,中国建材一路重组混合了近千家民企,国药集团也复制了中国建材的改革模式,用混合的方式重组了数百家民企。在混合所有制企业里,国有股东和非国有股东都是平等股东,各自的权利都不可侵犯,都在《中华人民共和国公司法》(简称《公司法》)下规范运作,用股权说话。

混合所有制比较好地解决了国企市场化和民企规范化的问题,"混"得好,可以起到"1+1>2"的效果。混合所有制是一种新的所有制形式,混合所有制企业既不能看成是传统的国企,也不能看成是传统的民企,而是一种通过混合优势互补、国民共进的新企业形态。

国企和民企一家亲,二者好比中国特色社会主义市场经济中的一对孪生兄弟,应彼此借力、相互融合、共同发展,不应被人为割裂。混合所有制企业好比一杯茶水,水可能是国企的,茶可能是民企的,一旦变成茶水之后就没办法分开了,也没必要去分开。我前些年写了一本书叫《国民共进:宋志平谈混合所有制》,我国著名经济学家、北京大学教授厉以宁在序里写道:"在一定时间内,国有企业、混合所有制企业、民营企业将会三足鼎立,支撑中国经济,但各自所占 GDP 的比例将有所增减,这是正常的。"

混合所有制不是一厢情愿的事。在混合过程中,对国企而言,我常想两件事。第一,和谁合作?选择合作方要从自身战略出发,确保产生协同效益,民营企业家及其团队的专业能力和精神面貌非常重要。第二，能给予民企什么？我的体会是，国企要有清晰的发展思路，能给民企提供一些战略性支撑，让它们看到美好的前景，也要通过先进的制度设计实现互利共赢，让大家既能看到眼前利益，也能看到混合后的长远利益。另外，国企还要给予民企充分信任，让它们说得上话、做得成事，真正感到在这个平台上能够干事创业。

对民企来讲，与国企合作也要考虑几件事。一是战略，要明确自身的发展目标，想清楚与国企合作的动因是否充分。二是文化，文化是合作的基础，文化若能融合的话，即便是换将也不至于出大问题。三是企业领导者，一家企业的领导者能否包容他人、是否值得信赖，这也是很重要的。

改革是为了解决问题，不改变就无法解决发展中的问题，混合所有制改革（"混改"）也是这样的。混改是一个新路径、一个大方向，认准了这条路，就要坚定地走下去，路会越走越宽。实践证明，混合所有制是把"金钥匙"，它解决了国有经济和市场接轨、国企深化改革、社会资本进入国企部分特定业务、国有资本与民营资本携手共进四大难题，有力地支持了我国经济的发展和企业的成长。

当然，混合所有制不是简单的一混了之，也不是一混就灵，关键还得会混，要混得恰到好处，混了之后还要改，如果混得不好或只混不改，那就失去了混改的意义。在混改的过程中，尤其要注意"三高三同"以及文化是否融合等问题。"三高"就是在选择合作伙伴的过程中，一定要有高匹配度、高认同感、高协同性；"三同"就是在混改过程中，一定要同心、同向、同力。总之，发展混合所有制，各方要在战略上一致、文化上认同、产业链上协同，并且要有长期合作的打算。

混合所有制企业的关键是转换经营机制,如果不在机制上下功夫,只图表面上"混"来"混"去,甚至把过去一些传统国企的"官商"作风和一些民企的非规范化结合在一起,这样的混改一定是失败的。混改要想成功,关键取决于有没有正确的思想,能不能发挥各自的优势,能不能找到各方的最大公约数。在混改实践中,中国建材提炼出了"十二字"混改方针、"三优先"混改原则、"十六字"混改口诀等。

"十二字"混改方针是混得适度、混得规范、混出效果。混得适度,即在"相对控股""第一大股东""三分之一多数"等基本前提下,探索多元化股权结构。混得规范,即结合市场监督机制与完善保护国有资产的相关制度流程,规范评估资产、规范治理结构、规范操作方式,有效防止国有资产流失。混出效果,即围绕提高运行质量和盈利能力,控风险、增活力、出效益,让它成为企业改革发展的强大动力。中国建材在混改中选择了"并联结构",即各子公司按业务单元进行分类混合,这样做的好处是让每个单元都拥有机制、焕发活力,处于一种"赛马状态",一旦出现风险也便于切割,不至于造成重大损失。

"三优先"混改原则就是活力优先、利润优先、机制优先。活力优先是指在考虑业务单元活力和对业务单元的控制力时,要把活力放在优先位置上。有活力才能使国有资产保值增值,忽视活力将导致企业经营不善,最后留下的往往是一个烂摊子。利润优先是指在考虑利润和收入时,要把利润放在优先位置上,创造良好的经济回报,没有盈利的业务原则上不做。机制优先是指在开展员工持股与引入机构投资人之间,要把员工持股的机制放在优先位置上,让企业效益和员工利益之间建立起正相关的关系。混合所有制改革激发企业的内生动力，而混合所有制的动力则源于机制，因此，无论采用何种混合方式，优先考虑的都是为企业引入市场机制。

"十六字"混改口诀是指规范运作、互利共赢、互相尊重、长期合作。规范运作，即细致做好各项制度设计，确保混改全过程依法依规、公开透明。互利共赢，即坚持与人分利，兼顾好各方利益，有效保护各类出资人权益。互相尊重，即混合各方要彼此理解、信任和尊重，共同进步、共同提高。在中国建材重组时，我提出要充分理解民企，保留它们的"狼性"，如灵活的机制、创新能力、企业家精神、拼搏精神等。长期合作，即把混合所有制作为一种长期制度安排。

广东省广新控股集团有限公司（简称"广新集团"）是广东省的一家国企，过去做外贸，现在成功转型为以制造业为主体、以市场化为导向、以混合所有制为特色、以资本运营为优势的国有资本投资公司，近几年营业收入稳步增长。借鉴中国建材和国药集团的做法，它也是靠混合所有制快速发展起来的，并在这个过程中坚持三个原则：一是不懂不投，即不懂某个行业就不去乱投资；二是不混不投，即不混改就不去投资，因为只有混改才能找到优秀的企业家和良好的机制；三是不控不投，即对投资企业采取控股的方式。

联合重组的四大原则

全球失败的联合重组案例不少，问题出在哪里呢？往往是重组没有清晰的战略，重组过程中缺乏相应的原则和立场。这也提醒有效的经营者，联合重组既要有"道"，又要有"术"，既要符合产业政策、行业和企业的发展规律，又要格外重视重组的方式方法。联合重组一定要明确原则，不是越多越好。我认为，有效的经营者至少要明确联合重组的四大原则。

第一,联合重组要服从战略。联合重组是企业战略的表现,被重组企业应符合重组企业的战略要求,在战略区域内,要满足重组的资源条件和装备标准。中国建材的联合重组就在建材领域,且选定战略区域,而国药集团的联合重组则在医药领域。在行业里,联合重组后的企业规模越大,企业的话语权就越强,二者是正相关的。

中国建材联合重组的战略区域选择标准有三个:一是这些区域符合国家产业政策和中国建材的整体发展战略目标,地方政府和行业协会大力支持中国建材通过重组推动地方产业结构调整;二是这些区域内都没有领军企业,市场竞争激烈;三是这些区域恶性竞争的行业现状使得区域内的企业非常迫切希望进行联合重组。例如,中国建材组建南方水泥时,在以浙江为核心的东南经济区域,水泥企业虽多,但没有影响力大的企业,异常激烈的市场竞争使得水泥价格极低,整个行业处于亏损状态。浙江水泥企业多为民营企业,企业生存压力巨大,纷纷寻找出路。当时已有国际资本进入浙江,但是政府和行业协会并不希望浙江的水泥资源被分割,分散进入不同的外国大公司,而是希望能由国内的大公司牵头联合重组。所以,中国建材的重组模式,得到了政府和行业协会的大力支持与欢迎。

第二,联合重组要有明显效益。联合重组对象要有潜在的效益和价值,当然开始联合重组的时候不见得有效益,但是一定要能确定重组后可以看到它的效益。重组者看重的是长远利益,被重组者看重的是眼前利益,它们结合起来就比较容易。我有个"老母鸡理论":只收购重组之后能明显产生效益的企业,如果这家企业特别好,收购价格可以给高一点。归根结底,对方得到的是公允价格,我们买到的是重组后的利润。换句话说,不赚钱的联合重组是不能做的,能赚钱的企业，价格公允就可以收购；不赚钱的企业，白给也不能要。

第三，联合重组要有协同效应。联合重组的时候，不仅要考虑重组企业的效益，还要考虑被重组企业的效益，整体利润要有增长，能产生"1+1＞2"的效果。也就是说，被重组企业要能与重组企业产生协同效应，既要保证新收购项目赢利，也要带动原有业务赢利。

2006年3月，中国建材上市后，急需做大水泥业务，但当时的中国建材仅有一家水泥公司——中国联合水泥，而在它的核心区域徐州，徐州海螺水泥有限公司（简称"徐州海螺"）却建起了一条国际先进的万吨线。随着这条万吨线的投产，中国联合水泥旗下的江苏巨龙水泥集团有限公司（简称"巨龙水泥"）在徐州的市场被极大地压缩。当时，巨龙水泥和徐州海螺之间的价格战异常残酷，供应高速公路的高标号水泥售价从每吨400多元降至200元以下，价格低于成本，两家企业都严重亏损。在竞争最激烈的时候，巨龙水泥原来的九个商混搅拌站客户被徐州海螺吃掉了六个半，情况十分危急。

徐州是中国建材水泥战略的重地，失去徐州就会全盘皆输。怎么办？想来想去只有联合重组。两家企业必须联合成为一家企业，要么巨龙水泥收购徐州海螺，要么徐州海螺收购巨龙水泥。关键时刻，中国建材和对方进行谈判，希望能够收购徐州海螺。弱者收购强者？不合常理。当时由于两家企业的激烈竞争，徐州海螺的利润也大受影响，但徐州海螺觉得巨龙水泥不理想，不愿被收购。

对徐州海螺来讲，只是一条线该怎么做的问题，而对中国建材来讲，则关系到水泥这个业务到底能否做下去。我觉得必须得把徐州海螺收购了，一是能够保住中国建材在淮海区域的市场，产生协同效应；二是向行业和市场宣示，中国建材是一家有鸿鹄之志的企业，我们有重组水泥行业的决心。在中国水泥协会的帮助下，中国建材和徐州海螺进行了多轮谈判，最终中国建材出资9.6亿元重组徐州海螺。

对于这场交易，有人认为中国建材亏了，多付了钱；也有人认为徐州海螺亏了，输了战略。但事实上，这场重组是双赢的：中国建材赢得了淮海区域的市场，徐州海螺赢得了丰厚的回报。重组后，中国建材当年就多赚了3亿元利润。国务院国资委专家组认为，此次重组有效提高了产业集中度和企业竞争力，完成了技术升级，避免了恶性竞争，实现了平稳过渡，达到了预期目标。重组徐州海螺是一个转折点，从此中国建材在水泥行业拉开了大规模联合重组的大幕，短短六七年的时间，中国建材成了全球水泥大王。

第四，联合重组要风险可控且可承受。任何商业决策都有风险，没有风险的重组是不存在的。中国建材当年到香港上市的时候，在100页左右的招股说明书中，有关风险披露的内容大约就有10页，只有说清楚了风险，投资者才敢买我们的股票。有风险并不可怕，关键是风险是否可控、可承受。每一次重组必须考虑它的边界条件，即万一出现风险能否切割，对企业的影响有多大？这是我们判断和应对风险的原则，就是要把风险损失降至最低，而不是没有风险。

机构整合

每一次联合重组都是一个资源集中的过程，而不是一个"摊大饼"的过程，所以一定要优化机构和人员。机构整合是重组企业马上就要开展的首要工作，后续的业务整合、市场整合等都高度依赖于此项工作。实际上，企业在动意重组的时候，以及在重组过程中，可能就要对机构怎样整合进行提前谋划了。联合重组不仅需要财务和业务等方面实质性的重组，也需要形式上的重组，而形式上的重组首要就是通过机构整合来体现的。很多企业虽然进行了联合重组，但往往还是"两张皮"，各做各的事，各办各的公，人马都不变，也不在一块，只是账面上的重组。当然，如果重组后的企业之间是母子公司关系，这样也是可以的；但如果是新设合并等形式的并行重组，合并双方最终还是需要合二为一的，那么机构整合就是一项不得不做的重要工作。

机构整合是基础

为什么说机构整合是联合重组后第一项要做的关键整合工作呢？因为联合重组通常是出于扩大规模、共享资源、扩张市场和互补能力的目的，而机构整合是联合重组后的企业实现上述目的的重要保障，通过消除重复职能、优化资源配置、统一管理流程等来实现成本节约和效率提升，从而最大化协同效应。不同企业联合重组后，可能在战略方向、业务结构、核心市场判别等方面存在差异，机构整合就是要解决这些差异。不同企业在重组之后，一方面要根据共同的战略方向梳理业务结构，确保所有部门和员工向着同一目标努力；另一方面要对重组后所有业务的核心市场做出有效的判断，推动不同核心市场的重新划分和优化。

我总跟大家讲，机构整合是所有整合工作的基础，是服务于业务、市场、管理、文化等层面整合需要的。在中国建材与国药集团开展的大规模联合重组中，我们也都是先进行机构整合，而后进行业务整合、市场整合、管理整合、文化整合等工作，这些都是非常讲究章法的。

其实，机构整合的前提和本质是人的整合。人是企业里的核心资源，重组后人心的稳定性、人员工作的积极性直接关系到整合工作的顺利进行和最终成效。有效的经营者要像经营客户那样经营自己企业员工的心，最终要使每个员工都能快乐地在最能发挥效能的岗位上工作，从而提升整体工作效率和组织效能。企业领导者要坦诚地与员工进行交流，让他们了解到最真实的企业情况、最真实的企业经营思想，这样做可以获得广大领导干部和员工的理解与支持。人心工作做得好，机构整合就能顺利开展，重组后最开始的磨合阶段就能得到平稳过渡。

过去，央企重组采取的是国务院国资委引导、企业自愿的方式，它一般不做强制要求，而是让不同企业之间"自由恋爱"。可是，这些企业过去都是一级公司，整合后有可能降为二级公司，因此这种整合很有难度。国药集团当初重组的时候，以本集团为主，相继重组中国生物技术集团公司（简称"中生集团"）、上海医药工业研究院有限公司、中国出国人员服务总公司，我那时就是一家一家地谈，给大家讲弥补短板、优势互补的道理和打造国家医药专业化平台的愿景，逐渐做通了这三家企业的工作。在国药集团和中生集团的整合中，我们在公司结构上采用的是吸收合并方式，在人员安排上则与新设合并类似，也就是保留中生集团等作为国药集团的所属企业，公司领导层则到集团层面任职。这种做法照顾了方方面面，推进起来比较顺当。

机构整合还要辅以有效的制度优化。中国建材有一个运作高效的党委常委会、董事会、经理办公会、职代会的协调机制，一些经梳理的高效会议制度和有效管理制度，不仅把加强党的领导和完善公司治理进行了有机融合，也把党委前置研究制度化了。集团每月设定一天的会议日，上午是党委常委会，由党委书记主持；下午是经理办公会，由总经理主持。通过会议日打破谷仓效应，各个业务板块、各个区域市场的领导干部都能互相交流学习，同时上下级之间也能加强互通，宣贯集团战略部署并推动落实。

机构整合的精干化原则

在进行机构整合的时候，人员的定员配置由机构设置而定，而且一定要讲究整体的精干化原则。机构精简、人员精干、效率优先，这是机构整合追求的理想目标。精干化原则强调的是"少而精"，即在确保组织能够有效完成自己目标和任务的前提下，尽可能减少不必要的层级、部门和人员，避免机构臃肿和资源浪费。所以，有效的经营者要确保每一个岗位都能配置最适合且可充分发挥潜能的人员，避免人浮于事，提倡因事设岗、因岗定人。

企业发展过程中一般都会面临得大企业病的风险，稍不注意就会膨胀，有效的经营者一定要能防止企业患上大企业病。我早些年到爱尔兰的CRH老城堡国际建材集团调研时发现，当时这个集团的总体规模在建材领域的排名还是比较靠前的，但它的总部规模很小，员工还不到100人，办公地点也很简约，这让我印象非常深刻，体会到了企业之大并不在于总部员工数量之多，也不在于总部大楼之高。后来，无论中国建材发展到多大规模，我都尽量控制住总部人员的数量，保证机构的精干化。

中国建材集团内部有个"五三三"定员原则，这个原则极大地促进了机构的精干化。集团总部所属企业按"五三三"原则定员，即诸如南方水泥等业务平台公司定编50人，南方水泥下的片区公司上海南方区域运营中心定编30人，而片区公司下的水泥厂日产5000吨水泥熟料生产线定编300人。现在，同等生产能力的智能工厂只需要50人。

精干化原则要求人员都非常专业，一家企业如果能有一批具备专业水准的干部、员工，就能组成一个事业平台。企业的岗位分工虽然不同，但是每一名员工都要踏踏实实做好本职工作，成为专业领域的行家里手。大前研一在《专业主义》一书中指出，这个社会需要专家和专业人员。企业也需要有专业水准、对事业充满激情、能认真思考并举一反三的人。做水泥的要对水泥如数家珍，做玻璃的要对玻璃津津乐道，管生产的要对成本数字了如指掌，等等。

在效率方面，机构整合要在集权与分权之间找到合适的平衡点，既要确保决策效率，又要激发团队的自主性和创造性，根据业务性质和组织规模灵活设计权力分配机制。重组后的企业都设有主要任务和关键部门，可以将人力、物力、财力集中到战略重点上，提高资源使用效率，保证资源向对企业战略目标贡献最大的领域倾斜。

机构整合旨在实现三个目标。第一，消除冗余层级、部门与冗员，合并相似职能或强化关键业务单元，更高效地配置人力、资金和技术等资源，减少浪费，提高整体运营效率。第二，建立更流畅的沟通机制和协作流程，促进资源共享和最佳实践的推广，增强组织内部的协同效应，提高响应市场的速度和创新能力。第三，清晰定义各部门和各业务单元的角色与责任，确保每一部分的工作都朝着实现企业长期战略目标的方向努力。

"两材"重组后的机构"三减"

2001年，国家建材局在国家机构改革中被撤销，建材行业形成了中国建材和中国中材集团有限公司（简称"中国中材"）两家央企并存的格局。最初，两家企业的业务有所区别，原中国建材偏重于建材的生产制造，原中国中材偏重于建材相关的工程设备安装；后来，两家企业的业务越来越同质化，相互之间常有竞争。2014年，我从国药集团卸任董事长后，根据上级领导的指示，主动推动"两材"重组。2016年8月，"两材"重组获国务院批准，8月26日新中国建材集团正式宣告成立。"两材"重组的推进有条不紊，得益于采取了"三步走"的策略。第一步，根据集团及二级板块层面的战略定位，实施"大两材"合并。第二步，推进中国建材股份和中国中材股份两家H股公司的吸收合并，也就是"小两材"合并。第三步，进行业务整合、市场整合。其中，前面两步主要涉及"大两材"与"小两材"的机构整合，在这个过程中，中国建材以精干化为原则，开展了"减层级、减机构、减冗员"的"三减"行动。

减层级方面，中小企业的层级通常不要超过三层，即使像中国建材这样的大型央企也不要超过五层。大家都知道传话游戏，一句话传到第十个人那里后便很难保留原话的意思，层级过多的弊端是无法控制的。因此，中国建材按照国务院国资委"瘦身健体"的要求，将企业层级由七级减为四级，而且除了股份公司因下设南方水泥等特大型企业可以宽限至四级外，其他所有子企业均以三级为限，不得再向下延伸。2018年，中国建材提前一年圆满完成国务院国资委下达的三年压减总目标，累计减少法人444户，压减比例达20%，后来在此基础上，继续压减20%，力求进一步轻装上阵。

减机构方面,"两材"重组后的中国建材总部部门由 27 个减少为 12 个、人员由 275 人减少为 150 人。中国建材周到稳妥地安排一些总部干部到二级、三级企业就职,在这个过程中,公司主要领导做了大量细致的思想工作。在党员干部的带动下,精减工作繁而有序,稳定了队伍,激发了干劲,充分调动了积极性。重组后的中国建材下有两个 H 股上市公司,即中国建材股份与中国中材股份,按 2016 年的数据计算,这两家 H 股上市公司当时贡献了集团 81% 的总收入和 58% 的总资产。集团层面的"大两材"重组于 2017 年 3 月完成后,这两家 H 股上市公司亟待进行整合,如果解决了这两家公司的整合(即"小两材"合并),那深度融合工作就算完成了一大半。经过再三研究,我们选择以换股方式实施合并,合并完成后,两家上市公司整合成一家 H 股控股公司。

2017 年 7 月,"小两材"合并启动,历时半年多,换股吸收合并成功实施。2017 年 12 月,在大股东回避表决的情况下,两家公司股东大会的小股东投票通过率均超过 99%。2018 年 5 月,新中国建材股份有限公司 H 股正式在香港联交所上市交易。"小两材"重组后,我们马上启动了"小两材"的机构整合。为实现集团所有二级平台精干化,我们在两个月内就完成了二级平台搭建。二级平台数目由原来的 33 家整合为 17 家,后续经过多次整合,二级企业调整为 10 家,各级企业严格定岗定编,同一层级上的机构尽量合并。经过这些年,中国建材已经精减了 500 家企业。

减冗员方面,中国建材原来有 25 万名员工,这些年陆续减员约 5 万人。精干化原则指引着中国建材多年来不断推进机构的"瘦身健体"。

业务整合

联合重组这么多的企业，不是扩大企业规模就可以了，而是要让重组的这些企业产生优势互补的协同效应。能否把业务重新归集、重新划分，实现业务整合，成为企业重组后能否实现最大经济效益的关键一环。就业务而言，有效的经营者首先要分清楚哪些是主业，哪些是非主业。针对整体重组的企业，重组后一定要尽快进行新的战略定位，并根据新的定位做强主业，迅速剥离非主业。但也有的时候，一些企业在重组之前就有了明确的重组原则，只重组那些有相同业务的公司或与主业有关联的公司，以聚焦主业，做强主业。重组企业在剥离非主业后，即使对于主业，也要先聚合而后重构，聚合就是合并业务同类项，重构就是建立起专业的业务平台。主业不在于多，一般有三个就行，可以形成三足鼎立的业务格局。

剥离非主业

现实中，很多企业并不能按照自己的心意，只重组那些自身所需要的业务，大部分还是要对被重组企业进行整体性重组。对这些整体性重组的企业来说，很重要的工作就是将那些非主业都剥离掉。中国建材有一家资产管理公司，专门处理非集团主业的企业退出问题，力争把剥离非主业带来的损失降至最低。这家资产管理公司经理人员的奖金收入，不是以经营业绩为标准，而是视处理问题的难易程度而定。

有时，不仅要剥离经营困难或发展无望的企业，一些经营良好的企业也是可以卖掉的，因为这些经营良好的企业业务并不是集团现在的主业，或者集团判定这些企业在其他地方会有更好的发展前景。例如，中国建材有一家防水研究院，它的效益一直不怎么好。后来，北新建材培育出一项新业务——防水材料，这家防水研究院就被看重了。北新建材经与资产管理公司商议，最终以市场价收购了这家防水研究院。在收购防水研究院的当天，北新建材举行了发布仪式，此后一连多天，北新建材的股票在资本市场上都有良好的表现。再如，法国圣戈班集团在美国曾有一家玻璃纤维厂，经营得很好，集团却将这家工厂卖给了欧文斯科宁公司，因为它预见到这个产业未来的竞争会非常激烈，所以很快就剥离了这项业务。

近年来，国有企业围绕企业战略选定主业，强调聚焦主责主业经营，对于非主业、非优势业务进行剥离，旨在推动企业进一步做强做优做精主业，提高有效投资质量。而有的民营企业在企业定位和经营程序上有所不同，认为哪项业务能赚钱，且自己又能做，就会快速进入该领域。但是，一些坚持走专业化道路的民营企业，也会坚守自己的经营原则，那就是在明确的战略定位下，只做主业，无论非主业赚钱还是不赚钱，一律剥离。我自己也是专业主义者，倡导做企业就要做强主业，非主业要迅速剥离。

中国石油化工集团有限公司（简称"中国石化"）是一家大型央企，主要从事石油和化工业务。为了提高主业竞争力和专业化水平，中国石化在过去几年里进行了一系列业务剥离和重组。它旗下原来有一家酒店，由于酒店经营不是它的主业，所以中国石化通过股权转让的方式将这家酒店出售给了专业酒店管理公司。这样，中国石化一方面集中资源和精力在主业上，另一方面促进了酒店业务的专业化和市场化运作。

合并业务同类项

业务整合，就是对同一集团内涉及同业竞争的业务板块进行优化重组。中国建材在完成"大两材"与"小两材"的总部合并后，就开始对集团内的业务进行大整合。以工程技术服务板块为例，合并前的"两材"共有 14 家涉及工程服务的公司，这些公司在过去的竞争中容易"打乱仗"，大量内耗，损失收益。合并后，新中国建材集团成立协调工作组，明确"精耕市场、精准服务、精化技术、精细管理"的要求，提出"减少家数、划分市场、集中协调、适当补偿、加快转型"的思路，多次组织工程业务协同会议，确定统一经营理念、统一竞合、统一对标体系、统一协调机构的"四统一"原则，让各企业相互借鉴、深入交流，发挥各自优势，扎实有效开展合作。

后来，中国建材以平台企业中材国际为主体，整合了集团内矿山工程与采矿服务资产，完成了 4 家工程服务企业的整合，构建了水泥工程服务领域的隐形冠军。中国建材加快工程技术服务板块的全球化布局，在水泥、玻璃及余热发电工程服务等领域深度拓展全球市场，国际市场占有率位居全球首位，累计总承包近 400 个水泥或玻璃项目，运营管理全球近 70 家水泥工厂，成功打造了建材行业的国家新名片。境外工程数字化、智能化、平台化发展初见成效，中国建材建设了一批代表国际先进水平的"一带一路"典范项目。

自 2019 年 10 月国有资本投资、运营公司改革试点方案获批以来，中国建材明确了定位，围绕"建设世界一流材料产业投资公司"的战略目标深化改革，加快从"管企业"向"管资本"转型，加强产业投资的资本运作和流动,大力实施非上市资产证券化。与此同时,中国建材积极推进外部专业化并购和内部战略性重组,玻璃新材料、防水材料、涂料、锂电池隔膜、检验检测等业务在各自产业链上快速并购,以资本扩张占据优势地位,盈利能力、综合竞争力和可持续发展能力不断增强。

重组后的新中国建材集团拥有 26 家国家级科研设计院所和 3.8 万名科技研发人员,具有雄厚的科技创新资源优势。中国建材组织召开了一系列专题会,在集团层面进行统一部署,并以中国建材总院、南京玻璃纤维研究设计院、山东工业陶瓷研究设计院为平台,打造行业中央研究院,加强基础性、共性、前瞻性技术研究和多元化新兴产业研究,构建具有国际竞争力的技术创新体系。

在业务整合中,重点是要确保整合后的业务模式与企业整体战略保持一致,强化核心竞争力。在业财融合方面,中国建材搭建统一的 IT 系统,实现数据共享和业务流程的无缝对接。企业重组后,合并各方的 IT 系统可能存在技术不兼容或数据标准不一致的问题,不同企业也可能对同一业务有着不同的理解和操作方式,难以达成共识。有效的经营者要采取灵活的策略来克服这些困难,稳妥地推进业务整合工作。一方面,企业要继续做好经营工作,确保良好赢利的连续性;另一方面,合并过程中不能出现乱象,要春风化雨般地把业务同类项合并做好,让各方都满意。

关注未来业务发展格局

企业的主业一般可以有三个,或者说有三大类,每一大类下分别有专业化的公司在经营。在"两材"重组后,中国建材是按照业务归核化的原则进行业务整合的,每家子公司都围绕核心业务形成一个大的产业,争取做到全球前三名,打造专业化的大型或中型上市公司。同时,中国建材遵循资本市场的逻辑和规律,通过多种方式整合同质化业务,在H股上市公司层面形成水泥、新材料、工程服务三足鼎立的业务格局,提高资本运营与重组整合能力,实现上市公司价值最大化。三足鼎立的业务格局有助于企业实现多点赢利,减弱对单一市场的依赖程度,增强企业整体的稳定性和持续发展能力。

在业务整合中,除了要剥离非主业、做强主业,有效的经营者还要想办法去培育或发现企业的下一个新主业。在"两材"重组后,我就开始重新通盘思考集团业务的未来发展格局。英国管理思想大师查尔斯·汉迪的《第二曲线:跨越"S型曲线"的二次增长》㊀给了我很大启发,这本书为企业提供了跨越生命周期的一种思想方法。他认为,大自然和人类社会组织大多都会经历从萌芽、培育、成长、成熟到巅峰再到衰退的生命周期,死亡是企业的宿命,如果企业在巅峰到来之前能够开启第二条增长曲线,就可以安全跨越生命周期。

我较早注意到了汉迪的第二曲线理论,因为它很契合中国人居安思危的传统文化。基于中国建材的经营实战,我那时提出了"业务发展的三条曲线"的经营观,正所谓"吃着一个,看着一个,还得备着一个"。三条曲线是一种归类与调整业务结构的思想,即把企业里的传统业务、新兴业务、未来业务做了一个布局,正是因为我提出了业务发展的三条曲线,中国建材才有了后来三足鼎立的业务

㊀ 该书中文版已由机械工业出版社出版。

格局。

其中，第一条曲线是现有产业的转型升级，即做好水泥、玻璃等基础建材的结构调整，大力推进供给侧结构性改革，不断提质增效。第二条曲线是发展新技术新产业，打造新的利润支撑点。2022年，受市场影响，中国建材的水泥业务量价齐跌，而多年培植的新材料业务却为集团创造了近200亿元的利润。第三条曲线是发展新业态，即积极探索服务业，不断培育新的经济增长点。

在业务结构调整方面，我提倡"四化"。第一，高端化，加大技术创新力度，创新优化产品结构，延伸产业链和价值链。第二，数字化，深化工业化与信息化"两化"融合，推进制造智能化、贸易电商化、科研云平台化，努力在一些关键领域抢占先机、取得突破。第三，绿色化，围绕"绿色、循环、低碳"目标，在原材料选用、生产过程和产品应用等方面加大节能环保力度，自觉减少污染物排放，提升资源循环利用能力，积极引领行业节能限产、自律减排。第四，服务化，大力推进生产型服务业，将科技和商业创新的价值注入产业链的各个环节。

市场整合

改革开放40多年来，中国经历了从排斥竞争到主动竞争的历史性转变。时过境迁，随着经济的飞速发展，现在中国已经进入后工业化阶段。在很多行业里，买方市场取代了卖方市场。现在，企业面临的主要问题已不再是要不要竞争，而是如何开展理性竞争，从竞争走向竞合，避免一天到晚打价格战，千万不能今天你"惩罚"

我,明天我"惩罚"你。在市场整合过程中,企业一定要树立理性竞争的观念。

行业内卷破解之道

我国一些行业在市场组织和竞争理念上产生了严重的内卷,有些行业市场秩序混乱、企业恶性竞争,致使行业和企业的效益低下。行业内卷容易引起低价竞争,导致整个行业的利润下降,企业也很难赢利。企业没有效益还会影响企业对创新和环保的投入,影响政府的税收,更重要的是会造成社会资源的大量浪费。过去水泥、钢铁等传统产业的产能过剩带来恶性竞争,就是很具代表性的例证。以史为鉴,我们要下大力气改善一些行业严重内卷的生态问题。

第一,加强政策引导,供给侧和需求侧两端发力。在供给侧方面,要限制同质化的重复建设。现在市场在扩大,供给量也在增加,而供给量的增量远远大于市场的增量,这就很容易形成严重的过剩。所以,必须采取政策措施,对企业进行正确的引导,限制重复的新增产能。对于那些同质化的生产线,即使投入了大量的物力、财力等,最后也只能背上沉重的包袱。这种水多加面、面多加水的投资模式应该加以改变。对于战略性、前瞻性和正在发育的产业,政府要加以支持,也就是政府要鼓励那些创新型的、高端的产业,而不支持那些过剩型的产业。

在需求侧方面要发力,扩大市场需求,缓解过剩产能带来的影响。比如推动风力发电项目,让风力发电和光伏发电互补。新能源汽车、动力电池、光伏组件"新三样"的产业未来前景还是比较光明的,这是能带来效益的投入。所以,政策的引导要在供给侧限、在需求侧拉。

水泥行业的错峰生产是在行业去产能得不到根本性解决的情况下实施的一种办法，主要做法是水泥企业在冬天的采暖季都停产。这种办法虽不完美却行之有效，跟一些城市的汽车限号上路是一个道理，汽车太多了就得限号上路，不然谁的车都跑不起来，相对公平的办法就是限号。这种方法可供一些行业借鉴。

第二，加大联合重组力度，提高行业集中度。市场经济本身就会产生过剩，从历史上看，资本主义社会过去发生了不少经济危机，周期性的生产过剩是重要原因之一。过剩之后，很多工厂就会倒闭，工人就会失业，进而引起整个资本主义社会的动荡和不安。那么，怎么解决呢？20世纪初，美国钢铁、铁路、石油等行业进行了大规模的兼并、收购。比如，美国钢铁企业当时有2000多家，也是"打乱仗"，老摩根[一]就发起了兼并、收购，重组了美国65%的钢铁产能。再如，在欧洲钢铁业去产能化过程中，印度米塔尔钢铁公司抓住时机，把欧洲大多数钢铁厂重组了。

全世界处理过剩都是先限制新增，再推动兼并、收购，形成大企业良性竞争，进而获得良好效益，再去进行技术创新和加强环保。西方国家这么多年一直在用企业的并购潮代替倒闭潮，提高行业集中度，以使企业经营更加有序。我国也提出去产能要"多兼并重组，少破产清算"。产能过剩会造成企业的多、散、乱，所以要加大行业的重组力度，提高行业集中度。比如，近年来，中国宝武钢铁集团有限公司（简称"中国宝武"）开启了重组的战略布局，先后吸纳马钢（集团）控股有限公司（简称"马钢"）、新疆八一钢铁股份有限公

[一] 约翰·皮尔庞特·摩根，美国历史上著名的银行家、金融家、工业家以及艺术收藏家。

司（简称"八钢"）、广东省韶关钢铁集团有限公司（简称"韶钢"）、重庆钢铁（集团）有限责任公司（简称"重钢"）、太原钢铁（集团）有限公司（简称"太钢"）、昆明钢铁控股有限公司（简称"昆钢"）、中国中钢集团有限公司（简称"中钢"）等，成为重钢实际控制人，托管重钢、昆钢。2020 年，中国宝武的钢产量达到 1.15 亿吨，实现"亿吨宝武"的历史性跨越，问鼎全球钢企之冠。2022 年，中国宝武粗钢产量达 1.32 亿吨，公司营业收入为 1.16 万亿元，成为我国钢铁行业首个营业收入突破万亿元的企业。中国宝武高节奏的联合重组带动了我国钢铁产业集中度的提升，改善了国有资本的优化布局和行业秩序，有效提高了被重组企业的生产效率和盈利水平，促进了整个钢铁行业的转型升级和高质量发展，使企业间形成了良性竞争。企业要进行良性竞争，就是要改变低价中标和低过成本的不正当竞争状况，让竞争有序化和健康化。同时，引导企业走高端化和品牌化的道路，从低质低价走向高质高价。

第三，扩大国际产能合作。一方面要抓住出口，让企业的产品"走出去"；另一方面要鼓励企业"走出去"，从"过去中国是全球的工厂"变成"未来全球是中国的工厂"。让企业"走出去"，就是要打造更多的跨国公司，实现本地化经营。无论是企业从国内走向全球，还是从全球走向区域，都必须坚定地"走出去"。

企业"走出去"有两条路线。一条路线是在东南亚、中东非等市场的发展中国家投资。因为这些国家本身就有发展中的市场，它们向欧美出口基本还是零关税，可以带动我国的产业链和供应链发展，加大半成品和零部件出口。在这方面，我国一些大企业可以带着中小配套企业一起"走出去"。当然，我们也要重视一些跨国公司的传统供应链，像苹果公司在越南建厂，带去了不少中国供应商；特斯拉公司在墨西哥建厂，周围也几乎都是中国的供应商。

另一条路线是直接进入欧美市场投资。现在，美国在搞"回归实业"，欧洲在搞"再工业化"，长远来看会对我国形成挑战，但同时也是机会。我国目前的工厂装备，无论是智能化程度还是性价比，都颇具优势。我国企业可以因势利导加大在这些国家的投资，这样既可保住当地客户，还可扩大企业市场。比如，福耀玻璃工业集团股份有限公司（简称"福耀玻璃"）在美国建玻璃厂，中国巨石在美国建玻纤厂，万华化学集团股份有限公司（简称"万华化学"）在匈牙利建化工厂，宁德时代在欧洲建动力电池厂，等等。我们今天"走出去"，从长远来看是件好事，经过10~20年，就会实现从"中国是全球的工厂"到"全球是中国的工厂"这一转变，同时也会实现从重视 GDP 到重视 GNP 的转变。

第四，从红海走向蓝海。在业务同质化竞争的情况下，企业自身能走的道路就是通过技术创新等开展差异化竞争。过去，我国企业往往采取低成本的竞争方式，但随着经济的发展，企业也要加强差异化竞争，不能再简单重走过去低质低价的路线，而是要走高质高价的路线。最近，我们看到国内一些企业在出口的时候做到了高质高价，比如宇通客车在欧洲市场的价格和国际知名品牌的价格相差不多，这是一个本质性的转变，产品实现高端化，价格也能相应提高。

从竞争到竞合

目前，我国行业竞争仍存在两大问题。一是不少集成商要求供应商低价中标，这样会迫使企业进行低价竞争。事实上，中标应该体现高性价比，提倡把性能放在第一位，价格放在第二位，而不能单纯追求低价竞标，因为这种做法会导致供应商之间的恶性竞争。从世界范围来看，招投标更多强调的是性价比。二是企业之间在竞争的时候采取杀价竞争，也就是以低于成本的价格进行竞争，这实际上是一种"自杀式"的竞争行为。

不少人误认为，要竞争就不可能合作，市场竞争就是"你死我活"的丛林法则。其实，竞争有好坏之分，有序的、理智的好竞争，能推动企业效益和消费者福利的增长；无序的、盲目的坏竞争，会扰乱市场秩序，破坏系统生态，威胁行业健康。政府保护正当的良性竞争，反对不正当的恶性竞争。通常，大家比较熟悉《中华人民共和国反垄断法》，实际上政府还制定了《中华人民共和国反不正当竞争法》《中华人民共和国反倾销条例》等法律法规。

然而，不少企业在经济危机和过剩时期采取了降价放量的竞争策略。这样的策略往往使企业的经营状况雪上加霜，因为市场这时本来就在萎缩，企业放量销售完全是逆市场操作。理智的做法是竞争各方尽量合理地减产，在降价上则要慎之又慎，用减产保价的方式渡过难关。2011年下半年，由于电力供应紧张，再加上节能环保的需要，浙江、江苏等地方政府对工业企业采取了分期分批控制用电的措施，也包括水泥企业。一开始，不少水泥企业跑到电力局求情，说千万别拉我们的闸，后来大家发现拉闸限电后，水泥价格竟"因祸得福"，每吨涨了100多元。虽然水泥产量少了一些，但是利润提高了许多。2011年，整个水泥行业的利润竟破天荒地超过了1000亿元，这种增长确实得益于限电。

这件事提醒我们：过去把竞争焦点放在量上，价格不停地往下降，企业赚不到钱；现在减量了，企业反倒赚了很多钱。可见，行业的主要矛盾是价格，不是量，而且在供大于求的情况下，想放量也放不了,因为这时的水泥产品价格弹性更是微乎其微。通过这一年,大家认识到,影响企业效益的是价格,影响价格的是供需关系,这就把逻辑讲通了。量多不赚钱,量少才赚钱,要想取得可观的利润,就不能盲目地靠放量降价,而是要进行产销平衡,以销定产,稳产保价。可以说,限电事件对水泥行业来说既是一场市场教育,也是一场价格教育。

市场竞争一定要有秩序,而不应该是混乱的。秩序应该怎样建立呢?一个行业要在市场经济中形成稳定的企业阵形、团体竞争力和抗风险能力,大企业的领袖作用至关重要。大企业对行业负有更大的责任,应该带领行业实现健康化,系统地、全面地、长远地想问题,不光治自己的"病",更要着眼于治行业的"病"。大企业应该共同努力来带头维护行业价格的稳定,不能在价格上自乱阵脚而大打出手。行业里的中小企业通常没有定价实力,要想多赚钱,可以采取差异化战略,遵从大企业制定的市场规则和行业价格,而不要用压价的方式拼命去抢占市场份额、破坏行业价格的稳定。这么多年的实践证明,如果一个行业垮掉,没有哪家企业是可以幸免的,这就是我们常讲的"覆巢之下,焉有完卵"。希望我们改变企业的竞争生态,使得市场更加健康化、竞争更加有序化。

领袖企业不同于一般企业,它就像雁阵中的头雁,方向感、大局意识、责任意识都要格外突出。领袖企业是行业系统的中坚,不仅要关注自身成长、降低成本、管理工厂,更要推动行业发展、引导政策、稳定市场。也就是说,要从"做工厂"到"做市场"。按照传统思路,企业只要做好工厂、控好成本、扩大销量、增加品种,就能赢利。但在饱和市场中,如果没有好的行业生态,企业只知"冲冲杀杀",图一时之快、一己之私,即便内部管理做得再好,也不会成为赢家。

  市场竞争不是零和博弈，行业竞争也不能只是你死我活、优胜劣汰，还要学会合作。竞争体现在技术创新、精细管理、品牌塑造等方面；而合作体现在产业政策的执行、市场健康的维护、管理技术的交流学习等方面。尽管同行是冤家，但也是利益相关者，共同利益应大过分歧。我之前去一家汽车公司调研，它的机器人焊接生产线不光生产自己的汽车，还为一些新势力车企做车体加工。同行的专家就问，这样不就等于支持了你的竞争者吗？这家公司回应，汽车制造多是同质化的，这样做反而可以降低成本。其实，新势力车企不需要生产线，只需要单独的外观设计和技术研发，而生产过程可以外包给这些汽车制造企业。

  航空业也是如此，过去航空公司遇到市场竞争就互相杀价甚至免费送票，以此增加上座率。但是，现在一些航空公司组成星空联盟，当乘客较少时，就将几架航班的乘客合到一架飞机上，从而节约航油和成本。再如，一家企业拿到某一辖区的水泥销售订单，如果从产地运到需求地非常远，这家企业就会把订单转给运输距离更近的竞争者代为生产。也就是说，所有的生产都进行了协同，把这些竞争者都连在了一起，遵循最低成本的原则。对过剩经济来说，这才是出路。

  从竞争到竞合，是市场经济进步的结果。在整个行业中，重要的不是哪家企业能做好，而是如何把行业做好，产业链、供应链、价值链上的企业，要共同维护行业的健康，让大家都有效益。改变竞争者的思维模式，从竞争到竞合，从红海到蓝海，做到适可而止、各适其位，是过剩行业必须完成的跨越。如果说市场竞争是对低效的校正，那么市场竞合就是对过度竞争的校正。我们应从系统和全局的角度出发，把和谐包容的思想引入竞争中，把竞争目标从打败敌人变为和竞争对手一起变好，齐心协力摆脱恶性竞争，实现共生共赢。

在建材行业，中国建材通过联合重组解决了水泥行业过剩的问题，带头在行业中开展"发展理性化、竞争有序化、产销平衡化、市场健康化"的"四化"工作，共建可持续发展的市场环境，维护行业的稳定和发展。比如水泥产能绝对过剩，已没理由再建新生产线，这就要求发展理性化；产能过剩是市场失灵的具体表现，也是过度竞争的结果，这就要求竞争有序化；通过错峰生产、以销定产、零库存等方式减少积压，力求产销平衡化；发挥政府和协会的作用，反对不正当竞争和低价倾销，促进市场健康化。

真正实现企业竞合并不容易，市场竞合体现的是一家企业的价值追求和思想境界。有效的经营者认为，企业经营有三重境界：利己、互利、利他。企业的发展以赢利为前提，要求企业完全利他似乎不太容易。市场是大家共处的环境，它不属于哪一家企业，想要在这个统一的市场中共事，就要互利。做企业应尊重他人的利益，不是单纯利己，更不能损人利己，往往利他才能利己。

三分天下原则

资源是实现目标的关键，有资源是好事，但资源并不是占有得越多越好，在寻找资源和发挥资源优势的过程中，有效的经营者坚持一个重要原则：三分天下。所谓"三分天下"，是诸葛亮在《隆中对》里提出来的，指的是量力而行，分而治之。任何企业的能力都是有限的，谁都不可能包打天下。企业要根据自己的战略目标，在通晓全局的基础上，为准备达到的目标设定边界，获取一定的资源，选择适合自己的市场空间。

中国建材发展水泥业务在市场竞争中就遵循了三分天下原则，即明确水泥的区域化发展特点，形成大企业主导各自战略市场区域的格局。为什么三分天下？因为水泥受运输距离限制，只有250公里左右的合理经济运输半径，是典型的"短腿"、非贸易产品，因此需要在一定的地理区域内分销，按区域成片布局，形成市场话语权。按照三分天下原则，中国建材构建起淮海、东南、北方、西南四大核心战略区域，即以山东、江苏为主的淮海区域，浙江、江西、福建、湖南、广西与上海等地所在的东南经济区，以东北三省为主的北方区域，重庆、四川、云南、贵州所在的西南地区，形成了中国联合水泥、南方水泥、北方水泥、西南水泥四大水泥产业集团。

中国建材最初划定四大核心市场区域时，主动退出西北、京津、华北和中部等地区。比如在西北，中国建材是有基础的，因为无论是天山水泥还是祁连山水泥，原来都有我们拨改贷的股份，但是我们都撤出了，转给了另一家兄弟央企。当时有的干部想不通，为什么要把地盘让给其他企业。我给大家讲了巴顿将军的名言："战略就是占领一个地方。"这句话启示我们：一是占领必须占领的地方，而且要巩固对领地的控制权；二是不要占领所有地方，应有进有退、有得有失。我告诉大家，从西北等市场撤出是战略决策，因为只有把一部分市场让给竞争对手，让他们把主要精力放在那些市场上，才会减少对我们市场的冲突。有个成语叫"网开一面"，你网开一面，他就会朝着那个方向走。如果你把路全堵死，反而对自己不利。按照这个思路，我们不在西北做水泥，因为那里有兄弟央企；不在安徽做水泥，因为那里有海螺水泥；不在京津冀做水泥，因为那里有冀东水泥①；不在湖北做水泥，因为那里有华新水泥②。在河南，我们只在南阳和洛阳做水泥，与天瑞水泥③、同力水泥④三足鼎立。

在核心市场区域里，中国建材精耕细作，围绕地级市建立核心利润区。水泥企业要有竞争力就必须提高市场占有率，提高议价能力。我们深入开展调整优化和管理整合，通过股权结构优化、盘活被收购企业的无形资产，以及输出成熟的管理模式，在区域市场打造了一批管理优秀、业绩优异的"明星企业"，将众多"小舢板"打造成"航母"。前些年，中国建材在核心战略区域内组建了45个核心利润区。建立核心战略区和核心利润区，目的在于建立自己的根据地、拥有自己的目标市场。市场那么大，不见得都是自己的，做企业有两个意识很重要。

第一，要有分利的意识。不能钱都让你自己挣了，也得让别人挣。做企业往往觉得赚钱越多越好，但也得让上下游和竞争者都赚钱，这一点必须想通。现代市场是相互服务的市场，谁也不能大包大揽，谁也不能不让别人挣钱，任何企业在产业链中只能占据一部分。北新建材的石膏板业务全球第一，但它的销售额是靠上千家遍布全国的经销商实现的，所以从一开始，我就制定了"让利经销"的制度，30多年来始终坚持。

第二，要有分地盘的意识。自己有地盘，也得给人家地盘，要让竞争者有生存空间，不能地盘统统自己占领了，没这个必要，也没这个精力。也就是说，不能围追堵截对方，要给对方留一块生存和发展之地，这是我们在制定战略时要思考的。

---

① 全称是唐山冀东水泥股份有限公司。后来，金隅集团重组了冀东发展集团，这次重组包括：股权重组，以及它们将水泥及混凝土等相关业务注入冀东水泥。
② 全称是华新水泥股份有限公司。
③ 全称是中国天瑞集团水泥有限公司。
④ 全称是河南同力水泥股份有限公司。

每个人都有自己的偏好。我不喜欢跟人打仗，很少跟人红脸，希望用智慧的方法，让企业获得生存、发展。我认为做企业要学习西方管理思想，同时中国古老的文化和哲理也非常重要，从中国的文化里可以得到很多涵养，如《论语》《道德经》《易经》等。《道德经》最后一章有两句话，"天之道，利而不害，圣人之道，为而不争"，讲的是融合。如果大家都这么想，而不是你争我夺，那就都能有自己的核心利润区，能够自律，市场就会健康化。

区域市场整合之法

中国建材经历了重组整合中小企业的过程之后，又不断创新区域市场的整合模式，比如投资入股了中国海螺创业控股有限公司、吉林亚泰（集团）股份有限公司等 7 家大型水泥上市公司，实现了从收工厂到收股权、从与中小企业产业融合到与大企业资本融合的转变。区域市场整合是水泥行业自我救赎的机会，之所以这么判断是因为水泥的一个特点：它是"短腿"、非贸易性的产品。所谓的非贸易性，就是水泥的经济运输半径比较短，不能远距离运输，也不宜长时间储存。因此，水泥行业只有围绕这一特点，根据区域市场的需求总量进行合理布局，才能实现"长治久安"。在区域市场整合上，我归纳总结了以下三种方法。

第一，股权合作。区域市场内的不同水泥企业作为股东，集中打包成一家公司，并由它统一规划、统一经营、统一去产能，科学合理地发挥该区域市场内水泥生产线的产能。

第二，企业相互置换产能。如果甲、乙两家企业在两个区域市场都有产能，为了降低成本、提高效率、节约能源和保护环境，可以通过产能置换的方法，把产能集中到在一个区域市场内效率更高的那家企业，形成一个区域市场由一家优质企业占主导的格局。在西方国家，如果三家企业在一个区域市场的合计占有率超过70%，那么这个区域市场基本就是健康稳定的。但由于中国市场的成熟度不够高，部分企业的竞争心理也不健全，即使有些区域只有三四家大企业，仍然存在恶性竞争的情况。我认为，只有通过区域市场整合，即在一个区域市场内组成一家具有规模效应的企业，才能让这个区域市场变得稳定健康。当然，这家企业可以有多个股东。

第三，整合市场销售环节，由不同企业一起出资组建市场销售共同体。通过委托经营、交叉持股、资本纽带合作等方式，加强优质企业之间的合作，促进行业与企业长远发展、合作共赢。

其实，区域市场整合是去产能的一种方式，也是解决中国水泥行业产能过剩的有效方法。如果在大企业进行区域市场整合之后，收效还没达到预期，那就可以做一下"间苗"的工作。什么是"间苗"？种田时，只有通过"间苗"，留下的幼苗才能长得更好，同样一块地的总体收成也才更高。同样，企业经营也需要"间苗"，关闭多余的工厂。过去建工厂是为了经济效益，后来收工厂也是为了经济效益，现在关工厂还是为了经济效益；建工厂是创建生产力，收工厂是整合生产力，关工厂则是释放生产力，该关的不关就是破坏生产力。有效的经营者对此一定要有清晰的认识，该关的工厂关掉了，产销平衡了，才有利于生产力的有效发挥，整个行业才会有经济效益，企业才能长久获利。

回顾中国水泥行业的发展历史，在过去的十四五年间，我们完成了西方国家五六十年的工业化过程。其间，水泥行业经历了初始化阶段，地方政府和企业热情高涨，到处建工厂，记得我那时差不多每个星期都会参加生产线奠基、开工仪式等。后面的10年就是收工厂，进行联合重组，中国建材因此有了四大水泥企业。产能过剩问题日益严重后，中国建材又开始关工厂。把以前建设和重组的一些工厂关掉，很多人想不通，但这是规律。很多年前，我去日本调研，看到日本住友大阪等大型水泥公司的不少现代化生产线都停掉了，锈迹斑斑地立在那里，当时我还很不理解，觉得很可惜，而现在则到了我们关工厂的时候。关工厂必然有阵痛，却是绕不过去的关口。水泥行业不仅要关闭小立窑、日产2500吨以下的熟料线和直径3.2米以下的水泥粉磨，还要关闭过剩的日产2500吨熟料线。这些熟料线尽管在技术上已经很先进，但过剩后同样会造成资源和能源的巨大浪费，所以要视情况关闭，一切服从于市场。

管理整合

管理整合是联合重组成功的重要保障。普通的经营者往往只重视企业规模的扩大，不重视管理整合；而有效的经营者不是为大而大，尤其重视联合重组之后的管理整合。中国建材在管理整合过程中，创新了一整套独具特色的管理理念和整合方法，为我国企业联合重组提供了宝贵经验。

"三五"管理整合

随着联合重组的快速开展，中国建材的管理整合也在同步进行。以前，我们往往把企业自我发展、内生式滚雪球般发展的方式称为有机成长。这种方式被认为是有核心业务和核心技术的成长，更多强调企业是依托现有资源和业务，通过改进创新与生产效率等，提高产品质量、销量与服务水平，拓展客户以及扩大市场份额，以获得销售收入及利润的自然增长。与这个概念相对立的是无机成长，也就是依托联合重组的外延式发展方式，这种方式被认为没有核心业务和核心技术，是由不相关的业务和技术堆砌而成的。企业重组后出问题，不少就出在无机成长上，一味贪大求大，最后轰然倒下。

中国建材作为一家由联合重组发展起来的企业，是如何破除无机成长的魔咒的呢？关键就在于管理整合，管理整合关乎联合重组的成败。联合重组解决了规模问题、资源问题，但没有完全解决如何使资源发挥更大作用、产生更大效益的问题。只有管理整合与联合重组同时起作用才能产生效益。为此，中国建材提出了"通过联合重组做大，通过管理整合做强"的思路。

2006年10月，中国建材收购徐州海螺仅仅3个月后，就在徐州召开了绩效管理现场会。在会上，我归纳了大家的一些思路和做法，提出了"五化"管理整合方法，即一体化、模式化、制度化、流程化和数字化。中国建材把这次会议称为"徐州会议"。

在徐州会议提出的"五化"管理整合方法基础上，2008年5月，中国建材在杭州召开了一次管理整合的内部会议，称为"杭州会议"。当时，全球金融危机的影响开始在中国显现，企业备感压力。大家都问：我们要做点什么呢？我说，那就做管理整合。因为重组了这么多家企业，如果管理不好，每多重组一家企业，就等于给自己多戴上一道枷锁，所以必须把管理整合做好。会场外，金融危机来势凶猛；会场内，大家热火朝天地研究管理整合的办法，可谓是"外面雷声隆隆，屋里书声琅琅"。杭州会议最大的成果，就是进一步归纳出"三五"管理整合模式，这一模式为中国建材实现有机成长奠定了基础。

第一个"五"是五化运行模式（5N），即一体化、模式化、制度化、流程化、数字化。其中，核心是一体化和数字化。所谓一体化，就是整合后企业要发挥整体合力和协同效应。中国建材的重组企业过去各自为战，采购、销售、融资成本都很高，技术资源不全面，管理基础参差不齐，还存在市场交叉、内部竞争的隐患，因此必须通过一体化管理，将重组进入的企业聚合为一个整体，解决组织的负外部性，实现规模效应、协同效应。数字化指的是从定性管理到定量管理，强调"从原理出发，用数字说话"。之所以强调这一点，其实有感于一些行政出身的企业干部习惯于宏观、笼统、定性地说管理，有的民营企业家对数字也不敏感。而一家企业的经营业绩、成本等都是由数字反映的，所以我一直要求管理人员，必须看得懂财务报表，对 KPI 要倒背如流，必须紧盯经营数字。

第二个"五"是五集中管理模式（5C），即营销集中、采购集中、财务集中、投资决策集中、技术集中。营销集中是指改变成员企业各自做市场、跑客户的状况，制定统一的营销策略，优化营销资源、组织和渠道，统一开展具体工作。采购集中是指不再完全由工厂采购原燃材料、备品备件，而是采取地采与直供相结合的方式，统一控制库存和最高限价。财务集中是指资金集中管理，做到统一调度、管理、使用和监控，通过整合资源盘活资金存量，通过集中融资降低财务成本。投资决策集中是指将投资决策权上移并集中到中国建材总部，确保全局战略的贯彻执行。技术集中是指解决各成员企业自身技术资源不全面、技术投入不集中的问题，加强集团资源共享，互通有无，并通过工厂间的对标优化提高运行质量，降本增效。

第三个"五"是五类关键经营指标（5I），即净利润、产品价格、成本费用、现金流、资产负债率。中国建材要求每家企业至少管好与自己相关的 5 个 KPI。中国建材从总部到业务平台，再到区域公司，开的大多是对标会，年初制定 KPI，月月对标、按季滚动、逐步优化。每次开会，各单位负责人都要先汇报 KPI，用数字硬碰硬，做得好不好，大家一目了然。有了这个办法，各个层级的管理者都对自己公司的指标了然于胸。

这次杭州会议在原国家建材局老领导的眼里，是水泥重组过程中的一次革命性会议。通过深度管理整合，中国建材不仅要把众多企业组织到一起，还要从市场控制力、企业效益、发展质量、协作融合等方面出发，对重组后的人员、市场、技术、品牌、文化等进行全方位的整合并持续改进优化，让各种资源发挥最大效能。

2011 年，"中国建材：推动中国产业发展"案例正式被哈佛大学商学院案例库收录，供全球各大高校选用。这个案例阐述了中国建材如何在中国水泥产能过剩、企业过于分散、恶性竞争的产业环境下，克服困难快速成长的实践。该案例对"三五"管理整合的独特模式做了详细介绍，为全世界了解中国企业的发展打开了一扇窗。

管理整合的八大工法

除了整合民企外，在国务院国资委的支持下，我还推动完成了央企的重组。2005 年，中国建材与中国轻工业机械总公司、中国建筑材料科学研究院重组。中国建材有上千家成员企业，如何让这些企业清楚地知道集团的发展战略和文化，充分发挥资源集聚效应？

在推行"三五"管理整合的基础上,我一直在思考一个问题:能不能从中国建材的管理模式中进一步提炼出简单易行的工法?它要听上去朗朗上口,用起来以一当十,便于一线管理者和员工记忆与使用。其实,这样的管理才能真正深入人心。

在我国,管理研究通常较多强调它的理论性,而对实用性、可操作性有所忽略。受日本企业工法理念的启发,2014年年初,我将过去多年的管理整合实践归纳为一套构架完整、提法精练的管理创新实践体系,并命名为"八大工法"。它包括五集中、KPI管理、零库存、辅导员制、对标优化、价本利模式、核心利润区和市场竞合。

简单地说,五集中就是将重组进入的企业聚合为一个整体,解决组织的负外部性问题,实现规模效应和协同效应。KPI管理就是用数字说话,聚焦影响企业业绩的关键指标,围绕这些指标不断进行管理改进与提升。零库存就是向精益生产要效益,通过加强物流管理,使库存在时间和空间上尽可能接近于零,有效利用资源,降低成本。辅导员制就是复制成功之道,通过选派辅导员来帮扶能力较弱的企业,把优秀的企业文化和先进的管理理念复制过去,助推被帮扶企业尽快实现文化与管理的融合,步入良性发展轨道。对标优化就是以行业和内部优秀企业为标杆,以KPI为核心,定期对比主要经济技术指标,找出差距,做出改进。价本利模式是企业在买方市场下的选择,与量本利模式立足于单一企业的盈利相比,价本利模式更着眼于市场、企业全局以及整个行业。核心利润区就是从全局战略出发,有重点地重组区域内的一些关键企业,优化产业布局,实现核心区域内资源与市场的合理有效配置,增强对核心区域市场的影响力和控制力,在一定程度上获取定价权,从而提高企业的盈利能力。市场竞合就是要实现行业的可持续发展,企业必须转变观念，从恶性竞争变为市场竞合，大家共同培育和维护健康的市场。

和传统的企业管理方式不同，中国建材的八大工法既包括企业内部的管理体系，也包括外部市场建设的管理体系，实现了内控成本与外抓市场的完美结合。为什么要把外部市场建设纳入管理体系呢？这是因为水泥等行业的恶性竞争实践让我们深刻认识到，市场经济本身难以摆脱过剩经济的魔咒，关键是过剩后怎么维持市场秩序，怎么在过剩的行业里实现盈利。大企业肩负影响政策、健全市场、管理工厂的三大任务，对行业负有更大的责任，必须带领行业在过剩经济中摸索出一种新的活法。

俗话说，"没有不挣钱的行业，只有不挣钱的企业"。如果一个行业里的企业在市场中进行无序竞争，那就得靠天吃饭，如同汪洋大海中的一叶小舟，很难掌控自己的命运。因此，有效的经营者应树立大管理的理念，把企业内部的工厂和外部的市场结合起来，共同视为管理对象，既要做工厂也要做市场，既要眼睛向内也要眼睛向外，这样才能解决好行业健康发展和企业做强做优的问题。由此，中国建材不仅注重五集中、KPI管理、零库存、对标优化、辅导员制等内部管理方法，还推出价本利模式、核心利润区和市场竞合等外部市场管理方法。应该说，这三个外部市场管理方法远远超出了企业内部管理的范畴，是企业的经营理念或企业的市场"法则"。

八大工法这套组合拳是中国建材针对联合重组企业如何有效实施管理整合而提出的，并在企业管理实践中不断充实完善，以简驭繁、朴素实用，相当于中国建材管理方法的"武功秘籍"，具有较强的实用性、可操作性与可推广性，极大地提升了中国建材的整体管理水平，成为中国建材赖以生存和制胜的法宝。

格子化管控

企业坍塌的原因不在于规模大小，而在于管控混乱。中国建材是联合重组而来的企业，所属独立核算的单位有上千家。我常被问到的一个问题就是："这么大的企业，你管理得井井有条，是怎么管理的？用什么办法控制住'行权乱'和'投资乱'？"这倒不难回答，只要找到一套适合企业经营发展的管控模式就可以了。管控模式多种多样，而我从企业实战中总结出的一套方法是格子化管控。

所谓格子化管控，就是把集团里的众多企业划分到不同的格子里，每家企业只能在自己的格子里活动，给多大的空间，就干多大的事。就像盒装巧克力一般会用隔板隔开，防止巧克力黏到一起，企业也是如此。格子化管控包含治理规范化、职能层级化、平台专业化、管理数字化和文化一体化，这五点解决了企业的治理结构、职能分工、业务模式等问题，平衡了结构关系，还为科学管理和集团式企业文化融合提供了具体方法。

治理规范化，指的是按照《公司法》建立规范的法人治理结构，包括董事会、监事会、管理层在内的一整套规范的治理体系。公司治理的核心是规范的董事会建设，要让董事会在战略规划、重组整合、风险控制等重大事项上发挥重要作用，真正成为公司决胜市场的战略性力量。

职能层级化，指的是实施分层次的目标管理，把决策中心、利润中心、成本中心分开，明晰各层级的重点工作与任务，确保行权顺畅、工作有序。集团公司总部是决策中心、投资中心，不从事生产经营，只负责战略管理、资源管理和投资决策。集团总部下面的板块公司是利润中心，任务是把握市场，集采集销，及时掌握产品的变化、价格的走向，积极促进市场稳定，提高在市场上的话语权和控制力，推动产品更新换代，协调公共关系，实现利润最大化。板块公司下面的工厂是成本中心，任务是研究在生产过程中如何把成本降到最低。水泥厂的生产规模虽然很大，但它的角色是成本中心，因此不得做任何投资决策，只有运营权，以防投资失控。决策中心、利润中心、成本中心，按照相应的职能定位，三个层级分别需要的是"投资高手""市场能手""成本杀手"。

平台专业化，指的是集团下面的板块公司都应该是专业化的平台公司，控制业务幅度，而集团的整体业务可以多元化，发挥产品的组合力。中国建材下设多个业务平台，如水泥、玻璃、石膏板、玻璃纤维、新材料等，但是每个平台只能做一种业务，也就是做水泥的只做水泥、做玻璃的只做玻璃，而集团要把水泥和玻璃产品的品种做得更加多元化，这就是平台的专业化和集团品种的多元化。如果将中国建材看成"体委"，各平台公司就是"专业队"，要么打篮球，要么踢足球，不允许有多面手，这么多年我们始终贯彻这个原则。

管理数字化，指的是强化精细管理，要让管理者习惯用数字思考问题，用数字说话。如果管理者的数字化、定量化不过关，管理就不会尽如人意。一些管理者对数字不够敏感，多用"大概、可能、也许、差不多"等模糊的表达，这也是许多人的习惯，定性不定量。不少人认为，跟数字打交道是财务人员的工作，企业领导者不一定要对企业的经营数字了如指掌。但是，一家企业的经营业绩、成本等都是由数字体现的，如果不关注数字，如何经营企业呢？靠"大概""也许"是做不好企业的。

文化一体化，指的是一家企业必须有上下一致的文化和统一的价值观。这就需要集团内各企业之间互相包容、互相促进，因为包容不只是一个迁就的过程，更是一个互相融合之后一起前进的过程。优秀的文化是集团提升整体竞争力、推进集团内各企业协调发展的关键。

格子化管控解决了大企业集团纵向管控的问题，那横向沟通协作如何开展呢？怎样杜绝企业部门之间相互掣肘和所属企业恶性竞争的问题呢？英国《金融时报》专栏作家吉莲·邰蒂在《谷仓效应》一书中将社会组织中的一些各自为政、缺乏协调的小组织称为谷仓，把这些小组织之间的不合作行为称为谷仓效应。我国正进入大企业时代，如何避免谷仓林立，如何破除谷仓效应，对我国企业提高内部协同能力和外部市场竞争力十分重要。

谷仓效应有它形成的客观性，就是细致的分工。现代大型企业的规模使我们很难想象，如果不进行深入细致的分工，如何才能让企业运转得稳定和高效。由于制度上缺乏协调性，跨部门问题无人负责，人们存在"人人自扫门前雪，岂管他人瓦上霜"的心理，便会出现分工易、合作难的现象。既然分工无法避免，那就要处理好科学分工与良好合作的关系，做到分工而不分家。

第一，破除谷仓效应要解决认识问题。要从战略层面认识谷仓存在的客观性和谷仓效应的危害性。在企业中，既要看到部门的局部利益，又要看到企业的整体利益，树立为全局利益甘愿牺牲局部利益的大局观。

第二，防范谷仓效应要在企业制度层面精心设计。在战略布局和组织设计中，要取得集团统一管控与所属单元自治活力的最佳平衡，并通过强化垂直纽带与关键部位确保集团必要的战略控制和信息掌握。各单元间要归并、联合相关业务，减少部门间过度分工，通过部门业务适度交叉和分工合作体制建设来降低复杂度，提高协同性，还要通过加强横向协同机制和信息共享平台建设，减少信息壁垒和消极竞争。

第三，破除谷仓效应的最佳办法是建立强大的企业合作文化。Meta⊖采用开放式办公和开放式网上沟通，使内部融合度大大增强。大型企业集团要重点加强管理层的团队意识，通过团队学习、人员交流、机制建设，强化各单元的文化纽带。我在中国建材每年推动举办所属企业干部培训班，这增进了集团企业间干部的交流和友谊，沟通网络的建立对破除谷仓效应十分有效。另外，人员适当流动，更换谷仓，也有利于大家转换角度，增强企业协同。

在企业协同上，中国建材进行了积极的整合优化。比如之前中国建材9家水泥公司有一个C9（Cement 9）会议，目的就是打破谷仓、横向协同，各水泥公司内部也有协同会，商讨达成有关业务、采购等方面的协同。又如，中国建材还有多家国际工程公司，内部也经常开会沟通，以期实现内部协同，不要"出去打架"。再如，工程公司和工厂也要一起开会，解决工程公司对工厂的服务等问题。各业务单元通过这些内部协同或整合优化，实现合作发展。中国建材的管控规范了管理，也规定了非常清晰的界限，对大家不能做的事情明确限制，然后再进一步通过内部整合优化，破除谷仓效应。

目前，母子公司的关系是困扰一些企业集团的问题，而处理好这个问题的关键在于，让母子公司各司其职，厘清战略目标和管控模式。在大型企业集团里，不同层次的企业所承担的任务和职能是

⊖ 曾用名：Facebook。

不同的。母子公司要各负其责、各司其职、各适其位，只有把思路厘清，把规则定好，才能形成一个有机整体，做到不打乱仗、有序发展。一个强大的有控制力的集团是子公司发展的重要支撑，而一个集而不团的企业必定危机四伏。

实践证明，格子化管控是一套行之有效的管控方法，解决了大企业纵向管控的问题，结合横向沟通协作，破除谷仓效应，使企业能行权顺畅、步调一致、有序经营，进而持续强大。如果一家企业有一面指引企业发展方向的战略旗帜、一套严谨规范的管控模式、一个能够凝聚全体员工的企业文化，这样的企业基本上就不会出什么大乱子。

三精管理

对企业来说，组织、管理和经营三者缺一不可，它们是决定企业生死的三要素。组织是根基，是架构，决定企业能活多久、能长多大，根基坏了，架构有问题，企业必死无疑；管理是基础，是器官，决定企业产品的质量和竞争力，质量上不去，缺乏竞争力，企业很难存活；经营是核心，是灵魂，直接决定企业能否可持续赢利，经营不善，总是亏损，企业焉能生存？

长期的企业实战让我逐渐厘清了决定企业生死的三要素，结合"三五"管理整合、管理整合的八大工法、格子化管控等行之有效的管理方法，并通过不同企业的反复验证和完善，最终总结出"三精管理"的方法论：组织精健化、管理精细化、经营精益化，每一精分为四化，每一化下又包含四法，这样就形成了"三精十二化四十八法"。

企业管理有依循、有边界，企业就会稳健发展。三精管理解决的是企业要么长不大、要么长大了却倒掉的问题，可以让企业从竞争的红海驶入竞合的蓝海，从而实现共生、共赢、共享。这几年，中国建材集团深度开展"三精管理"，取得了良好效益，也有越来越多的企业开始学习和引入三精管理，并开始取得成效。"三精管理"也获得了2019年全国企业管理现代化创新成果一等奖。

企业的逻辑是成长的逻辑，一方面，必须让企业长大；另一方面，在企业成长过程中往往存在一定的盲目性，要对企业进行"剪枝"，就像对果树剪枝，剪掉一些疯长的树枝，旨在让果树多结果实，这是我以前插队时学到的一项技术，万物原理是相通的，企业也需要"剪枝"。通过"剪枝"，企业可以有效预防大企业病，实现稳健成长。因此，组织精健化至关重要，旨在提升企业的组织竞争力，它包括治理规范化、职能层级化、平台专业化、机构精干化。

一是治理规范化。我们不仅要明晰治理结构，分清股东会、董事会、经理层的职责，按《公司法》等法律法规治理企业，还要明确企业的目的，在企业中建立起好的机制，从激励机制发展到共享机制，实现利益相关者的共赢和共享。

二是职能层级化。企业做大了以后，每一个层级要有不同的职能。一般来说，企业都是按照决策中心、利润中心、成本中心来进行层级划分的。比如，中国建材是决策中心，本身并不进行产品经营，主要负责战略制定、资源整合、投资决策；南方水泥是利润中心，主要围绕开拓产品市场进行经营优化，它要制定市场的竞争策略，进行集中采购和销售等；而南方水泥所属的每个工厂是成本中心，主要是组织好生产，保证产品质量，做好成本控制和安全环保方面的工作。

三是平台专业化。每一个业务平台都要专业化，而非多元化。比如，南方水泥就做水泥，凯盛科技就做玻璃，而不是成立一个南方建材，既做玻璃又做水泥。因为只做一个业务都不见得能做到行业前三名，如果什么都去做，就更不可能做好。就如同打乒乓球的不要踢足球，踢足球的不要去打篮球，让集团各业务平台各自专业地做好一个业务，长此以往，就能打造出隐形冠军或细分领域的头部企业。这些年，中国建材旗下的北新建材、中国巨石、南方水泥、凯盛科技等都做成了各自领域的头部企业。

四是机构精干化。规模是一把双刃剑，企业做得得心应手、规模适度才最好。企业要不停地"剪枝"，控制管理层级、机构数量、企业家数、人员规模。企业管理层级可以控制在四五级，不能再多了，再多就容易引起效率降低。

管理精细化，旨在提高企业的成本竞争力。"精"者质量，"细"者成本，在精细化管理中，企业要始终围绕成本和质量这两个基本点。即使是今天，不管企业有多么高端的技术，如果忘记了这两个基本点，就可能会失败。实现管理精细化，一要用好工法，二要长期坚守，两者缺一不可。管理精细化，主要包括管理工法化、成本对标化、质量贯标化、财务稳健化。

一是管理工法化。我们这些年学习德鲁克、明茨伯格的思想，学到了不少管理理论，而日本人比较重视管理工法的运用，如看板管理、5S现场管理等，他们总结了很多简单明了的工法，各班组长都明白，大家很容易按照工法去执行。

二是成本对标化。其实，降低成本的根本方法就是对标。在成本控制上，谁做得好，就和谁对标，就会清楚地看到自己的不足，反复对标就能提高自己的水平。这是一种量化管理方法，很有效，可以让企业的各项指标该升的升上去,该降的降下来,稳定提高企业效益,降低企业发展风险。

三是质量贯标化。做企业、做产品、做服务,从根本上讲,做的就是质量。质量控制不是最后通过检验员把废品检验出来,如果真到了这个阶段,其实已经造成巨大浪费了。所以,要进行全员参与的全过程控制,这就是全面质量控制。质量管理不是严和宽的问题,而是要按照国际标准、国家标准,建立一套管理标准体系的问题。

四是财务稳健化。做企业要稳健,企业稳健的基础是财务稳健,而财务稳健的核心是现金流充沛。现金是企业的血液,现金的正常流动确保了企业的可持续经营,支撑了企业的健康发展。要维持良性的现金流,除了产品价格和市场外,控制好"两金"(存货占用资金和应收账款)占用也很重要。

组织精健了,管理也精细了,即使成本为零,企业也不见得能在竞争中成功。因为今天的环境充满了不确定性,企业领导者尤其要学会从管理到经营,在不确定性中做出正确的选择。因此,经营精益化很重要,它旨在提高企业的持续盈利能力,包含业务归核化、创新有效化、市场细分化、价值最优化。

一是业务归核化。企业都要有主业,要围绕主业形成核心业务,非核心业务原则上应该舍弃。毕竟,任何企业都不是无所不能的,只能有限发展。中小企业应采用"窄而深"的业务模式,打造技术专业、市场占有率高的隐形冠军;大型企业的业务应尽量不超过三个,力争每个业务都能跻身行业前三名。业务归核化至关重要,企业必须明白自己是干什么的,种好自己的一亩三分地。

二是创新有效化。创新是企业经营的核心之一,可以增强企业的竞争力和活力。但是，创新也是极具风险的一件事。企业经营很重要的一点是，要有效益、有目的、有组织、有质量地创新，不要脑子一热就去创新。创新是可以学习的，是有路径的，也是有模式可依的。

三是市场细分化。我国一些行业目前处在供过于求的困境中，不少企业希望转行，但转行并不容易，企业进入一个完全不熟悉的行业风险更大。对大多数企业来讲，应该是转型而非转行，在一个竞争激烈的行业，通过在地理区域、品牌定位、产品品种、目标客户等层面进行市场细分，沿着产业链和价值链延伸，不断开发新产品，提高产品附加值，进而找到自己的生存空间，实现效益逆势而升。

四是价值最优化。与大家熟知的"量本利"指导思想不同，中国建材提出了"价本利"的经营理念，即稳价、保量、降本，甚至稳价、减量、降本。正是因为秉持这种经营理念，整个行业从竞争走向竞合，得以健康运行。对上市公司来说，除了关注产品价格，也要关注公司价值，价值可以通过资本市场放大和提前实现，要重视市值管理，改善公司质量，做高质量的上市公司。

三精管理是开放的平台，可以动态调整。如果企业喜欢采用阿米巴或六西格玛管理，也可以将此融入管理精细化的平台。三精管理是有实践基础的，是企业界人士看得懂、学得会、记得住、好应用的一套企业管理工法。当然，不是每家企业都要按中国建材的具体做法，只要在管理过程中秉持"三精管理"理念，根据自己的需要和特点去做，持之以恒、扎实稳妥落实，就能助力企业提升经营管理水平和综合竞争优势，实现新的跨越和发展。

文化整合

回顾自己40年的企业历程,我常感慨文化之于企业的重要作用。俗话说,"江山易打不易守"。打江山靠的是战略和执行力,守江山靠的则是一流的管理和优秀的企业文化。如果用一句话概括企业文化的地位,我觉得应是"文化定江山"。文化回答企业发展的核心理念和终极使命,战略、管理、创新等归根结底都是以文化为基石。没有文化的维系,企业就如同建在沙漠上的大厦,建得越高,就越可能随时倒塌。这些年来,一些企业想学习借鉴中国建材的联合重组模式,但是过程进展得并不顺利,关键就是企业文化出了问题。没有融合与包容的企业文化,联合重组很难取得成功。这也印证了一个道理,企业文化很难被复制。企业文化是企业的特质,是企业的集体记忆,是企业深处与生俱来的东西,是学不会偷不走的。

"三宽三力"文化

有效的经营者认为,联合重组不是简单的组合,而是一种化合反应。企业重组之后还需要进行整合,如果把萝卜、土豆、白菜放到一个麻袋里,再倒出来还是萝卜、土豆、白菜,这就不是化合反应,不能起到"1+1>2"的效果。正确的思想理念,是联合重组成功的前提;共同的战略愿景,是联合重组成功的动力;恰当的操作方式,是联合重组成功的保证。只有这三个方面都做好了,大规模的联合重组才能平稳、快速地推进。那么,联合重组后的企业如何才能融入大集团,与其他企业形成合力呢?要怎样处理好各种利益关系？我提出了"三宽三力"文化，努力营造"中国建材一家"的浓厚氛围，企业由此被植入了强大的融合基因。

"三宽三力"特别适应联合重组的特点和要求。所谓"三宽"，就是待人宽厚、处事宽容、环境宽松，通过对个人行为和企业环境的合理约束，来奠定文化整合的基础。"宽"不是没有原则，而是"宽而有度，和而不同"，要实现个性与共性的统一、和谐与规范的统一。所谓"三力"，就是向心力、亲和力、凝聚力。向心力是指子公司要有融入母公司的动力；亲和力是指母公司对子公司的感召力、吸引力与引领力；凝聚力是指单位之间、员工之间要和睦相处，团结一心。

"三宽"强调行为与途径，"三力"强调状态与结果。中国建材依靠"三宽"吸引加盟者，依靠"三力"使新进入的企业迅速融入集团，为联合重组奠定了牢固的文化根基，也得到了社会各界的广泛认同。很多企业家就是受到"三宽三力"的感染而选择加入中国建材的。

"三宽三力"具有鲜明的融合特质，这种文化不是排斥性的，也不是灌输性的，它的核心是充分尊重大家，照顾大家的利益，对人充分信任、包容和支持，让每一个新进入者都能进行个性化的发挥，并在发展中实现优势互补和价值再造。"三宽三力"是由大家共同积累和创造的，透过这道文化的屏风，你可以看到众多加盟者的身影。

中国建材的魅力源于一种独特的"和"文化。其实，这就是我常说的，中国建材的成功既有天时与地利的因素，更有人和的因素。"天时"就是我国经济快速增长带来的机遇；"地利"就是地方政府的支持、我国丰富的建材资源和我们占有的区位优势；"人和"就是独特的"三宽三力"文化打造的企业软实力。

"三宽三力"的企业文化，反映了企业的和谐价值观，融汇了"人和"的巨大力量，是中国建材的核心竞争力所在，竞争者很难复制。这些年来，中国建材的发展并非一帆风顺，也遇到过很多困难，但我们最终都克服了。可以说，中国建材能取得今天的成绩，战略起了先导作用，但支撑我们顽强地从困难中走出来的是我们的文化与强大的凝聚力。

钢铁行业是典型的具有规模效应的行业，做大是做强和做优的基础。面对全球竞争格局，中国宝武认为，大和精可以兼顾。为适应我国钢铁业从"老大"变"强大"的时代要求，中国宝武去除"小而精"的思想枷锁，瞄准更加高远的产能目标。经过多年的实践探索，中国宝武形成了从联合到整合再到融合的一套成熟做法，解决了"联而不合、合而不融"的顽疾。中国建材是"大联小"，整合很重要；而中国宝武是"大联大"，不仅要整合，还要融合。时任董事长曾提到，在过往实践中，中国宝武深刻认识到"没有联合重组，就形成不了建设世界一流企业所需要的经营规模和竞争优势；没有重组后的整合、融合，就不可能全面提升管理效率、经营效益和企业的市场影响力、控制力"。

文化上不能另搞一套

如何让不同所有制、不同文化背景的企业迅速融合并取得效益，是一道世界性难题。有不少失败的并购案例都是由文化冲突导致的。文化没有整合好，并购很难成功。我认为，并购当中其他条件都好谈，有一点最重要，就是被并购企业必须接受并购企业的文化，一定要用好文化同化坏文化，而不能用坏文化同化好文化。要融合各方优质文化元素，整合出企业的新文化，增进对企业新文化的认同。如果在文化上不能统一，并购后的企业终究会归于失败。

事实上，被重组企业能否融入集团文化一直是我最担心的问题。如果重组后的企业在文化上不能统一，各唱各的调、各吹各的号，那么随着企业的盘子越来越大，加盟的企业越来越多，企业就会越发危险。正因如此，中国建材在文化建设上有严格要求，绝不允许任何企业在文化上另搞一套，形成"文化孤岛"。

例如，有些传统的地方国企刚被中国建材重组时，还残留着政企不分、非市场化的文化，领导出门时前呼后拥、讲究排场，开会时看重主席台位置的摆放。有的民企则存在个人决策、粗放管理、重利益轻责任等文化。这些落后的文化是重组中的大忌，如果不及时去除，就会生根蔓延。为此，我们在重组过程中专门把对文化的认同写进每份联合重组的协议里，并通过各种方式加以宣贯。

用集团的大文化统一所属单位的小文化，这是我们发展壮大的一条重要经验。在中国建材，文化的印记处处可见。集团总部办公楼上的"中国建材"四个红色大字分外醒目，一些员工晚上加班后喜欢拍摄大楼的夜景照片发到微信朋友圈里，流露出自豪之情。所属企业也把集团的标识和核心价值观等张贴在最显眼的位置。更重要的是，干部员工对集团文化烂熟于心，成为指导工作实践和做人做事的准绳。有一年，中宣部组织记者到中国建材所属企业采访，回来后记者们跟我说："你们这个集团很有意思，各企业感觉都差不多，上上下下讲的话也都一样。"我说："这就对了。这说明我们的文化深入人心了。"

在企业里，文化必须是上下一致的，文化不能随意编造、随意更改，也不能各喊各调、各说各话。像百安居、肯德基、麦当劳，它们的标识、员工的服装甚至货架上产品的摆放方式，在全世界都是一样的。中国的一些职业经理人往往好意做些改动和创新，结果大多数都被辞退了，因为大企业要捍卫文化的一致性。

文化有不同形态，尤其要防止坏文化带来的负面影响和渗透力。因为坏文化容易迎合人的惰性，让人感觉很舒服，很容易使人产生随意性，久而久之就会固化为一种习气和作风。所以，我在企业中反复强调，每一次新成员的加入，在带来积极、健康的好文化的同时，也可能会带来消极、落后的坏文化。一旦坏文化站稳脚跟，就会一点一点地危及企业生命。这不是耸人听闻。美国有一家非常有名的连锁集团，并购了另一家有坏文化的连锁企业，三年之后两家企业都倒闭了，这就是一个坏文化腐蚀好文化进而危害企业的例子。

企业文化建设、形成、固化的过程，就是好文化和坏文化相互博弈、此消彼长的过程，这应该是一个吸收精华、摒弃糟粕、批判发扬、融合再造的过程。"近朱者赤，近墨者黑。"有效的经营者要用好文化同化坏文化，而不是让坏文化把好文化侵蚀掉。文化建设的最终目的，就是让不同文化群体相互借鉴、相互尊重、相互理解、相互认同，最终融合为一体，成为推动企业发展的凝聚力和聚拢正能量的黏合剂。

弘扬好文化，在今天的社会环境下尤其重要。从外部来看，市场经济带来了效率和财富，如果不从精神层面上加强引导，社会和企业就容易出问题。从内部来看，没有良好的企业文化，形不成统一的思想与价值观，企业就会打败仗。所以，企业一定要多进行思想引导和文化教育。我经常讲的一句话就是：用先进的文化指引人的心灵。

任何企业都有自己的文化，区别只在于是先进还是落后。先进文化是那些凝聚着正能量的好文化，像"学习文化""绩效文化""和谐文化""责任文化""拼搏文化"等都在其列，而坏文化则是我们要克服的"惰性文化""安逸文化""消极文化"等。好文化与坏文化不能兼容，有效的经营者要强化底线思维，让好文化得到巩固、完善和捍卫。

收人先收心

联合重组就要收购企业，收购企业就要收人，收人要先收心。收心的关键是文化的认同和融合，得人心者得企业。多年来，不少企业想学习中国建材的联合重组模式，但其中有许多结果都不尽如人意，关键就是没有融合和包容的文化。联合重组不仅是厂房、土地、矿山的联合，更重要的是人的联合和文化的融合，要给予人充分的尊重、理解和信任，让人的价值升华与企业发展和谐统一，这是联合重组的根本立足点。

我们在跟每一个潜在合作者谈判时，首先会搞清楚对方需要什么，我们能够给予对方什么。要让人家跟着你，就要有显而易见的效果，还得给人家安全感，不能让民企"带枪参加革命"，第二天就下了人家的枪，这是不行的。就像我给民营企业家戴公司徽章这件事，看起来很小，却表明了中国建材包容的文化。

2011年年底，随着西南水泥的成立，中国建材在全国水泥市场四大区域的战略布局完美收官。但是，西南水泥这场收官之战并非一帆风顺。在重组的过程中，几乎我们的每一次收购都会遇到竞争者，但最终那些被收购的企业都选择了加入中国建材。这是什么原因呢？我想，我们是赢在了"收心"这一点上。

以重组贵州的泰安水泥⊖为例，这家企业是当地的水泥大户，在几年前那一轮布局西南市场的浪潮中，成为多家水泥巨头争夺的对象。当时，泰安水泥的创始人一直举棋不定。除了价格因素外，他关心的还有创业团队的安排、原有品牌的命运等问题。我对此非常理解。对很多创业者来说，工厂就好比他们的"孩子"，把工厂交给别人，就像父亲看着自己的女儿出嫁一样，总希望能挑一个最好的人家。

当时，我们给了他三颗"定心丸"，即"三不变"政策：原有团队、人员及工资待遇不变；企业内部的机制不变，仍然按照原来的方式开展市场经营、推广产品和建设渠道网络；设定一个3~5年的过渡期，过渡期内维持原厂牌、商标不变。他基本被说服了，且对于保留团队这一点尤其满意，但他还是有些放心不下，担心中国建材只是口头承诺不调整，等到半年或一年后再"动刀"，所以迟迟没做决定。另外，当时其他水泥巨头也在积极找他谈重组。

后来，我特地在昆明和他见面，当面向他做出承诺，并把自己衣领上那枚象征着融合团结的八角公司徽章取下，亲手戴在了他的胸前。最终，他下定决心，加入了中国建材的队伍。我们不仅吸纳了一家好企业，更吸纳了一位优秀的企业家。西南水泥成立后，他被任命为副总裁，全面负责贵州西南水泥的工作，为西南水泥的经营发展立下了汗马功劳。

这些年，中国建材不断进行联合重组，我也不记得自己曾给多少位企业家戴过公司徽章了，但我知道，这个小小的举动代表着一

⊖ 全称是黔西南州泰安水泥有限公司，后更名为贵州兴义西南水泥有限公司。

份诚意与承诺，是人与人相互信任、以心换心的开始。常言道：人心齐，泰山移。得人心者得企业，收人先收心，这是我多年来的一个深切体会。

文化整合的五大原则

中国建材这些年来重组近千家企业，几乎没有企业"反水"。什么叫"反水"？它主要指的是被重组企业跟着重组企业干了一段时间之后就后悔了，撂挑子不干了。实际上，有的企业往往重组几家企业就出了问题。中国建材这么大规模的重组，能够成功推进是不容易的，关键还在于我们的价值观，我们用润物细无声的方式推动了文化整合。

第一，以人为中心。联合重组要坚持以人为本的企业文化，营造尊重人、理解人、关心人的氛围，通过强化被重组企业团队成员的价值认同，给予他们充分的理解、信任和支持，增强他们的归属感和认同感。要使被重组企业团队成员真正融入企业，企业必须对他们坚持人文关怀和情感维护，为他们解决后顾之忧。只有对企业建立起深厚的感情，大家才会心甘情愿地付出和追随，正所谓"收人先收心"。

第二，以先进文化为前提。文化认同的前提是文化具有先进性。企业文化既要符合市场经济和行业发展的规律，又要符合企业历史沿革和成长的逻辑，能对企业全体成员产生巨大的感召力和凝聚力。那么多企业加入中国建材，除了我们主张包容外，更为重要的原因是在供过于求的情况下，我们有合作共赢的胸怀和格局，找到了互惠互利的合理方式。中国建材通过区域整合减少恶性竞争、推动行业和企业健康发展的重组文化得到被重组企业的广泛肯定。中国建材在开展联合重组时,经常是一个重组对象有几个"买家"在争,有的谈到半途被别家拉走,但最终又都"回心转意",原因就是比来比去,他们更愿意接受中国建材的理念和文化。

第三,以文化一致为底线。文化整合是一个由文化冲突到文化认同的过程。重组企业原来的文化各有特征、互有差异,如果不能形成正确认识,没有企业间文化的相互了解、沟通、融合,没有对集团文化的理解、学习、共识,就会出现貌合神离、集而不团的现象。因此,我们要求所有企业必须高度认同并统一集团的企业文化,包括经营理念、发展思路、企业愿景等,将其转化为自觉行动。不认同集团文化的企业和企业家,一律不予接受。

第四,以制度创新为保证。这一点也很重要。文化和制度是可以耦合的,文化是制度的基础,制度是文化的具体设计。比如,中国建材推行的央企市营、格子化管控、八大工法、六星企业、三精管理等独具特色的模式,对联合重组的成功起到了至关重要的作用。实践证明,优秀的企业文化是联合重组的思想基础,有效的管理整合是文化整合的重要保证。

第五,以有效宣贯为基础。企业文化建立后不能束之高阁,要通过文化建设传播网络、沟通机制和传播渠道,把企业文化迅速宣贯到位,渗透到各个管理层面。中国建材充分发挥会议、官网、官微、报纸、杂志、广告等多种渠道的桥梁作用,不断创新内容形式、活动载体和方法手段,在有效的沟通与反馈中逐步解决跨文化问题。例如,中国建材的官微"小料"等新媒体平台办得非常活跃,把我们五大洲公司多姿多彩、生动感人的画面呈现出来、串联起来,很受年轻人欢迎。我曾问过一位基层企业员工:你们离集团这么远,怎么知道集团和其他企业的事呢？他掏出手机说，离得不远啊，手机上一按就什么都知道了。《人的现代化》这本书提到，现代化工厂把人组织化了，电视传播把人现代化了，新媒体是比电视更先进的传播媒介，我们必须重视，这是文化整合的重要渠道。

THE EFFECTIVE
EXECUTIVE

第 5 章

创造价值

今天的企业需要面对两个市场：一是产品市场，二是资本市场。在产品市场中，企业注重的是创造利润，而在资本市场中，企业关注的是创造价值。普通的经营者比较重视产品市场的利润，仅将资本市场视为融资的主要渠道；而有效的经营者不光重视产品市场的利润，更重视资本市场的价值。近年来随着资本市场的不断演化，过去那种为寻求规模效应和利润而把不同企业打包成一个大的产业集团进行上市的做法越来越行不通了，现在我们往往更重视企业的创新性和成长性，并认为只有成为细分领域的头部企业，资本市场才能给出合理的估值。有效的经营者不光要为股东创造利润，也要为股东创造市场价值，还要着眼于企业的健康、可持续经营。

价值创造的内功

企业的上上下下都要明白自己的目标到底是什么，从根本上理解提高质量、控制成本、增加效益、合理定价、品牌建设的重要性。特别是企业的"一把手"，他除了要做一个优秀的管理者，还应该将自己定位成一个经营者。因为企业的利润离不开经营和管理，经营是开源，解决多赚钱的问题，而管理是节流，解决少花钱的问题。创造效益和价值，是经营者的使命。

产品市场的利润创造

作为市场的经营主体，企业要实现发展，归根结底要获取利润。利润是企业的第一目标，是基础。对企业的经营者来讲，企业有了利润，所有者才会增加投资，银行才会给企业贷款，企业才能低成本地扩张和发展，员工才能有更好的工作、学习环境与幸福的生活。因此，企业必须把创造利润作为生存与发展的基础。要提高企业利润，除降低成本外，合理定价也是关键所在。

我比较喜欢用对标法进行成本控制。因为在成本控制上总有做得更好的企业，大家都和它对标，就会清楚看到自己的不足，反复对标就能提高自己的成本控制水平。这就像要控制体重的时候，每天称一称更容易减重成功。对标优化是对标管理的应用实施，这一管理方法由美国施乐公司于20世纪70年代末首创，是现代西方发达国家企业管理活动中支持企业不断改进和获得竞争优势的重要管理方法之一。中国建材结合自身实践，把对标管理提炼为"对标优化"的工法，具体来说就是对外对标、对内优化。例如在水泥行业，中国建材坚持对标徐州海螺、拉法基豪瑞等优秀企业。

我近期调研过的华北石化①是中国石油天然气集团有限公司（简称"中石油"）在京津冀地区最大的炼化企业，它的炼油加工能力为 1000 万吨/年。华北石化按照中华人民共和国国家发展和改革委员会"减油增化、减油增特"要求，围绕加工精细化、产品灵活化、功能多样化，谋划建设转型升级系列配套项目，大力推进节能减排项目，降低企业能耗，实现绿色低碳发展。华北石化落实"四精（精确、精准、精密、精细）"管理要求，日常进行对标工作，全面推广班组核算管理系统，以装置、班组为核算单元，实时显示平稳率、合格率、能耗、物耗等技术指标，开展劳动竞赛，让提质增效目标具体落实到岗位和各岗位的操作员工，并通过透明的奖金分配充分激发员工的主观能动性，逐步优化各项指标。

企业是营利组织，经营理应追求利益最大化。成本是刚性的，而且靠成本削减所实现的边际收益是递减的，企业不可能无限降低成本，到了一定程度再降低成本就会以牺牲质量为代价。企业应有稳定的价格，赚取合理的利润，从而持续赢利，这是企业健康运营和发展的基础。

赫尔曼·西蒙曾给全世界超过 1 万家企业制定价格，他在《定价制胜：大师的定价经验与实践之路》一书中指出，企业在价格制定上不应是被动地适应，而应掌握定价主动权。企业如果失去了价格主动权，企业就变成了在汪洋大海里漂浮的一条船。大量企业实践证明，在丢市场份额保价格和保市场份额降价格这两种做法之间，采取低价竞争（保市场份额降价格）的企业往往都倒闭了。一个产品如果减量 20%，企业利润会下降 15%，而如果降价 5%，利润则可能下降 60%。原因很简单，降价会遭到竞争者的反抗，大家纷纷降价，

---

① 全称是中国石油天然气股份有限公司华北石化分公司。

最终谁也保不住市场份额。

尤其在买方市场中，价格是影响企业利润的关键因素，企业在竞争中要掌握价格主动权。价格设定有多种选择，每种选择都是企业经营者经营思想的体现。尽管企业在设定价格后依然很难预测能够卖出多少量、获得多少利，但是只要定价失误，就会给企业带来很大的损失。稻盛和夫将自己在京瓷、KDDI的经营实践中切身体悟的经营原理或原则归纳为十二项，也被称为"经营十二条"。其中，第六条就是"定价即经营"。有效的经营者认为，定价是企业领导者的职责，而不只是销售人员的事。

过去，我们认为价格是由市场客观决定的，经营者对价格是无能为力的。我们只能做两件事：一是增加销量，提高市场占有率；二是降低成本，提高产品质量。这是传统经济模式下的基本盈利思路——量本利。

所谓量本利（VCP），就是企业通过分析产品数量（volume）、生产成本（cost）和销售利润（profit）三者之间的关系，确定以最低的成本生产出最多的产品，从而获取最大利润的经营方案。简单地说，企业通过放量销售降低单位固定成本，从而取得效益，也就是我们常讲的薄利多销。

实际上，企业不是价格的被动适应者，企业应该掌握定价的主动权，否则只能靠天吃饭，像万顷波涛中的一叶小舟一样，无法左右自己的命运。合理、稳定的价格，是绝大多数企业赢利的基础。做企业既要关注销量又要关注价格，两者有一定的矛盾，最理想的状态是量价平稳，做到价稳且份额不丢、量稳且价格不跌。当价格和销量不可兼得时，我们思考问题的出发点应是确保合理的利润，找到价格和销量之间的最佳平衡点，一味牺牲价格去增加销量是行不通的。

中国建材在长期实践中，积极应对市场环境的不确定性，不断学习实践，探索出了几种有效的盈利方式。一是技术创新，制造高科技产品，靠产品、技术、服务的领先性来赢利；二是竞争策略，综合运用成本领先、差异化、集中化等竞争战略全面提升核心竞争力；三是价格策略，把合理、稳定的价格作为赢利的前提；四是商业模式，用不同于以往的方式，提高价值创造能力。

从量本利到价本利

在买方市场中，产品供大于求，市场已从供给制约转为需求制约。在这种形势下，企业再去增加产量，不仅不能摊薄固定成本，反而增加了变动成本，致使流动资金紧张。更为严重的是，产能过剩引发企业之间愈演愈烈的低价倾销和恶性竞争，极大地压缩了企业的利润空间，甚至导致亏损。举个例子，卖20万辆汽车比卖10万辆汽车的单位成本更低，因此就能获得更多的利润。但在过剩经济背景下，生产10万辆汽车能卖得出去；生产20万辆汽车，就有10万辆卖不出，不但没有真正降低每辆汽车的单位成本，还会占用大量的流动资金。于是，量本利就失效了。

面对量本利的失效，中国建材创造性地提出一种全新的盈利模式——价本利（PCP）。价本利模式不再将企业的盈利核心立足于产量的增加，而是实行"稳价、保量、降本"的六字方针。它强调在稳定价格的基础上，尽量保住销量，通过管理整合降低成本，实现企业的合理利润。

价本利的基本要义有两点：一是通过稳价保价手段，使价格处在合理的水平区间，使之不严重偏离产品的价值；二是控制一切应该控制的成本。在一个过剩行业中，首先要聚焦于市场和价格。在价本利理念下，利润是目标，价格是龙头，成本是基础。像南方水泥这些年紧抓"稳价、拓量、降本、收款、压库"等关键工作，发挥区域市场引领作用，坚定推进供给侧结构性改革，坚决抵制违规新增产能，积极推进去产能工作，改善供求关系，稳定市场和价格。取得一定成效后，其他大企业也逐步加入主动开展行业自律的队伍中，根据各区域供需情况自发推动常态化理性自律生产。通过全行业共同努力，水泥市场价格逐年理性回升，全行业利润也得以快速增长。

有效的经营者主张优质优价，因为质量是有成本的。消费者到商场里买衬衫，通常不会和售货员说拿一件最便宜的，一般都是要找一件牌子还可以且做工也挺好的，这样的衬衫价格可能高一些，但穿了觉得心里踏实。其实，所有的产品都一样，我们做企业不能一味地降价、拼价格，被价格战这种错误的思维方式所禁锢，要转变为定价制胜的思维方式。

当然，面对不同行业出现的供大于求问题，解决办法的根本在于去产能，也就是我们常讲的供给侧结构性改革。比如，中国水泥行业每年约有35亿吨产能，只能卖出20.5亿吨，还有14.5亿吨的过剩产能，产能过剩已是不争的事实。对于去产能的号召，我们找到了一个好办法，就是错峰生产。过去水泥企业在冬季停产，但市场仍供过于求，所以现在每年有3~5个月的统一关停期，关停以后通过保留一定的产量，来稳定价格。我们总讲以销定产，销多少产多少是最合理的，但其实做不到。目前，中国建材实行自律减产，严格执行国家的相关政策。

价本利是从传统的量本利发展而来的，价本利并不是对量本利的否定，而是针对行业关键矛盾的转化提出的新模式。在供大于求的背景下，价本利重构合理的价格体系，不是围绕"增量"压价销售，而是围绕"稳价"以销定产、降本增效，维护区域市场供需平衡。价本利提升了企业的经营思想水平，过去管理企业讲求眼睛向内看，往往不考虑市场的整体需求，过分主张通过放量降低成本，而现在既要管内部工厂又要管外部市场。价本利追求的是稳定价格，不滥用市场支配地位，让市场有序化，不漫天要价也不恶意杀价，在市场、客户、竞争者都能接受的情况下追求价格理性化。

推行价本利盈利模式，应从以下四个方面着手。第一，坚决错峰生产，除此之外，还应在行业内倡导以销定产，因为在买方市场中再增加产能已毫无意义。第二，降本增效，控制一切可控成本。第三，抓好营销，稳住价格。按照价格曲线图，认真研判产品价格的上限、下限，以及与之相匹配的生产成本、单位销售费用、单位管理费用等指标，使之成为指导市场营销、贯彻价本利理念的数据基础。第四，发扬"三不""四千"精神，即"不辞辛苦、不怕委屈、不畏挫折"和"千方百计、千言万语、千山万水、千辛万苦"。"一把手"要深入市场一线，主动与其他企业协调，维护区域的供销平衡。

五优飞轮效应

对企业来说，好的价格和利润从哪里来呢？我主张"优技、优质、优服、优价、优利"的五优策略，即用好的技术、质量和服务赢得好的价格与利润。反之亦然，只有好的价格与利润才能支撑好的技术、质量和服务。吉姆·柯林斯在《飞轮效应：从优秀到卓越的行动指南》一书中提出，工作间各业务模块的有机推动会使企业快速运转起来。其实，五优策略之间的关系正好像一个飞轮，也可以称为"五优飞轮"：优秀的技术带动了优质的产品和服务，优质的产品和服务又赢得了忠诚的客户，忠诚的客户可换来合理的价格，合理的价格又可带来丰厚的利润，而有了丰厚的利润又可投入研发，创新出更好的技术，形成一个完整的飞轮。只要五优飞轮转动起来，企业就会进入良性成长的状态。

"优技"是指企业的核心竞争力靠的是技术。中国建材有26家研究设计院，还有国家工程实验室，有3万多名技术研发人员，这在同属建材行业的世界500强企业中是绝无仅有的。这些年，中国建材在水泥、玻璃、新型建材等产品的工程技术和成套装备方面都走在了世界前列，从过去的跟跑到并跑再到领跑，中国建材的技术已经进入建材行业的高端领域。

"优质"就是确保产品的质量和可靠性。在材料选用、设备制造、配套厂家、工程安装等各方面保证质量，宁可少赚一些钱也要把质量做好，也就是我常讲的做到质量过剩。

1993年，我做了北新建材的厂长没多久就罚了自己一个月的工资。为什么呢？因为北新建材生产的一种岩棉吸音板出口到韩国，韩国客户收到货后发现其中一片板上有一个脚印，他们提出必须退货。北新建材的干部觉得一集装箱的产品，只有一片岩棉吸音板上有一个脚印，韩国客户退货是小题大做，是在找麻烦。但是，我认为这是一次给大家开展质量教育的机会。我在会上提出，这是一件大事，这一个脚印不是踩在产品上，而是踩在北新建材的金字招牌上，踩在经营者的心上。

于是，我提议从我本人开始罚款，并逐级往下罚。我当时的月工资是500元，全部都被罚掉了。我回去告诉我爱人："我这个月的工资没有了。"我爱人说:"为什么没有了呢?"我说:"因为一个脚印。"

正是本着"小题大做"抓质量的严谨态度,北新建材硬是把产品合格率提升到近乎百分之百。今天,北新建材的产品能做到全球第一,就是从那一个脚印开始的。如果面对质量问题,我们今天认为它只是一笔小买卖就"小事化了",那么明天就会出现更大的纰漏。

"优服"就是做好售前、售中和售后的服务。例如,中国建材做的各大成套装备都要保投产,并手把手教会当地企业的技术人员和员工如何操作。中国建材也从事企业管理外包服务,并提供远程线上监控和各种备件,无论发展中国家还是发达国家的企业,都很喜欢用中国建材的技术和装备。

"优价"就是合理的价格。我不同意用杀价的方式进行恶性竞争,而主张争取一个合理的价格和条件,给客户讲"质量上上、价格中上、服务至上"的道理,用质量、价格、服务来吸引客户。

"优利"就是用良好的经营赚取合理的利润。像在埃及建造的世界最大规模的水泥厂,共6条日产6000吨的生产线,施工高峰时现场有12 000名施工人员,中国建材引入当地8家建筑公司进行基建项目分包,仅这一项就比自己做节约了5亿元。做工程一定要算得下账,要有利润赚,有了利润才能有技术投入,有了利润才能留住一流的人才。

五优飞轮是我在中国建材的时候,针对国际工程业务提出的。30年前,我国企业不会制造生产新型干法水泥和浮法玻璃的大型成套装备,基本上都是从跨国公司那里购买;今天,变成了跨国公司购买中国建材制造的成套水泥装备和玻璃装备。在工程服务领域,经过长期海外深耕,中国建材的成套水泥装备和玻璃装备全球市场占有率达到了65%,这就是"三十年河东,三十年河西"。

我们的海外 EPC（工程总承包）项目注重全球化采购，既发挥国产装备的性价比优势，又积极采购一些跨国公司的高技术关键设备，赢得了市场，缓解了和跨国公司竞争的矛盾。此外，我们积极与法国施耐德电气有限公司、日本三菱商事株式会社、丹麦史密斯公司等跨国公司合作，联合开发"一带一路"等海外市场。

多年前，中国建材旗下的南京凯盛[一]在土耳其承接了一个水泥工程项目。在做这个水泥项目时，中国建材将土建和安装工程分包给当地公司，而且在一些关键部件上实行全球采购，确保整套装备的运行质量。结果，项目不仅如期完成，还赢得了土耳其业界的高度赞誉。

深耕细分领域

马修·奥尔森、德里克·范·贝弗在《为什么雪球滚不大》一书中指出，大公司发展到一定程度后，它的增长往往会陷入停滞，而一旦增长止步就会走向衰败。所以，做企业应该考虑如何稳定自身的增长。事实证明，即便在不太景气的行业，企业通过关注增长较快的细分市场，仍能获得较高的增长，轻易地离开一个自己产品销量下降而市场空间巨大的行业是不明智的。

过去，沃尔沃觉得汽车行业竞争压力大，是夕阳产业，就去开发航空发动机业务，结果新业务没有做好，汽车业务也严重萎缩，竞争不过丰田、奔驰等汽车公司，经营业绩每况愈下，后来被吉利收购了，现在做得还不错。而丰田一直坚守汽车业务，如今已经成为世界上最赚钱的汽车公司之一。由此看来，转型不是一定要转行，

[一] 全称是南京凯盛国际工程有限公司，后更名为中材国际智能科技有限公司，简称"中材智科"。

而是立足于本行业，在对现有业务精耕细作的基础上，持续提质增效升级，用新技术、新商业模式改造传统行业。没有落后的行业，只有落后的技术和企业。其实，哪个行业都有做得非常好的企业，也有做到破产的企业，这就是问题本身。比如水泥、钢铁等传统制造行业，也都有先进的技术和企业。

在经济下行的时候，面对产能富余、同质化竞争，企业除通过持续的技术创新开展差异化的竞争外，还可以通过业务细分、产品细分、品牌细分、市场细分等创造新的竞争优势，找到自己的生存空间，实现效益的逆势增长，做细分领域的头部企业。这样，我们的企业才可以从红海驶入蓝海，这也是一个减少行业内卷的选择。

以做玻璃为例，建筑玻璃、汽车玻璃、电子玻璃、光伏玻璃同为玻璃行业，但每个细分领域之间也是隔行如隔山，像福耀玻璃做汽车玻璃，蓝思科技股份有限公司（简称"蓝思科技"）做手机玻璃都做成了细分领域的头部企业。

过去，福耀玻璃的业务涉及小型超市、加油站、房地产、玻璃等，玻璃业务包括建筑玻璃和汽车玻璃。后来，曹德旺董事长听取专家的建议把超市、加油站等都卖掉，只做汽车玻璃，志在为中国人做一片属于自己的高质量玻璃，当好汽车工业的"配角"。今天，福耀玻璃的全球市场占有率已超过30%，中国市场占有率已超过60%，做成了细分市场名副其实的"主角"。

蓝思科技崛起于消费电子时代，经过近20年的持续创新发展，实现了业务从手机玻璃到智能穿戴、新能源汽车等玻璃护屏的全覆盖，奠定了在行业细分领域的领先地位。近年来，蓝思科技不断在垂直整合能力上加码，从3D玻璃到蓝宝石，再到精密陶瓷、精密金属等消费电子产品外观新材料的加工生产和应用，产品线不断丰富。

海天味业作为中国调味品行业的龙头企业，主营的酱油能做到100多种，有的用于炒菜，有的用于调汁，有的适合老人，有的适合孩子，都不一样。企业要深耕细分领域，把产品做出花样来，增加产品的附加值，不断提高用户的满意度。

北新建材通过龙牌、泰山系列品牌、梦牌等对石膏板不同消费者市场进行全覆盖。比如，龙牌是北新建材20世纪80年代创立的高端自主品牌。2023年提出"龙牌腾飞"，进一步升级了产品体系，巩固了高端品牌优势。泰山石膏股份有限公司（简称"泰山石膏"）成立于1971年，2004年作为当时国内最大石膏板企业被北新建材重组。重组的时候，泰山石膏以中端品牌定位为主，而后逐步推进多品牌策略，到今天已经形成了高、中、低端均有覆盖的子品牌梯队。

任何企业的资源和能力都是有限的，不可能包打天下，企业要理智地选择细分市场。2023年，当其他手机厂商都在收缩过冬的时候，一家名不见经传的手机厂商却卖出了9400多万部智能手机，年营业收入达622.95亿元，净利润为55.37亿元，实现了超过100%的净利润增幅。它就是当今全球第五大手机厂商——深圳传音控股股份有限公司。它凭借极致的本地化和极高的性价比，在非洲的市场占有率超过40%。现在，它正在走出非洲，努力开拓南亚、东南亚、拉丁美洲等市场。

品牌创造价值

品牌是企业在市场竞争中所有要素的集合，是企业重要的无形资产。表面上看，品牌是企业产品的标识，实际上却凝聚了企业经营管理和文化精神的全部。今天，各种产品制造、技术迭代都很快，一家企业能做的东西，其他企业很快也能做。未来，所有的技术都可以同质化，所有的产品都可以同质化，唯独什么不一样？那就是品牌。汽车的生产线可能都差不多，最后制造出来的汽车却贴着不同的标牌。"21世纪的组织只有依靠品牌竞争了，因为除此之外，它们一无所有。"德鲁克的这句话说得非常好，这里的"它们"就是企业。企业如果没有品牌，就一无所有。

习近平总书记在中国一汽集团研发总院考察时指出，一定要把关键核心技术掌握在自己手里，我们要立这个志向，把民族汽车品牌搞上去。㊀以前黄浦江边大多是外国汽车品牌的广告，现在则是我国自主品牌红旗的广告。据统计，我国品牌乘用车的市场占有率已经超过60%，这是不小的进步。接下来，我们要在新能源汽车赛道上力争实现品牌国产化。

品牌问题至关重要，现在已经进入一个由质量跨越到品牌的时代。正如大家所熟知的微笑曲线，一边是研发设计，另一边是营销和品牌，中间最低的是加工。在整个产业链的利益分配上，没有品牌只能代工的制造企业，获利是最低的。就手机代工而言，一部手机可能只有100多元的毛利，利润很薄，而研发设计方、品牌方往往从一部手机里获取上千元的利润，这就是研发设计和品牌的价值。箱包也是如此，市场上一个卖几百元的包，一旦贴上知名品牌的牌子就可能卖到上万元。

为了研究品牌，我专门去了安踏（中国）体育用品有限公司（简称"安踏"）调研。20世纪80年代晋江当地的丁家父子三人创业起家，最初给跨国公司代工做鞋，到了1994年有了几百万元的收入，

㊀ 人民网. 中国一汽 创新擦亮自主品牌（"十三五"各地经济社会发展新亮点）[EB/OL].（2020-12-27）[2024-05-13]. http://qh.people.com.cn/n2/2020/1227/c182754-34496937.html.

确定了"打造自主品牌，开拓国内市场"的发展思路，创造了安踏这个自主品牌。后来越做越大，安踏收购了斐乐等国际品牌。2019年安踏又做了一件大事，用360亿元收购了总部在赫尔辛基的亚玛芬这家公司，持有该公司57.85%的股权。2022年，安踏营业收入达到500亿元，在大中华区的销售额超过了耐克、阿迪达斯。

这个事例让我感受到，创造品牌其实并不难，中国企业也能做好。在品牌建设方面，我国企业要认真研究法国、瑞士等国家的品牌经验。瑞士是一个创造品牌的国家，尤其是手表行业，像日本的精工、卡西欧，中国的上海牌、北京牌、海鸥牌等，这些品牌的手表做得都非常好，但就是卖不出价钱来。而瑞士的手表公司过一段时间就能制造一款售价几十万元的手表，还能流行一阵子。2019年，我在参加达沃斯论坛期间，曾专门抽时间到瑞士几家大企业进行调研，它们的品牌到底是怎么做的？为什么一个只有800万人口的山地之国，居然有那么多的国际大品牌？经过研究发现，要做好品牌工作，以下几点很重要。

第一，品牌工作是"一把手"工程。瑞士人跟我讲，品牌工作不仅是销售人员或品牌专家分内之事，更是"一把手"工程。这句话给我留下了深刻印象。也就是说，企业的"一把手"要重视品牌建设，制定品牌战略，要求全员参与，必须从上到下都树立品牌意识，长期推进品牌建设。珠海格力电器股份有限公司董事长董明珠主抓品牌工作多年，自己还成了品牌形象大使，就是很好的例子。

第二，质量和服务是基础。企业要打造品牌，首先要把产品做到极致，要重视质量和服务的每一个细节。质量是品牌的必要条件，也是品牌的核心内容，只有那些质量和服务一贯都好的企业才可能形成自己的品牌，没有过硬的质量就没有响当当的品牌。

第三，重视品牌投入。品牌不是凭空诞生的，品牌建设不是一日之功，要长期地坚持，也要加大品牌投入。过去常讲"酒香不怕巷子深"，现在看来"酒香也怕巷子深"，产品质量再好也要树立产品品牌。对企业经营者来讲，大家应该有这样的意识，不能只是一味地做好产品，还要在品牌建设上下功夫。

品牌投入与研发投入、生产投入等，是同等重要的。过去中国企业愿意投钱在设备、技术上，但可能在广告宣传上投入相对较少。有工匠精神、做好产品质量是前提，但是企业仅做好这些，不见得在市场上就一定能赢得客户。品牌建设也要做好，重视品牌投入，好钢用在刀刃上。北新建材这些年在做好质量和服务的基础上，不断加大品牌宣传，比如在《参考消息》中缝刊登广告——"央企品质，真材实料"，而且一做就是好多年。海信集团有限公司（简称"海信"）通过在体育营销等方面加大投入来提升自主品牌的形象和影响力，从 2008 年开始就尝试赞助一系列体育赛事，先后多次赞助欧洲杯、世界杯。在 2022 年卡塔尔世界杯赛场上，大家可以看到海信的广告："中国制造，一起努力"。

第四，增强消费者对国产品牌的自信心。今天很多国货产品的质量、设计都很不错，但是由于一些消费者的惯性思维，依然觉得外国的好，不太认可国内品牌。我们要坚定品牌信心，年轻一代热衷于国潮，说明大家有了自信心，不再迷信洋品牌。

品牌来之不易，我们要积极宣传和维护自主品牌，讲好中国品牌的故事，提高全球市场对中国企业和产品品牌的认知度，把"让世界爱上中国造"提升为"让世界爱上中国品牌"。习近平总书记 2014 年 5 月 10 日在河南考察中铁工程装备集团时就提出了"三个转变"，即"中国制造向中国创造转变、中国速度向中国质量转变、中国产品向中国品牌转变"，这为推动我国产业结构转型升级、打造中国品牌指明了方向。

资本运营

资本不光是企业家用于创新的杠杆，在财务上对企业也有很强的支撑作用，有助于提升企业的"造血能力"，推动企业快速发展。今天的企业需要面对产品和资本两个市场，产品市场强调利润，而资本市场则强调价值。利润是价值的基础，但价值和利润又不完全吻合，上市公司的价值体现为市值，尤其是现在的新经济时代，价值会被提前发现。像特斯拉前几年没怎么赚到钱，但市值最高时却超过几千亿美元。如果没有资本市场，这是无法想象的。

资本市场的稳健发展

2023年以来，我国资本市场全面深化改革持续推进，一批重大改革落地，进一步激发市场活力，全方位服务中国式现代化大局。2023年7月24日召开的中共中央政治局会议强调，要活跃资本市场，提振投资者信心。2023年8月27日，财政部、国家税务总局发布公告，证券交易印花税自2023年8月28日起实施减半征收。同日，证监会连发多项政策举措，涉及IPO和再融资节奏、股份减持、融资融券等。

2024年4月12日，国务院印发《关于加强监管防范风险推动资本市场高质量发展的若干意见》，该文件共分为九个部分，简称资本市场的新"国九条"。新"国九条"明确提出，推动上市公司提升投资价值。投资者是资本市场之本，上市公司是资本市场之基。上市公司不能仅仅着眼于发行股票融资，还要重视提升企业的价值，进而回报股东，为股东创造价值。

现在提倡要建设以投资者为本的资本市场，这里重点指的是保护中小股东的利益，要让广大散户也能获益。不能把资本市场变成一个简单的融资市场，最重要的是要为投资者创造价值。实践出真知，我国的资本市场也要不断调整，关键是要改革，不断创新。

回顾一下，从1609年荷兰阿姆斯特丹证券交易所挂牌算起，资本市场的历史已超过400年。如果1792年美国24名经纪人签订《梧桐树协议》标志着纽约证券交易所的诞生，那么美国资本市场至今已有200多年的历史。与欧美资本市场数百年的发展史相比，以沪深交易所的设立为标志，我国资本市场只有30多年的历史。30多年间，它经历了由小到大、从弱到强的过程，现在已经成为全球第二大资本市场，有力地支持了国企改革、民企发展、科创企业和专精特新"小巨人"企业的创新。

上市公司依托资本市场加快发展，一大批优秀企业源源不断汇聚到资本市场上。截至2024年5月，境内股票市场上市公司数已经超过5300家，境外上市公司约1800家。1992—2022年，包括首发和再融资在内的境内股票市场上市公司募集资金总额超18万亿元。2023年共有313家公司登陆境内股票市场，包括创业板110家、主板59家、科创板67家和北交所77家，合计募资3565.4亿元。

在通过上市获得资金支持的同时，上市公司也重视投资者回报，与投资者共享发展成果。据统计，上市公司累计现金分红总额近18万亿元。近五年，沪深上市公司分红金额逐年增长，累计分红8.4万亿元；2023 年全年现金分红总额为 2.13 万亿元，再创历史新高；平均股息率达 3.04%，与全球主要资本市场相比处于中上游水平。

除此之外，资本市场在公司的规范治理和现代企业制度建设方面也做了很大的贡献。资本市场有透明、规范的管理体系，有利于解决过去国企的政企不分、家族企业的家族控制等问题，推动建立现代企业制度和公司制改革。《公司法》自 1994 年开始施行之后，经多次修订和完善，一直伴随着资本市场的成长。现在社会各界都非常关心资本市场，上市公司作为资本市场的主体，还是要坚定信心，从自己做起，苦练内功，把公司的质量做好，从而助力整个资本市场健康稳定发展。

建设中国特色现代资本市场，是中国式现代化的应有之义，是走好中国特色金融发展之路的内在要求。做好资本市场，既需要顶层设计，也需要集思广益，要正视投资者对资本市场发展的意见与建议。资本市场的成熟与健全是需要一定过程的，要以实事求是的态度看待问题。资本市场怎么才能做好，关键要抓好四件事。

第一，经济基本面要好。2023 年，我国 GDP 同比增长 5.2%。中央经济工作会议指出，综合起来看，我国发展面临的有利条件强于不利因素，经济回升向好、长期向好的基本趋势没有改变，要增强信心和底气。2024 年，要坚持稳中求进、以进促稳、先立后破。政府在金融、财政等方面已经出台了一系列应对政策，包括《中共中央 国务院关于促进民营经济发展壮大的意见》（"民营经济 31 条"）等，现在消费还不及预期，所以积极的财政政策要适度加力、提质增效，稳健的货币政策要灵活适度、精准有效。

第二，监管政策要到位。资本市场的规则很重要，监管部门最重要的是要维持秩序，严格审核上市公司，确保它们的信息披露都是真实、准确、完整、及时、公平的。假定信息是不透明、错误的，就颠覆了整个资本市场的基础。近年来，证监会坚持"建制度、不干预、零容忍"的总体方针，在推进市场化、法治化、国际化的改革进程等方面做了大量的细致工作。

第三，提高上市公司质量。国务院领导同志最近指出，上市公司是经济高质量发展的重要微观基础，推动上市公司高质量发展有助于高水平科技自立自强、加快建设现代化产业体系，有助于增强市场信心。要明确目标导向，把推动上市公司业绩改善和投资意愿修复作为推动经济稳中求进、以进促稳、先立后破的重要举措。会后，多地政府部门紧锣密鼓地组织开展调研走访工作，以推动解决上市公司发展中面临的具体困难和问题为导向，深入一线为企业排忧解难。上市公司也要积极落实好提高上市公司质量的主体责任，做优做强上市公司，提升上市公司的综合效益、市场价值和质量。

第四，改善投资者生态。推动资本市场高质量发展，必须坚持健全机构投资者参与公司治理的机制，逐渐引导投资者成为成熟的投资者，形成更加成熟完善的投资文化。相比机构投资者，个人投资者尤其是中小投资者，在信息、资金、工具运用等方面存在劣势。以投资者为本，就要始终把保护投资者特别是中小投资者合法权益作为工作的重中之重。我国资本市场只有50多万个机构投资者，既要大力发展机构投资者，又要保护中小投资者的利益，让他们有获得感，还要加强投资者教育，让他们懂得一些投资的基本知识，不要过于盲目跟风和投机。

资本市场的力量

我跟一些公司负责人交流时，有人讲到当年创新创业时，几个合伙人就能创造几个亿的收入，而收入从几个亿到几十亿、几百亿元的过程必须要有资本支持。今天企业发展就是这样的逻辑。通过上市等方式，借助资本的力量更有利于企业壮大发展。有人问企业为什么要上市？我的回答很简单：上了市相当于企业在天上飞，不上市相当于企业在地上跑，企业发展的速度和看到的风光都不一样。今天，不论经济规模还是经济效益，上市公司都是我国经济的压舱石。回过头来看，我国资本市场都发挥了哪些作用呢？

第一，它支持了国企的改革和发展。20世纪90年代初，国企市场化改革面临两大问题，一是钱从哪来，即企业发展的资金到底从哪来；二是人到哪去，即富余的人员到哪去。过去，企业发展所需的资金都是国家拨款，但是后来国家不拨款了，银行也给企业"断了奶"，在这种情况下，企业用自身取得的那点利润是很难发展起来的。

北新建材就是那个时候上市的。北新建材首先把工厂改成有限公司，用有效的资产组成上市公司，经历了上市改造，实现了凤凰涅槃式的新生。北新建材上市，不光先后募集了难得的8亿元人民币，解决了企业发展的资金问题，更为关键的是引入了市场化机制，真正成为市场竞争的主体。我离开北新建材已经20多年了，但这家企业一直经营发展得很健康，反观当年在西三旗工业区的其他国企，很多都已消失了。

北新建材的股本结构是什么样的呢？中国建材集团有限公司持有中国建材股份有限公司45.01%的股份，中国建材股份有限公司持有北新建材37.83%的股份，北新建材里真正的国有股权大概不到20%。也就是说，北新建材这家国有上市公司几乎是完全市场化的。上市改变了像北新建材这样的国企的命运，如果不上市，不少国企都很难活到今天。

后来，我带领中国建材和国药控股上市，通过上市、引进战略投资者、间接融资等资本运营方式，为联合重组提供了资金保障，有力地支撑了企业的发展，也使企业实现了公众化，治理更加规范。对国企来说，这是一场深刻的自我蜕变。今天，央企中大约70%的资产在上市公司，80%的利润是上市公司创造的。我建议大家深入研究一下今天的国企，否则大家批评的都是30多年前国企的弊病，而无法对今天的新国企做出客观公正的评价。如今再用旧观点、老思路、符号化的眼光看待新国企，已经不合适了。

第二，它支持了民企的快速成长和发展。宁德时代、比亚迪、隆基绿能、迈瑞医疗⊖等企业都是通过资本支持而发展起来的。截至2023年12月，境内股票市场共有上市公司5346家，国有控股和非国有控股公司数量分别占比26%、74%。2023年，境内股票市场的IPO公司中民企数量（251家）占总数（313家）的80%。民企是推动我国经济持续向好的重要力量。

第三，它支持了科创企业的发展。科创板、创业板、北交所陆续设立后，投融资渠道不断拓宽，全面实行股票发行注册制启动实施，这些制度创新为大量的科创企业提供了宝贵的资金。未来，多层次的资本市场结构将从多方位、多环节、多领域支持"小巨人"上市公司茁壮成长。

2009年10月30日，创业板首批28家公司集体挂牌，历经10多年的发展，当前累计上市公司超过1000家，累计总市值超过13.6万亿元，涌现出一批高科技、高成长、高竞争力的细分领域龙头企

⊖ 全称是深圳迈瑞生物医疗电子股份有限公司。

业。2019 年 7 月 22 日，科创板挂牌，从最初的 20 多家到 2023 年 7 月 21 日的 546 家，这些挂牌企业的合计市值超过 6.41 万亿元，募资规模累计超过 8000 亿元，有力地支持了我国科创企业的创新和发展。2021 年 9 月 3 日设立的北交所大力支持中小企业，特别是专精特新"小巨人"企业的创新和发展。2023 年 A 股新上市公司 313 家，其中国家级专精特新企业 149 家，占比为 48%。

当然，除资本市场的 IPO 外，还有私募基金等在支持着企业的发展。现在，我国私募基金有 20 万亿元左右的规模，大概有 2 万多家企业，发展快速。民间的私募基金首先孵化和培养独角兽企业，待发展到一定程度，这些企业会考虑在资本市场上市。目前，我国独角兽企业主要聚集在北京、上海、深圳和杭州，因为这几个城市是资本和创新非常密集的地方。总之，资本市场在支持科技创新方面确实发挥了非常重要的作用。

企业发展离不开资本运营

1993 年刚做厂长时，我就意识到北新建材只靠老办法做是不行的。当时，企业没有发展资金，需要解决钱从哪儿来的问题。1994 年，北新建材刚好入选了全国百户现代企业制度试点单位，走上了改制上市的道路。在这个过程中，我们分了两个步骤：第一步，改制。北京新型建筑材料总厂更名为北新建材（集团）有限公司，成为国有独资公司。第二步，成立北新集团建材股份有限公司，并由它承担上市大任，这就是今天北新建材这家企业的由来。

北新建材 1997 年 6 月 6 日在深交所上市，我一直保留着那张上市敲钟时的照片。其实，我当时敲的不仅是北新建材上市的钟，更是企业希望的钟。从那一刻起，北新建材作为一家公众公司，开始全方位融入市场，在资本市场中搏击成长。北新建材上市募集了2.57亿元，我拿到财务人员打来的汇票时，激动地一遍遍数着这张汇票中的数字。这对当时的北新建材来讲是一笔很大的资金，好钢用在刀刃上，这笔钱投向了石膏板二线和矿棉吸音板生产线，支持了公司的快速发展。

2004年，中国建材集团经过债务重组和战略转型，已步入发展正轨，可巧妇难为无米之炊，企业发展所需的大量资金无处筹集。正当我为之苦恼时，有一天随手翻看办公桌上的报纸，一则消息映入眼帘：某公司将内地的上市公司资产打包后在香港上市。看到这则消息，我兴奋地抓着报纸在屋里来回踱步。当时，我好像一下子为中国建材找到了出路——境外上市。2005年3月，我把中国建材集团的两家A股公司和集团仅有的几个有利润的企业打包，成立了中国建材股份有限公司。2006年3月，公司如愿在香港联交所挂牌上市。

路演时，我惊奇地发现，投资者关注的并不是我们宣传的新型建材和新材料，他们苦苦追问的几乎都是水泥业务，因为他们希望我们做有规模和有前景的业务。我对团队说："大家清楚投资者的想法了吗？就是'水泥！水泥！水泥！'。"那时，中国建材旗下仅有一两家规模不大的水泥工厂，企业里的员工都很困惑，"从哪找那么多钱和水泥厂啊"，行业也质疑，"宋志平懂水泥吗，一个不懂水泥的人还想做水泥大王"？大家都在就企业已有什么而发问，而我当时的想法是，企业打算做什么，不代表已经有了什么。定准了目标，再去找相应的资源和机会，这样就会容易很多。如果永远处在犹豫和争论之中，我们可能什么也干不成。

上市后，中国建材在最短的时间内启动了大规模联合重组水泥企业的项目，只用了六七年时间就发展出了中国联合水泥、南方水泥、北方水泥、西南水泥四大水泥公司，迅速重组了上千家企业，一跃成为全球规模最大的水泥供应商，创造了世界水泥发展史上的奇迹。

国药集团原来并不是一个制药集团，而是一家以医药流通为主的企业。我到国药集团后认真研究了公司的发展现状，以及中国和全球医药企业的成长模式，提出国药集团"先发展壮大物流分销事业，再以终端拉动上游，最终形成科工贸一体化企业"的思路。针对当时全国医药分销网络过于分散的情况，我们决定先成立香港上市公司，之后融资重组全国的医药分销网。

上市后的国药集团第一次就募集到资金60多亿港元，我们用这些钱启动了全国大规模的联合重组，开始了国药网的建设。实践证明，这张庞大的营销网络成为一张最具实力的王牌，为国药集团的发展抢占了优势和先机，巩固了它在国内医药商业领域的龙头地位，并赢得了市场话语权。

资本市场的新规律

1997年，我带领北新建材上市，那个时候的资本市场是工业资本市场，上市的基本都是制造业企业，没有什么高科技企业。当时计算市盈率，就是银行利息的倒数。比如银行利息是5%，市盈率就是20倍，公司若有10亿元的利润，市值就是200亿元；若有100亿元的利润，市值就是2000亿元。所以，企业要提高市值就必须把利润做好，这是工业资本市场的规律。

今天已由工业资本市场转变成了创新资本市场，资本市场的价值体系发生了很大变化，从过去基于企业利润的算法，变成了基于创新能力和未来成长性的新估值体系。中国建材大约20年前做水泥，那个时候上市，资本市场给了20倍的市盈率，而现在才给7倍的市盈率。2022年，中国建材旗下做碳纤维业务的中复神鹰分拆之后在上交所上市，市盈率是75倍。也就是说，今天的资本市场更重视企业的创新能力和成长性，以提升投资价值。

对于不同类型的上市公司，我们今天要正确认识它们对国民经济的综合性贡献，在评估价值的时候，应该给予充分考虑。上市公司也要研究、理解和适应资本市场从工业资本市场到创新资本市场的新变化。有效的经营者认为，上市公司一方面要苦练内功，提升核心竞争力；另一方面要强化公众公司意识，加强与投资者之间的沟通，让资本市场更好地认识公司的内在价值。

今天的资本市场拥有一种巨大的魅力：不仅可以放大价值，还可以提前实现价值。企业的利润和价值有时并不完全吻合，有效的经营者今天必须意识到这一点。资本市场的最大好处就是支持创新，尤其是支持那些不知名却很有潜力的创新者，把他们的创造力转变成产品，进而催生企业不断成长。

创新也需要资本市场，尤其是技术创新的早期非常需要资本的支持。资本市场是创新的肥沃土壤，创新本身又带动资本市场的成长，两者相辅相成。熊彼特在《经济发展理论》一书中提出："资本的职能是为企业家进行创新提供必要的支付手段。"资本是创新的杠杆，再优秀的企业如果没有资本的支持，也很难做成事。

提升企业价值最为核心的就是要创新，市值是创新的外在表现。我认为，上市公司提升科技创新能力是成为世界一流企业的标志，是强化自身核心竞争力的前提，也是新时代创造价值的关键。作为创新要素集成、科技成果转化的生力军，上市公司要充分利用好资本市场支持创新的各类工具，成为研究创新和新兴技术的重要发源地，解决一些关键核心技术领域的卡脖子难题，推动科技、资本和产业高水平的循环。例如，国产大飞机、空间站、海洋油气开采设备、第三代核电站、新能源发电设备等众多国之重器建设的背后，上市公司的科技贡献功不可没。

当前，我国经济正处于转变发展方式、优化经济结构、转换增长动力的攻关期，最终的目标是通过高质量发展，向形态更高、分工更细、结构更合理的阶段演化。习近平总书记提出的"新质生产力"，为我们解答了下一步该如何发展生产力、发展怎样的生产力的问题。可以说，"新质生产力"是我们推进高质量发展、实现中国式现代化的迫切要求，是中国的现实所需，也是未来所向。

"十四五"期间，中央财政计划安排100亿元以上的奖补资金，再培育1万家专精特新"小巨人"企业，优质企业培育库范围不断扩大。2023年11月，工业和信息化部公布了第五批专精特新"小巨人"企业名单，全国总计3654家○。各种数据显示，《"十四五"促进中小企业发展规划》中设置的"到2025年培育1万家国家级专精特新'小巨人'企业"目标已提前完成。

2023年7月26日，全国专精特新中小企业发展大会发布的《专精特新中小企业上市融资情况报告》显示，截至2023年6月30日，已累计有1600多家专精特新中小企业在A股上市，占A股已上市企业的比例超过30%。其中，专精特新"小巨人"上市企业800多家，占A股已上市企业的比例超过15%。

○ 云梦县人民政府.工业和信息化部关于公布第五批专精特新"小巨人"企业名单的通告（摘要）[EB/OL].(2023-11-07) [2024-06-05]. http://www.yunmeng.gov.cn/c/ymxjjhxxhj/ywgz/316175.jhtml.

重视价值管理

对非上市公司来讲,公司价值主要是指公司创造的利润,而对上市公司来说,市值是其价值的一种直观体现。公司上市以后就有了两种客户,一种是产品的客户,另一种是投资的客户。因此,有效的经营者不能只重视产品的客户,也要跟投资的客户进行交流,要为他们创造价值,提高投资回报率。上市公司要通过科学合规的价值经营方法,达到价值创造最大化、价值实现最优化的目的。这里的"价值",不仅仅是客户的价值,还包括投资者的价值。投资者是市场之本,上市公司是市场之基,它们都是资本市场发展的源头活水。对经营者来说,要改善公司质量,增强价值管理意识,利用好资本市场上的科创板、创业板、私募股权、风投基金等资源和工具,学会将产品市场与资本市场相结合,提前发现价值、创造价值,把价值做起来。

利润是价值的基础

归根结底,企业是一个经济组织,经营者首先要明白做企业是为了什么。做企业,就要创造效益,创造价值,成为价值型企业。因为市场交易是有成本的,尤其是一家一户之间的交易会带来巨大的交易成本,而成立企业后可以有组织地开展采购、销售和生产活动,交易成本就会大大降低,企业利润和股东回报也会大大增加。企业的产生就是为了降低交易成本,提高股东收益,直到今天,这仍是企业的重要目标。

要成为价值型企业,就应围绕增加企业价值来考虑问题。企业的目标是实现利润最大化,更进一步是实现企业价值最大化。当然,企业还有其他更多的目标，如员工满意、为社会做贡献等。但作为市场的经营主体，企业要实现发展，归根结底要获取利润。利润是企业的第一目标，企业必须把创造利润作为生存与发展的基础。

利润是经营出来的，财务只是对利润的真实归纳。每位经营者都要本着"利润、利润、利润"的原则做好日常经营工作，日常经营涉及销售、采购价格、生产成本、质量等，只有把这些全方位做好，才有可能增加企业利润。如果经营者工作不到位，不能把绩效观传递到管理末梢，没有恰当的商业模式，整个系统不闭环，就不会产生利润。

除追求利润目标外，企业还要构筑业务专长、核心竞争力，以增强发展后劲，这也是企业价值的重要内容。透过资产负债表、利润表和现金流量表这三张财务报表，一家企业的价值故事便可一览无余。任何企业都应从根上转变观念，把全面提升企业价值作为根本任务，交出漂亮的财务报表，创造更多的经济效益。

那么，效益怎么产生？强化管理是抓手，管理出效益。我在调研一些公司时发现，它们的技术很好，但在管理上与优秀上市公司相比还有差距，上了市以后要研究怎么加强管理，从而提高效益。宁德时代的动力电池做得好，也是靠极限制造的管理体系，把产品缺陷率控制在十亿分之一。2023年宁德时代创造了441亿元的利润，管理发挥了非常重要的作用。

行业是一个大系统，企业只是这个大系统的组成部分。只有整个大系统健康了，每个企业才能健康发展；如果这个大系统不健康，单个企业的发展也会很艰难。行业发展不好，任何企业都难以独善其身。只有行业价值实现了，企业价值才能得以维系和提升。

早些年的水泥行业十分混乱，行业内企业的生存环境异常恶劣。

企业都在比产量，看谁生产的水泥多，可生产出来，又卖不出去，因为市场根本没有那么大的容量。于是又开始拼价格，比谁卖得便宜，这种自杀式的压价竞争，危及了整个行业的生存。正所谓"一荣俱荣，一损俱损"，我多年来不厌其烦、不遗余力地倡导建立合作共赢的行业价值体系，给大家讲全局、讲共赢，我觉得这是有效的经营者对行业价值的理解和一份责任。

实现盈利是做企业的重要目标，但仅有利润还不够，还要积极践行社会责任。价值型企业对内要遵纪守法、规范运作、善待员工；对外要诚信经营、保护环境、回馈社会，提供更高质量的产品和服务，依法纳税，创造更高回报。企业要把自身价值融入社会价值最大化的目标之中，为社会谋福利，为人民谋幸福，赚阳光下的钱，赚增进福祉的钱，赚让大家都满意的钱，绝不能把企业利益凌驾于社会利益之上。一个成功的企业，一定要将积极承担社会责任作为重要的使命；一个积极履责的企业，也必然会得到社会的赞誉和支持。

价值管理的五大要领

企业生存和发展首先要盯的是产品利润，但作为上市公司，还要盯着资本市场的价值。我常讲："上市妙不可言，又苦不堪言。"一方面，资本市场的支持使企业能以低成本获得发展所需的资金，促进企业的快速成长，可谓"妙不可言"；另一方面，企业拿到资本市场的资金，意味着对资本市场的庄严承诺和高度责任，企业要用高于投资者预期的优异业绩打动投资者。为此，经营者就要不断自我加压、自我加码，可谓"苦不堪言"。但也正是有了"苦"，有了压力，才能促使企业不断提高自身素质，适应市场要求，从而实现发展。

近年来，资本市场中的高市值上市公司不断涌现。截至 2024 年 1 月底，A 股上市公司中，万亿级市值的上市公司有 8 家，千亿级市值的上市公司有一百多家。这些高市值上市公司除有自身取得的业绩支撑外，还得益于资本市场成熟度的提高，包括证监会在内的相关部委、中国上市公司协会近几年来对高质量上市公司的积极引导，让它们对市值加深了认识，更加重视。总的来看，千亿级及以上市值的上市公司一般具有以下三个特质。

一是行业龙头企业或细分领域的头部企业。企业的业务不应过于分散，要做好主业，将自身产品做成拳头产品，争取进入行业前三名，这样公司的估值才会高。如果业务过于分散，投资者没办法估值，那就只能按价值最低的业务去评估。一些企业说自己什么都做，如生物医药、互联网、新材料等。其实，企业不能什么都做，要么做医药，要么做互联网，要么做新材料，三个都做，投资者不知道可比的业务是什么，公司的估值就会偏低。所以，有多个业务的企业，将业务分拆成几个公司，总市值往往会高过一个多元化企业。

二是高盈利性、高成长性。从财务指标上看，千亿级及以上市值的上市公司往往具备至少连续 3~5 年，甚至更长时间的高盈利性和高成长性，ROE（净资产收益率）显著高于行业平均水平。比如，家电行业三家千亿市值企业——美的、海尔、格力的 ROE 均远高于行业平均水平，它们都不是只在某一年度而是在多个年度保持高水平。

现在，资本市场不仅讲效益，还讲价值；不仅讲市盈率，还讲市净率。市盈率是指每股股价和每股收益的比率，而市净率是指每股股价与每股净资产的比率。市净率和公司的盈利能力、增长潜力、行业地位、财务健康状况等指标结合起来看，可以综合反映一家公司的真实投资价值。提高上市公司的估值，就要将融资与资本市场机制相结合，将利润与市值相结合，将管理与治理相结合，将规模效益与创新技术的发展相结合。

三是治理结构比较稳定。这里指的是股权结构比较稳定，大股东的持股比例比较稳定，因为如果大股东大规模出售股权，小股东就都没信心了。千亿级及以上市值的上市公司，大部分股权结构相对稳定，公司治理水平较高，这是非常重要的。我到海天味业调研时，问过董事长庞康为什么企业做得好，他说就是六个字：务实、专业、规范。不论海天味业的股价如何变化，庞康所持股份一直较为稳定，这给足了股民信心。

总的来说，有效的经营者认为最重要的是业务的选择，首先要专业细分，其次要有长期的效益和成长性，最后要合规经营，不要违规，这也是上市公司的基本底线。一个企业要么成为行业龙头企业或细分领域的头部企业，要么盈利性高、成长性强，要么治理结构稳定，或者以上三者皆有，就可能发展成为高市值上市公司。

我曾到湖南调研了5家上市公司，其中，当时市值最高的是爱尔眼科医院集团股份有限公司（简称"爱尔眼科"）。它是全球最大的眼科医疗连锁机构，也是国内首家医疗行业的上市公司。眼科医院是很专业的医院，我到爱尔眼科调研的时候，感觉这家公司很厉害，在国内开了500多家眼科医院，在国外还有100多家，称得上是专业领域的一个头部企业。

在低市值的上市公司中，有的是所处行业或细分领域的发展空间偏小等客观原因造成的，但也有一些是因为主观上的经营管理问题。冰冻三尺，非一日之寒，这种情况并不是一天形成的，原因可能也是多方面的，比如企业的领导者不够重视市值管理。要提高上市公司的价值创造能力，关键是要把上市公司的价值创造和资本市场的运行规律结合起来进行思考。

第一，上市公司要强调为股东创造价值。上市公司最初是从融资开始的，但不能忽视上市之后自身的价值表现，要注重股东回报。所谓"水可载舟，亦可覆舟"，以股东为代表的投资者就是这个"水"。从宏观上看，如果不重视投资者回报，整个资本市场的稳定健康发展就会受到影响。从微观上看，企业要转变观念，从过去重视融资到现在重视为股东创造价值。

第二，上市公司要强调对管理层实施股权激励。我参加的每一次路演，投资者几乎都会问一个问题，即公司有什么激励机制。换句话说，管理层、骨干员工是否拥有公司股票。如果有的话，投资者就更愿意购买这家公司的股票。作为股东，投资者的利益和公司经营者的利益是一致的。因而与一般企业相比，上市公司应突出股权激励机制的改革，让管理层和投资者利益同向。当然，公司也可以在资本市场上回购自己的股票，回购股票后，一是可以注销，二是可以奖励给管理层。

第三，上市公司要强调对市值进行考核。过去有些人认为市值处在波动状态，没有办法考核，这样企业的市值就很难有好的表现。上市公司可适当调整绩效评价体系，逐步加大对市值考核的力度。国务院国资委已经进一步研究把市值管理纳入中央企业负责人业绩考核，引导中央企业负责人更加重视所控股上市公司的市场表现。这一举措有利于提振投资者的信心和资本市场的稳定发展。比如，中国宝武就在考核市值。当然，我们反对伪市值管理，尤其是随着相关法律法规和制度体系的不断完善，虚假的市值无法长久，股价最终是靠业绩来支撑的。

第四，上市公司要强调与投资者之间的沟通。企业都有做产品市场的经验，产品做得好、销售人员推介得好，就卖得多。资本市场也是一样的，我到湖南调研一些上市公司时发现，所有市值高的上市公司都有一个好董秘跟投资者保持有效的沟通。具体而言，上市公司可以通过多种途径，比如准确、及时、完整的信息披露，召开业绩说明会；通过路演、反路演等方式，跟投资的客户进行深度交流，提升投资者对公司发展的信心。投资者了解企业最新的发展，愿意投资，股价表现就会更好。

上市公司是投资者的企业，不能害怕见投资者，"丑媳妇也得见公婆"，要给投资者汇报成果。我记得北新建材上市后，有一年业绩特别不好，大家议论纷纷，我就写了一篇长文《把我的真心放在你的手心》，跟大家详细讲了企业过去的一年都发生了什么，感动了广大投资者。

上市公司得会讲故事，"讲好、讲通、讲准确"，与投资者、客户进行有效的沟通。很多投资者是成熟的投资者，他们的建议一般也很有建设性。"讲好"是指企业讲完后大家愿意下单买入股票；"讲通"就是所讲的东西不要互相矛盾，上次讲的故事和这次讲的故事要一致，需要提前做好功课；"讲准确"就是要用数字说话，把数字搞清楚再去讲，不能乱讲。就讲好企业故事而言，有两点值得注意：一是故事是真实的，引人入胜；二是故事要能持续讲下去，善始善终。能否讲好企业故事与自身经营状况息息相关，如果企业经营不善或没有长远规划，故事就很难讲下去了。

第五，上市公司要强调创新。对于过去比较重视规模效益的制造型企业，要加大上市公司的技术研发投入，提高企业的创新能力和科技含量，推动企业由传统型企业向创新型企业转变。同时，加大战略性新兴产业投资力度，鼓励企业培育细分领域的创新业务，打造更多高市值的创新型上市公司。

2023年以来，国务院国资委围绕加快培育创新型国有企业，启动实施启航企业培育工程，重点遴选一批有潜力、有基础的初创期企业，在管理上充分授权、要素上充分集聚、激励上充分保障，加快塑造新动能、新优势，打造未来独角兽企业和科技领军企业。按照"四新"（新赛道、新技术、新平台、新机制）标准，国务院国资委于2024年3月遴选确定了首批启航企业，加快新领域新赛道布局，培育发展新质生产力。首批启航企业多数成立于3年以内，重点布局人工智能、量子信息、生物医药等新兴领域。

市场的估值不完全取决于公司的价值创造和价值实现的能力，还受到很多公司难以控制的因素的影响，如宏观经济、行业走向和投资偏好等。排除一些不确定性因素，我建议不管是什么性质的上市公司，都要踏踏实实地做好主营业务。专业的公司做专业的事，才能在每一个业务领域深耕细作。做好了主营业务，公司才有健康成长的保障，才会有好的业绩，市值增长也就成了自然而然的事情。

产品市场与资本市场的共生

党的二十大报告强调，"坚持把发展经济的着力点放在实体经济上，推进新型工业化，加快建设制造强国、质量强国、航天强国、交通强国、网络强国、数字中国"。过去，我国的发展模式是"制造＋市场"，凭借强大的制造业以及海量的产品出口换取外汇来进行贸易平衡。多数企业都很重视产品，更多关注的是如何开拓市场，如何把产品做好，如何把成本降低，如何把质量做好，如何将产品送达客户。现在进入资本的时代，企业还需要重视创新与资本。中国企业要把产品和资本很好地结合起来，构筑新的综合优势——"创新＋资本＋制造＋市场"，这是在当前形势下企业的一种生存方式。

宁德时代主要做动力电池，公司因为注重"创新＋资本"，市值曾有上万亿元；同时，公司也很重视"制造＋市场"。六西格玛标准就是将缺陷率控制在百万分之三点四，而宁德时代的"极限制造"将缺陷率控制在十亿分之一，这样才能保证电池不出故障。极限制造的管理要求极其精细，靠人工是解决不了的，要依靠智能化，而且是高度智能化的配合。

我国已经涌现出一大批这样的企业，如迈瑞医疗、福耀玻璃、蓝思科技、海康威视[⊖]、万华化学，等等。它们都充分利用了资本市场，同时结合精细管理，所以产品质量好、成本低。这些企业在资本市场有较高的市值，同时在产品市场也有很好的利润，把市值和利润很好地结合在一起。

现在，"创新＋资本"的时代颠覆了过去传统的价值实现方式。像特斯拉过去即使没有利润，也有比较高的市值。也就是说，价值可以提前实现，用于支持创新型企业的发展，这是它优势的一面。但我们同时还要看到，一家企业如果长期没有效益，也支撑不住自身所承载的价值和市值。因此，效益是企业长期价值的一个基础。

有效的经营者做企业既要重视资本市场，又要重视产品市场。

⊖ 全称是杭州海康威视数字技术股份有限公司。

有的企业往往只重视资本市场的价值，而忽视产品市场的效益，去炒概念，最后出了问题。有的企业只重视产品市场，而忽视资本市场，也会限制自身的发展。因为今天企业面对的就是两个市场：产品市场和资本市场。企业既要与产品市场的客户积极沟通，也要与资本市场的客户（投资者）积极沟通。

贵州茅台酒股份有限公司（简称"贵州茅台"）在产品市场做得很好，在资本市场也做得很好，两者互相配合，相得益彰。我认为，这主要得益于它的五大核心竞争力。第一，独特的品质。贵州茅台拥有不可复制的地理环境、独一无二的微生物菌落群、传承千年的传统工法、长期贮存的优质基酒资源组成的"四个核心势能"，以及品牌、品质、生态、创新、文创"五大动能"。第二，强大的品牌。作为我国高端白酒的著名品牌，除茅台酒系列产品外，它还有汉酱酒、茅台王子酒等酱香系列酒产品。2023年BrandZ最具价值全球品牌100强中，贵州茅台品牌价值为875.24亿美元，排列第18位，蝉联酒类行业品牌榜第一。第三，忠诚的客户群。贵州茅台有自营、团购、电商、商超、社会经销商和"i茅台"六大类渠道，客户黏性强。第四，深入的文化渗透力。通过物质和非物质文化传承，以二十四节气为中心的文化IP、一系列独具特色的文化活动等讲好茅台文化故事，打造美的文化生态。第五，优异的价值创造力。上市20多年来，贵州茅台募集资金只有一次，当时募得了22.44亿元，累计分红却超过2000亿元。

重视分拆和回购提高价值

这些年来，资本市场发生了重大变化。过去企业要想提高市值就得把利润做好，有了利润就有了价值，现在是有了技术、有了创新和有了未来的发展，企业才有了价值。所以，企业必须得改变，我们过去用的是打包利润、整体上市等传统做法，凡是赚钱的业务都放到上市公司里，凡是不赚钱的业务都剥离出去。现在，我们就可以考虑适当分拆上市，从而提高整个集团的总市值。

分拆上市是资本市场的一种常见运作方式，它是指上市公司将旗下从事非主营业务且具有相对完整经营体系的资产单列出来，实现上市。新的上市公司可以由母公司控股，纳入母公司的合并财务报表，但是具有独立法人地位，具有相应的法人治理结构。通过分拆上市，独立上市公司的业务会更聚焦，可以采取更灵活的发展战略，快速响应市场需求，提高财务透明度、治理规范程度等。同时，它也有利于提升母公司的业绩、市值水平和可持续发展能力。但是，分拆上市后也要注意，如果子公司经营不佳，可能会造成母公司的业绩下滑，影响公司的整体股价。

就通用电气（GE）这家公司而言，当年杰克·韦尔奇通过多元化发展，产融结合，做大收入规模和利润来提高它的市值，将市值从160亿美元做到4000多亿美元，成为当时全球市值最高的公司。但是在此后的一段时间里，GE的股价表现低迷。2021年11月，GE宣布将公司拆分为三家独立的上市公司，分别专注医疗、能源和航空业务。医疗板块是GE首个拆分的业务单元，2023年年初实现独立上市。2024年4月，GE完成能源业务和航空业务的分拆。目前，三家公司市值之和是2500亿美元，比分拆前大约增加1700亿美元，而GE的总市值大概增长为原来的三倍。

除分拆上市外，股票回购也是提升公司投资价值的重要途径。2023年年底，《上市公司股份回购规则》修订发布，鼓励上市公司依法合规运用回购工具，积极回报投资者。上市公司早期靠发行股票来融资，在发展壮大后进行股票回购，有助于维护公司的投资价值、稳定股价，增强投资者对公司的信心。一方面，在股票价格被低估时，上市公司可通过回购股票来提振股价，向市场传递出公司关心股东权益的信号；另一方面，回购股票也可用于员工股权激励等。此外，注销式回购能够有效改善上市公司的每股收益、每股净资产等关键财务指标，还能起到优化股权结构的作用。

在股票回购方面，苹果公司就是一个典型案例。自2011年库克接任苹果公司CEO以来，苹果公司就开始了大规模的股票回购计划。据统计，苹果公司2012—2022年在股票回购计划上的花费超过5720亿美元。2023年，苹果公司宣布900亿美元的股票回购计划。2024年，苹果公司又宣布将启动史上最大规模的股票回购计划，所涉金额高达1100亿美元。可以看到，股票回购是提升股价的重要方法。

这段时间，我国上市公司再现"回购潮"。有关数据显示，截至2024年5月21日，A股市场共有2303家公司年内发布股票回购预案或实施股票回购计划，已回购股票的金额约为1439.20亿元，公告回购股票的金额约为2704.17亿元。美的2021年公告股票回购金额达140亿元，这是截至目前我国A股历史上的最大股票回购案。美的回购的股份原定用于实施公司股权激励计划和员工持股计划，以激发人才的主动性和创新性，2023年公告宣布拟变更回购股份用途，计划实施股份注销并减少公司注册资本，从而提高公司长期投资价值，提升每股收益水平，进一步增强投资者的信心。

国有控股上市公司的股票回购也值得关注。国有控股上市公司虽然在经营业绩、现金分红等方面表现突出，但在资本市场还未达到相应的合理估值水平。近年来，监管部门连续出台多项政策，激发国有控股上市公司开展市值管理的动力。比如，国务院国资委于2022年出台《提高央企控股上市公司质量工作方案》，2024年1月，国务院国资委相关负责同志在国新办新闻发布会上表示，将在央企负责人业绩考核指标体系中增加市值管理考核相关指标，并按"一企一策""一业一策"进行设计。

此前，已有部分国有控股上市公司积极落实政策要求，向市场传递积极信号。比如，国电电力发展股份有限公司2020—2021年实施了三次股票回购并注销了18.15亿股，占公司总股本的9.24%，有力提振了公司的市值表现。未来，国有控股上市公司开展股票回购工作仍有较大提升空间。

建设高质量的上市公司

党的二十大报告为上市公司在今后一段时间的发展指明了方向，是重要的遵循依据。上市公司是中国企业的优秀代表，是经济的支柱力量，是实体经济的"基本盘"，是经济发展动能的"转换器"，是完善现代企业制度和履行社会责任的"先锋队"，是投资者分享经济增长红利的"新渠道"。走高质量发展之路，助力中国式现代化实现，上市公司责无旁贷。上市公司要进一步完善治理、信息透明，更加专注主业、优化资源配置，更加稳健经营，更好地回报投资者。对上市公司来说，经营的目的是获得效益，管理的目的是降低成本，而治理的目的是防范风险。上市公司要合规经营，严格内控，积极承担社会责任，完善可持续发展的工作机制。

完善治理

公司治理是决定上市公司效能的最关键要素。治理和管理不一样,管理是上级管下级。治理不完全是,治理讲的是所有权和经营权分离之后,公司的所有者和经营者、决策者和执行者的行权规则。股东有股东的权利,但是又不能越过股东权利去干预公司,侵害公司的利益。治理是个挺复杂的系统,公司本身就是舶来品,一些公司在治理文化上是有缺失的。

上市公司在取得良好业绩的同时,我们也要清醒地看到,有的上市公司在治理水平上还有待进一步提升。提升上市公司治理水平,除了依靠监管机构的外部推动,还需要上市公司自身做出努力,必须合规经营,应该做到:不披露虚假信息,不从事内幕交易,不操纵股票价格,大股东不占用公司资金,不进行损害公司利益的关联交易,不对外违规担保,不损害上市公司利益等。强化公司治理可以从以下三点展开。

第一,维护上市公司的独立性。在公司治理中,最重要的是公司的独立性和股东的有限性。公司有独立的法人财产权,并以此担负债务债权等民事责任,股东只对公司负有出资的有限责任。股东应该根据《公司法》等法规对董事会的规定开展相关工作,股东若超越上述法规扩大对公司的权利,过分伸张权利,则会引起连带诉讼,担负起本不应由股东承担的对公司的无限责任。这就是法律中所谓的"刺破公司面纱",又叫"公司人格否认"。

《上市公司治理准则》中规定,控股股东、实际控制人与上市公司应当实行人员、资产、财务分开,机构、业务独立,各自独立核算、独立承担责任和风险。这可以概括为"三分开两独立"。然而,一些公司在实践中还存在集团与所投资的上市公司之间"人、财、物"分离不彻底的情况，控股股东和上市公司之间往往是从"左口袋"到"右口袋"。幕后操作、关联交易、给控股公司做担保等都与这些"不分开"有关系。

对上市公司来说，良好的股本结构，既不能一股独大，又不能股权过于分散。当前，有的上市公司仍存在一股独大的倾向，容易造成中小股东利益被忽视的情况。因此，要特别强调上市公司的独立性，不断优化股权结构，保障中小股东的合法权益。

解决这些问题就要引入积极股东，优化股权结构，使公司加强内部制衡、公开透明地经营。像中国建材旗下的北新建材和中国巨石，都可以称得上上市公司治理最佳实践。中国建材是第一大股东，还有第二大、第三大股东，它们的占股比例都超过5%，这样就形成了大家能够真正商量问题、互相制衡的股权结构。

第二，促使公司内部各项机制有效运作。上市公司质量的提高靠什么呢？既要靠外部的监督，又要靠内部的制衡。内部的制衡主要就是董事会，董事会建设是公司治理的一个核心问题。董事会是股东的信托责任组织，是公司的领导层和决策层，是企业决胜市场的战略性力量。董事会一经选出，是独立于股东而运作的，并对公司承担法律责任。有的股东认为由自己推荐的董事必须代表自己的利益，实际上，董事应该按照商业逻辑和专业能力独立做出判断并承担责任，不光要负民事责任，也要负刑事责任。所以，董事不是光环和待遇，而是巨大的责任和风险。康美药业案里的会计师事务所、独立董事都受到了处罚，这是里程碑式的事件，给上市公司敲响了警钟。

董事必须在企业发展和风险控制两难选择中做出平衡，为企业发展创造价值。董事、监事和高级管理人员要忠实勤勉履职，充分发挥独立董事、监事会的作用。国务院办公厅印发的《关于上市公司独立董事制度改革的意见》，明确上市公司的董事会中独立董事应占三分之一以上，国有控股上市公司的董事会中外部董事（含独立董事）应当占多数。要有效发挥独立董事参与决策、监督制衡、专业咨询的作用，防止独立董事变成"花瓶"董事。

目前，我国上市公司独立董事超过1万人。证监会发布的《上市公司独立董事管理办法》，赋予中国上市公司协会建立独立董事信息库的职责。通过市场化方式建立独立董事信息库，可以保证独立董事有更独立的来源，让资本市场对独立董事行为有一个历史性判断和客观评价，从制度上规避过去主要由大股东提名而导致的"任人唯亲"等弊端。

第三，要依法依规健全制度。各项制度设计既要立足中国国情，又要借鉴国际经验，为上市公司治理现代化提供制度基础。从实践来看，以公司章程、"三会"议事规则、信息披露管理制度、投资者关系管理制度等为基础的上市公司治理制度基本实现应建尽建。上市公司要严格按照《公司法》《中华人民共和国证券法》《上市公司治理准则》等法律法规要求，健全公司治理制度，采取有效措施确保公司治理各项机制有效运行。对于运行中出现的问题，及时进行整改，查漏补缺。

我经常会问一些上市公司的董事长有没有好好学习上述法律法规，有的董事长回答说那是董秘的事。我说，这不是董秘的事，而是你自己的事。董监高等"关键少数"要认真加强学习，没有认真研究过《公司法》等，怎么经营公司？在规范治理方面，我们真的还需要很细致地去完善。

规范治理是一个公司发展长治久安、基业长青的基础。我到美的调研时，与方洪波董事长进行过深入交流。美的做得这么好，真正的原因是什么？他认为，关键在于规范治理。美的成立于1968年，从一家不起眼的乡镇企业到家族企业，经过50多年的发展，成为一家全球化科技集团。其间，美的历经了9次蜕变：股份制改造、事业部制改革、MBO（管理层收购）、股权分置改革、核心高管持股、引入外部投资方、"何方"交接班、换股吸收合并、多层次股权激励，将先进的现代治理机制不断下沉和扩大，从一家家族企业转变为一家规范治理的上市公司。其中，"何方"交接班给我留下了深刻的印象。作为民营企业上市第一股的创始人，何享健先生学历不高，但思想很开明，认同现代公司治理观念。2012年8月，方洪波作为职业经理人接任美的董事局主席兼总裁，何氏家族成员制定家族宪章，明确不出任董事局职位。这一次交接，也充分体现出美的在公司治理层面的先进性。

提升核心竞争力

党的二十大报告强调："深化国资国企改革，加快国有经济布局优化和结构调整，推动国有资本和国有企业做强做优做大，提升企业核心竞争力。"中央"民营经济31条"文件也提出，促进民营经济做大做优做强。上述要求都需要企业不断创新，提高产品和服务的质量，强化企业的核心竞争力。

企业是一个市场竞争的主体，但是企业竞争靠什么呢？那就是靠它的生命力，即它的核心竞争力。一个企业能不能生存下去，能不能长大，能不能发展起来，最终取决于它有没有核心竞争力。每一家能够活到今天的企业，都有自己的核心竞争力。但是，普通的经营者有时并没意识到企业的核心竞争力到底是什么，也没去着力培育它，反而在其他方面下了很大的功夫。竞争时，企业就可能丢失、丧失了自身的核心竞争力，最后败下阵来。因此，提升核心竞争力对企业生存和发展来说特别重要。

一些优秀企业的核心竞争力是比较明显的。比如，北新建材的石膏板在全国的市场占有率能够达到67%。即使2022年房地产市场下行，建材市场整体收入下降，但北新建材仍有近200亿元的营业收入，实现了约32亿元的净利润，与历史最高利润35亿元相比，效益还是比较稳定的。因为它坚持"质量上上、价格中上、服务至上"，具有质量优势、品牌优势和服务优势，客户黏性强。

中国巨石做玻璃纤维，过去是以成本领先闻名的企业，这几年走高端化、差异化路线，重点开发电子板的电子纱和用于风力发电机叶片的高强度纤维，中高端产品比例稳步上升，产品附加值也有所提高，企业效益良好。它在美国南卡罗来纳州投资建设了一家玻璃纤维工厂，实现了百分之百地投产、生产；另一个在埃及的工厂，辐射整个欧洲，覆盖那里的客户，这样就能降低当前不确定性给产品带来的影响。

透过这些企业的做法可以看到，核心竞争力就是使企业在市场竞争中保持领先的能力，主要包括知识、技能、技术系统、管理系统、价值观等。我们可以看到核心竞争力的四大特征：一是企业的核心竞争力是企业长期打造形成的；二是企业的核心竞争力是几个专长的组合；三是企业的核心竞争力很难被复制；四是企业即使有了核心竞争力，也不是一劳永逸的，还要不断完善和巩固。企业要通过长期持续的投入和建设，根据自身的成长阶段、竞争对手的情况和市场的变化，育长板、补短板，强化组合能力，真正做到"人无我有，人有我新，人新我变"。

专注主业

这些年，个别上市公司违背经济规律，盲目铺摊子、上项目、乱投资，业务多而不精、规模大而不强；有的上市公司因过度多元化、金融化导致主业空心化、脱实向虚，面临较大风险，给股东利益和市场稳定带来不利影响。在内外部经营环境日益不确定、风险进一步加大的情况下，上市公司要保持清醒头脑，做强做实主营业务。

习近平总书记在参加十三届全国人大一次会议山东代表团审议时强调，凡是成功的企业，要攀登到事业顶峰，都要靠心无旁骛攻主业。自担任中国上市公司协会会长以来，我发现那些出了问题的上市公司，绝大部分的问题是偏离了主业，盲目地扩张。上市公司里真正做专业化的公司基本上都比较稳健，这是一个长期性、规律性、实践性的问题。

我常讲，做企业要重视业务聚圈化。如果画一个十字线，从横向来看，企业的业务不能做太多，要聚焦；从纵向来看，产业链不能过长，要深耕。产业链上的垂直整合有做成功的，像比亚迪就是从电池起家，到生产汽车，包括一些汽车零部件自己也做，从而压低了成本，在市场上有很强的竞争优势。而像宁德时代只做电池，不做汽车，做得也很好。

无论哪种企业都要突出主业，做强主业。企业一定要围绕主业经营，秉承这种思维，努力深耕细作，寻求长久、稳健的发展。毕竟，企业的人力、财力、精力等都是有限的，多元化成功的企业少之又少，多数企业的成功还是依托专业化。做企业，有效的经营者要抓好四大核心：核心业务、核心专长、核心市场、核心客户。核心业务是公司存在的基础，核心专长是公司竞争的利器，核心市场是公司开拓的目标，核心客户是公司利润的源泉。核心竞争力的稳固，决定了公司在激烈的市场竞争中的韧性。

大型企业和中小微企业应根据自己的规模和定位，设立差异化目标。大型企业应对标全球一流跨国公司，努力将自身建设成产品卓越、品牌卓著、创新领先、治理现代的世界一流企业。而中小微企业则要窄而深地经营，秉承"宽一米、深一千米"的思维，培育专精特新"小巨人"，打造单项冠军，并努力成长为隐形冠军。

稳健经营

我们现在正处在世界百年未有之大变局，中央经济工作会议提出要稳中求进、以进促稳，其中"稳"和"进"对企业来说很有指导意义。做企业，要处理好稳与进的关系，稳是基础，尤其是经济下行时，必须稳住；"稳"不是目的，"进"才是目的，"稳"为"进"创造条件，但"进"才有助于企业长期的"稳"，这是辩证关系。企业若只稳不进则会止步不前，若只进不稳则会轰然倒下。就像我们骑自行车，只有骑起来才能稳，企业也一样，只有不断进取、不断创新，才能稳健发展。企业不成长就会消亡，不存在躺平的企业，躺平后就很难再站立起来。人要运动才能健康，企业也要发展才能生存。

2023年年末，我曾带北京大学光华管理学院DBA学员（工商管理博士）到日本访学，其间和日本的企业人士开了个座谈会。他们在会上指出，"失去的30年"的最大教训是面对经济下行压力，企业过于谨慎了，普遍不贷款，不投资，当然也不发展，有钱就还贷，也就是"躺平"了。我认为，我们应该汲取日本企业的教训，企业既要稳住又要前进，绝不能"躺平"。

上市公司是推动我国经济增长的重要力量。在过去粗放式高速增长的时代，企业面临的机会很多，遇到问题之后复原也相对容易。但今天，企业很难再挣快钱和热钱了，必须顺应经济和行业发展周期，尊重客观规律，把握好发展的方向，控制好成长的节奏，确保企业现金流稳定。企业尽量少犯错、不犯错，要先不败而后求胜，这是企业稳健经营的核心思想，主要体现在企业要务实达观、专业经营、精细管理、防范风险。

第一，务实达观。任何奇迹都不是凭空出现的，而是遵循规律办事的结果。不同企业的业务范围、经营管理模式千差万别，但万变不离其宗，就是要遵从基本的经济运行规律。无论经济形势还是行业走势、市场趋势等怎样变化，企业既不能悲观失望，也不能盲目乐观，而要务实达观，就是实事求是，看得开一些。做企业不是"百米冲刺"，而是"马拉松"，做企业要坚持务实主义、专业主义、长期主义和人本主义。上市公司尤其要做好自己的事，紧盯市场和业务，种好自己的一亩三分地，学会创造适合自己的小环境和小气候。

第二，专业经营。任何企业的资源、能力毕竟有限的，专业化才能集中财力、物力和人力，绝大多数中小企业要走专业化、专精特新的道路。如果专业化发展的确撞上了"天花板"，大中型企业可以选择相关多元化，即不同业务在技术上、产品上、市场上有相关性，还能产生协同效应，但即便如此，业务的数量一般也不要超过三项；大型投资集团可以做多元化，业务之间不一定相关，但要有对冲性。无论大中型企业的相关多元化还是大型投资集团的多元化，它们下面的各个企业都还是专业化的。我很赞成企业走专业化、多品种的经营模式，尤其是在专业化领域做细分市场的头部企业，这往往也是企业在过剩经济下逆势发展的途径。

第三，精细管理。高速增长时代主要靠跑马圈地，而高质量发展时代主要靠精耕细作。管理是企业手头上的功夫，企业既要抓创新和机遇，但手头上的功夫也得跟上。管理是企业永恒的主题，上市公司也要不断提高产品和服务质量，并控制好成本。如果有好的技术和好的商业模式，但产品和服务质量没做好，成本下不来，企业照样会失败。

第四，防范风险。近年来，有个别上市公司及大股东通过表内外、场内外、本外币等方式盲目融资，加大杠杆，到后来爆发风险、步入困局，给市场带来极为深刻的教训。风险是客观的，企业在经营发展过程中，风险始终如影随形，要特别重视经营决策风险和资金链风险，更要重视企业的现金流，做有利润的收入、有现金流的利润。有风险不怕，关键是要客观披露，企业不光要有防范风险的意识，还要有应对风险的方法、风险管理和处置的能力。管理风险就是要建好风险的"防火墙"，而处置风险就是要使风险带来的损失最小化。

回报投资者

什么样的公司才是好的上市公司？好的上市公司就要确保：投资有回报，产品有市场，企业有利润，员工有收入，政府有税收，环境有改善。创造效益是上市公司的经营基础，要做好上市公司，回报投资者，归根结底还是要有良好的效益和长远的发展。做企业要重视短期利益和长期利益相结合，上市公司既要有良好的分红，又要重视公司的价值表现和可持续发展。

投资者和上市公司是市场的共生共荣体，关注中小股东的利益是上市公司应牢记的初心。投资者用资金支持企业，有效的经营者则要用稳健经营、良好业绩、做优做强予以回报，还要通过路演、反路演等方式，加强与投资者的沟通交流，提升投资者对公司发展的信心。持续稳定、科学合理的分红不仅体现出上市公司业绩稳健、现金流充裕的实力，还能增强投资者持股的信心和获得感，彰显出上市公司长期稳定的成长性与内在投资价值，为资本市场高质量发展营造良好的生态。

上市公司可以通过回购注销、加大分红等方式更好地回报投资者。最近三年，上市公司累计现金分红4.4万亿元，较之前三年增长近50%。比如，一些大型央企上市公司保持高比例分红，中国移动、中国神华、中国石化等派息率均在60%以上。在上市之初，中国神华就实施了35%左右的较高现金分红比例，自2010年起将现金分红比例调高至40%左右。据有关数据统计，中国神华自2007年在A股上市以来，累计实现净利润约5682亿元，累计实现现金分红约3205亿元。

企业的最终目的是让社会更美好，发展要兼顾经济效益和社会效益。上市公司要重视可持续发展，做好业绩说明会，积极倾听投资者声音，做让投资者信任、让社会认可和尊重的上市公司。近年来，福耀玻璃等企业热心公益，通过大量捐赠将企业发展成果与社会共享。海康威视、万华化学等企业，通过限制性股票计划、员工持股等方式，将企业发展与员工个人利益牢牢绑定，激发员工干事创业的积极性，让企业成为一个社会、股东、员工的利益共享平台。

提高上市公司质量是个系统工程，需要相关各方通力合作，形成合力，才能更好地把我国上市公司质量推上新的台阶。近年来，证监会、国资委等相关部门推出了一系列重要举措，进一步健全上市公司高质量发展制度环境，上市公司质量有了明显提升。2022年年底，证监会出台了《推动提高上市公司质量三年行动方案（2022—2025）》，从优化制度规则体系、聚焦公司治理深层次问题、完善信息披露制度、优化上市公司整体结构、推动上市公司稳健发展、健全打击重大违法长效机制、加快上市公司监管转型、加强协作联动等八个方面，提出了一系列具体措施，力争到2025年，上市公司结构更加优化，市场生态显著改善，监管体系成熟定型，上市公司整体质量迈上新的台阶。

THE EFFECTIVE
EXECUTIVE

第 6 章

共享机制

企业的目的是让社会更美好，经营者应该能够兼顾企业利益相关者的利益，尤其是处理好股东、客户和员工之间的关系，建立企业内部机制。普通的经营者明白机制的重要性，但还是停留在激励机制层面，把员工当成普通的劳动者，利用奖金、分红等来进行激励。而有效的经营者倡导共享机制，尤其是在高科技时代，员工不再是普通的劳动者，而是知识型工作者，应该让人力资本像金融资本那样共享企业创造的财富。这既体现了公平的原则，也有利于调动员工的积极性，以实现企业的健康成长。作为有效的经营者，也要有情怀，积极服务社会、回报社会。

企业的目的

谈到企业的目的，普通的经营者会说就是为股东挣钱，更准确的说法是让股东利益最大化。因为企业是股东设立的，追求股东利益最大化天经地义。实际上，股东回报只是企业的目的之一，企业的目的应包含社会进步、员工幸福等。过去，我们常说企业的持续发展要考虑利益相关者的利益；今天，有效的经营者应该更加清醒地认识到，片面强调股东利益至上只会让企业发展短期化，失去持续发展的社会基础和员工支持，丧失活力。企业的目的应该是让社会更美好，这也是"创新、协调、绿色、开放、共享"新发展理念的必然要求。

做企业要以人为中心

在北新建材，我做过 7 年的销售副厂长、10 年的厂长。我在主管销售工作时就跟销售人员说，你们想清楚一件事就行了，那就是客户凭什么千里迢迢要到北新建材购买我们的产品；如果我们把这个问题想通了，我们的产品就不愁卖了。这是企业在根上要思考的问题。也就是在那个时候，我提出了"没有比客户对企业有信心更重要的事"这一理念。

我做厂长后又在思考，如何才能让员工发自内心地喜欢这家企业，愿意来到这家企业工作，愿意为它的长久发展而去奋斗，这就需要企业在大家脑海中投射出记忆点或闪光点。于是，我提出了"没有比员工对企业有信心更重要的事"这个理念。后来北新建材改制上了市，我又提出了"没有比投资者对企业有信心更重要的事"的理念。客户也好、员工也好、投资者也好，其实都是人，也就是说，要让他们对企业有信心，就要以人为中心做企业。

你怎样对待你的员工，你的员工就会怎样对待你的客户，这句话很有道理。企业只有真心对员工好，让员工与企业共同成长，激发出员工的积极性和创造性，员工才会发自内心地为企业创造效益，企业才能获得持续的成功。在我的理念里，企业的发展根本是员工，因此对员工好就成了北新建材的传统。早些年由于很多员工上班地点离家比较远，北新建材就购买了6辆金龙大客车，员工坐车上下班非常舒适，就有一种发自内心的自豪感，也以饱满的工作热情回报企业。北新建材的食堂里设有几个小包间，除了有客人来访外，其余时间都是空着的，所有管理者都与大家一起在大厅里排队打饭、吃饭，没有特殊待遇。

员工对企业有信心，才会在服务客户时充满热情和活力，进而感染客户。北新建材过去有一个和石膏板配套的产品——轻钢龙骨，这个产品的技术含量并不高，但销量一直很好，效益也很好，"秘密武器"之一就是五位女发货员，我称她们为"五朵金花"。当时，她们都已是孩子的妈妈，有开叉车的，有开票的，有发货的，她们的共同点是对提货的客户特别热情。比如，她们给客户泡茶、送饭，像对待家人一样对待客户。研究表明，语言对人的影响只占25%，行为的影响占到75%。正是她们的这些行为，让北新建材获得了许多忠诚客户。

对企业而言，投资者、客户、员工的信心至关重要，而这"三个信心"最终要用企业的良好绩效来支撑。因而，员工要以创造绩效为荣，以创造价值为荣。如果缺乏这样的绩效文化，企业就无法满足投资者的要求，就不能让所有者满意，进而就会失去很多发展机会。而如果企业有了良好的绩效，就可以从资本市场上获得支持，推动企业在市场竞争中取胜,并给予社会更多回馈。

企业有了这"三个信心",也就把握住了发展的正确方向。有人问过我:离开中国建材和国药集团这两家企业之后,你觉得自己留给它们最大的"遗产"是什么呢?其实,我只留给它们一个经营理念,就是做企业要以人为中心,即"企业是人,企业靠人,企业为人,企业爱人"。做企业,不能只看到机器、厂房、土地、现金、产品这些东西,这些东西固然重要,但是所有的经营都要以人为核心。

企业是人,是指企业是人格化的、人性化的,是有思想、有情感的经济组织,被大家赋予了一定的性格和特征。例如,说起华为,大家会想到任正非;说起海尔,大家会想到张瑞敏。

企业靠人,是指企业的一切都是由人来完成的,要靠领导者的带领以及广大干部员工的努力和付出,企业的所有成绩都来自大家的汗水。任何企业里最重要的还是人。记得德国西门子老总讲过,西门子这家公司遇到过很大的困难,但只要人在,几年后又是一个西门子。

企业为人,是指企业的经营目的归根结底是为了人。为哪些人呢?我觉得至少应该有这三类人:一是员工,二是客户,三是投资者。当然,今天我们讲企业的社会责任,则是为了社会更美好。

企业爱人,是指企业要以仁爱之心待人。企业爱人,在企业之内,要发挥员工的积极性和创造性,关心和爱护员工;在企业之外,要积极履行社会责任,努力回馈社会,创造阳光财富,推动社会和谐发展。

人是企业最宝贵的财富。我常想,汉字真的是博大精深,企业的"企"字是"人"字下一个"止"字,就是说企业离开了人就停止运转、止步不前了。企业的财富、企业的进步都是由人来创造的。人是企业的主体，是推动企业前进的根本动力。坚持以人为中心，把实现人的幸福、人的价值作为企业发展的根本追求，这是我们在任何时候都不能偏离的主线。

无论企业发展到哪一个阶段，无论前路是顺遂还是坎坷，以人为中心都应是企业的基本定位。员工心安稳了，人就安稳了；人安稳了，企业就安稳了。不论北新建材还是中国建材、国药集团，我把做企业的精力不单单放在规模和业务增长上，更重要的是放在"人"上。员工对企业的信心，需要企业领导者站在员工的立场去思考，这并不是一件很难的事情。比如，我在北新建材提出"工资年年涨，房子年年盖"，这一机制当时极大地激发了员工的积极性。

员工幸福应该是企业的目的之一。员工的利益在企业目标中应处于相对优先的位置，理应得到充分保护。做企业的根本目的是要为包括员工在内的社会大众服务，要让员工与企业共同成长。对员工而言，企业不仅是谋生的手段，更应是一个能让员工施展个人才华、实现自我价值、创造美好生活的平台。有了这样的平台，员工才能真正获得幸福，并将这种幸福转化为对企业的热爱和忠诚。作为有效的经营者，不仅要尊重人、理解人、关心人，还要以人为中心，实现以人为中心的管理，以人为中心的经营，以人为中心的发展。

不应片面强调股东利益至上

长期以来，企业界一直以股东利益最大化为目标。1962年，美国著名经济学家米尔顿·弗里德曼在《资本主义与自由》一书中提出："企业仅具有一种而且只有一种社会责任——在法律和规章制度的约束下，利用资源从事旨在增加利润的活动。"1970年，弗里德曼在《纽约时报》上发文进一步阐明"企业唯一的社会责任就是增加利润"，这一论断得到了广泛认同。随后，在美国大公司首席执行官组成的"商业圆桌会议"的影响下，世界各地的企业一度理所当然地将利润作为企业存在的目的，片面强调股东利益至上。

公司是社会的，股东权利应有限度。在《公司法》下，股东只按出资额通过股东会行使相应权利，同时也只承担以出资额为限的相应责任，公司则拥有法人财产权，是自负盈亏的独立法人主体。从这个意义来看，公司是社会的，股东可以通过分红和买卖股票而获利，也可以通过股东会行使相应权利。

从经营责任来看，尽管由股东派出董事，但公司中的董事一经派出，就应该为公司负责，对公司担负无限责任。但是，现在有专家认为董事要对股东负责，这是片面的。正确的做法应该是要求董事对公司负责，只有这样，公司才不会被股东操纵，才会成为真正的独立法人主体。如果股东超越股东会的权利，去操纵董事会，股东就应该对公司承担无限责任。

过去那些年，由于过分强调股东利益至上，因此有的股东把董事会当成橡皮图章，董事也唯股东马首是瞻，某些股东通过董事会和管理层掏空公司的事情屡有发生。还有的股东，以短期套利为目标谋求上市公司的控制权，进而以短期市值为目标，诱使公司董事会和管理层减少技术创新等长期投资，再利用短期高利润拉升股价，最后通过高位减持获利。在这个过程中，管理层也拿到了高薪和奖励，却损害了员工利益等，最后损害了公司的健康发展。

有效的经营者应该认识到，片面强调股东利益只会让企业发展短期化，使企业失去社会基础和员工支持，丧失活力。正确对待员工利益，是企业进化的重要标志，也是对企业财富创造者的一种尊重。过去，有关企业财富存在两种不同的看法：一种认为企业财富是资本的增值，另一种认为企业财富来自劳动者的创造。而在今天，社会普遍认为企业财富既离不开资本所有者的投入，也离不开经营者的努力和员工的创造，而且后者在企业高质量发展过程中起到越来越大的作用。

企业的目的是让社会更美好

企业的目的是企业行为的基础，这是一个根上的问题。企业需要赚钱，但是赚钱只是企业的目的之一。2019年，在华盛顿召开的"商业圆桌会议"发布了《公司宗旨宣言书》，重新定义了企业的宗旨，打破了股东利益的唯一重要性，强调"每个利益相关者都是至关重要的"。当然，这不是说股东利益不重要了，而是说只重视股东利益还远远不够。这份宣言符合企业的真正目的，即创造一个更美好的社会。

企业本身是一个经济组织，也是一个社会组织。企业的经济目的是鲜明的，那就是必须要有效益，企业的社会目的也是鲜明的，那就是要为社会服务。效益是企业里的人创造的，因而效益也要服务于人的幸福。有效的经营者认为，做企业不能只看到厂房、设备、产品，最重要的是看到人，做企业终归是为了人，为了社会更美好。这也更符合今天企业的情况，尤其是我国企业。现在，企业要自觉践行"创新、协调、绿色、开放、共享"新发展理念，这对企业发展来说非常重要。

约瑟夫·斯蒂格利茨在《重构美国经济规则》一书中指出，美国今天的经济规则出了问题，美国的社会重新回到了贫富两极分化的状态。20世纪50年代，大萧条和战争使得当时的美国经济复苏疲软，失业率居高不下，社会贫富两极分化加剧。60年代到80年代中产阶层崛起，这个情况有所好转，但从90年代开始，美国社会的贫富两极分化又变得很严重。斯蒂格利茨强调，贫富两极分化其实是因为社会的经济规则出了问题，因此要重构美国经济规则。他还提出，包括互联网在内的这些创新经济模式究竟对社会是好还是不好，要看它是促进了社会的公平正义，还是加大了社会的贫富两极分化，而不能简单地认为只要是创新、只要是新经济，我们就一股脑儿地全都接受。

企业是实现共同富裕理想的基石，而这和机制有关。到底应该构建什么样的机制？到底该怎么分配利益？这始终是企业要面对和解决的问题。过去，企业分配很简单，就是按所有者投资比例分红。现在，企业既需要金融资本，也需要人力资本，这两种资本都应该作为生产要素而参与企业财富的分配。尤其是在今天的新经济和高科技时代，包括人所掌握的知识、经验、能力和数据在内的人力资本，在创造财富的过程中发挥着越来越重要的作用，有效的经营者更应该重视人力资本，而不能只重视金融资本。

与传统经济下将劳动力视为成本不同，新经济下的人力资本与金融资本同样都是企业的重要资本，甚至人力资本更重要。如果人力资本不能参与分配，不仅将加速两极分化，更可能影响技术创新和经济增长。所以，有效的经营者不光要让金融资本参与分配，也要让人力资本参与分配。现在，我们需要以共享为核心营造产生创新人才红利的新政策空间，鼓励具备创新能力和创新精神的人才承担创新风险、分享创新收益，激发人才的创新活力，赋能人才结构的转型升级，从而为新经济提供更优质的人力资源，创造"高端人力资源红利"。

共享是赋能新经济时代人力资本的必然要求，要想形成橄榄型的分配结构，创造更大的中等收入群体，企业在初次分配中就应引入共享机制，进行合理分配。这不等于把所有者的财富都分给劳动者，而是大家一起把"饼"做大，都分到更多的"饼"，不仅给投资者创造财富，也给员工和社会等创造财富。这也是我们必须想到的企业目的。

站在道德高地上做企业

古人云：君子爱财，取之有道。这句话用在做企业上就是企业要赢利，但前提是把德行和责任摆在首位。一个企业要想快速发展，得到社会的广泛支持，应该把对经济价值的追求和对社会价值的追求有机结合起来。无论是谋划战略、管理创新、推进改革，还是建设团队，都要问问道德高地在哪里。既能赚钱又能守"道"，这样的企业才是好企业。

通过这些年的企业经营实战，我觉得做企业可以分为以下三个层面。在微观层面，企业要做好自身的经营、管理、创新、改革等各项工作，创造良好的效益，这是一切的基础。在中观层面，要充分发挥大企业的领袖作用，推动行业健康有序发展，搭建一个共生共享共赢的平台，进而提升企业的个体价值。在宏观层面，要把企业成长放在道德高地上进行思考，关心人类福祉、国家命运、社会进步，关心芸芸众生的幸福，关心效率和公平的相互促进。

古人云：厚德载物。做企业和做人一样，有深厚的道德，才能承载更多的东西，才能让企业更稳定地发展，并在发展中拥有更强的竞争力。就企业而言，在世界范围的投资和经营活动中，要积极、主动地履行企业的公民责任，并以高标准执行，进行企业社会责任的创新实践。不要将企业的公民责任仅仅看成纯粹的"利他行为"，它在本质上将企业的社会效益与经济效益有机结合起来，是一种"利人利己"的行为，通过创新解决社会、环境相关问题，为企业带来新的发展。

联合国全球契约组织所发起的关注气候倡议、负责任投资原则、负责任管理和教育原则等，也是企业全球化和可持续发展的应有之义。在"一带一路"倡议下，中国企业到各国去建设工厂，不仅要带着技术和产品，还要带着中国人"以义为先"的价值观。中国建材"走出去"贯彻三大理念——为当地经济做贡献、和当地企业密切合作、与当地人民友好相处。"一带一路"沿线国家要实现城市化和工业化，前提是基础建设，而基础建设的前提是水泥。没有水泥修不了路，架不了桥。要想富先修路，要修路先建水泥厂。谁来建水泥厂呢？那就是中国建材，它大约占全球水泥工程市场份额的65%，居全球第一。

如今水泥企业在工厂建设上，都致力于成为环境友好型企业，努力建造花园中的工厂、森林中的工厂和湖水边的工厂。中国建材在蒙古国建有一家水泥厂，从远处望去，好像工厂没在生产，因为看不到过去冒烟的情形，但其实是正常运作的。这家水泥厂建设得很好，周围的草原上有马和羊，被称为草原上的工厂。埃及6条日产6000吨熟料水泥的生产线是世界上最大的水泥厂集群，距离开罗大约100公里，就是中国建材承建的。这个项目在用工上最多的时候有1.2万人，其中，当地人就有1万人，中国建材还与当地8家公司开展了业务外包。

中国建材在赞比亚首都卢萨卡建水泥厂前，先是为当地居民打了100口水井,又捐建了一家医院、一所学校,然后才在那里建工厂,培训当地工人,所以当地人很感谢我们。有一次,我到捐建的学校,给孩子们带去足球、铅笔盒等。临走的时候,孩子们用当地的语言合唱一首歌,"手挽手,心连心,我们和中国建材是一家人"。我坐在车上,听着孩子们美妙的童声,心里十分感动。

当然,企业做世界公民,不仅是建工厂、搞投资,还有很多别的事可做。比如,中国建材在海外开展的迷你工业园、海外仓、检测中心和国际实验室、建材连锁分销中心、智慧工厂管理、EPC工程项目等。今天,我们的企业正在大规模地走出去。作为中国企业,无论走到哪里,都应该是受全世界人民欢迎的,应该站在道德高地上做企业,把中华民族的美誉度带到各个国家。

企业发展离不开机制

企业应是员工"乐生"的平台,要创造条件让员工可以通过努力实现梦想、收获幸福,要让辛勤工作的员工未来生活有保障。通过共建和共享,有效的经营者要让员工感到有未来、有希望、有奔头,无论是对个人、家庭还是对企业、社会来说,这都有非常重要的意义。其中的关键是什么?关键在于机制,即企业效益和员工利益之间的正相关关系。换句话说,企业效益增加了,员工待遇就提高;企业效益减少了,员工待遇就降低,这就是机制。

机制是激活企业的"金钥匙"

机制不是国企的特有问题,民企同样存在机制问题。企业的所有制结构和机制之间的关系并不是充分必要条件，即使所有制结构完全市场化了，也不等于企业就有了好的机制。不论是国企还是民企都面临着改革，国企改革的重点仍是继续适应市场化要求，而民企改革的焦点则是股份制改造和规范化运营，但两者都有共同的重点，那就是建设充满活力的内部机制。进一步地说，这种内部机制就是通过合理的分配手段，让企业所有者、经营者、员工的利益与企业效益挂钩。

没有好的机制，企业是不可持续的，久而久之，人才就会不断流失，这是摆在企业面前的一个很严峻的问题。前些年，中国建材有位学财务出身的高管离职了。他工作非常努力，也干出了很多成绩，临走的时候给我发了一条信息："宋总，我非常热爱中国建材，但是我有两个小孩，现在公司给我的薪酬，我养不了家。当然，我也知道集团不可能单独照顾我一个人。由于家里的情况，我考虑再三，决定离开。您总是教导我们要热爱企业，我是企业培养出来的，现在一走了之，没法面对您，只能不辞而别，希望您能理解和原谅。"我看完这段话后很感伤。

回顾这些年，中国建材比较重要的改革，就是发展混合所有制。我们用25%的国有资本吸引了75%的社会资本进行发展，撬动了6000多亿元的总资产，发展成为全球规模最大、综合实力领先的建材企业。今天中国建材还想继续发展，还想在科技创新上保持领先、在核心竞争力上有所建树的话，就必须进行机制上的改革。

企业要为辛勤工作的员工提供未来生活的保障，对在一些大城市工作的年轻人来说，以目前的工资水平可能很难承担起当地的房价。有效的经营者要回答的问题是，怎么才能让这些年轻人感到有未来、有希望、有奔头，感到只要通过自己的努力，在企业里奋斗拼搏，一切都会有的。要实现这一点，只有通过机制，让大家能在为企业创造的财富里得到他们应得的一份。

有的企业家对把钱分给员工的提法感到迷惑不解，认为这样做是把企业所有者的钱都分给大家了，这是一种误解。因为有了好的分配机制，企业的创新能力、企业的活力都会增强，进而促使企业取得更好的发展，企业所有者的利益也会得到更大的保障。这个机制并不只是对员工有好处，对所有者也很有益处，可谓"你分得多，我就会分得更多"。

凡是有好机制的企业今天基本上都做得很好，或者，今天做得好的企业一定都有好机制。没有好机制的企业是难以做下去的，但并不是每个企业的所有者都能想明白这个道理。华为成功走到今天，有两点很关键，就是企业家精神和"财散人聚"的机制。

机制改革需要开明的"东家"

党的十九届四中全会提出："坚持多劳多得，着重保护劳动所得，增加劳动者特别是一线劳动者劳动报酬，提高劳动报酬在初次分配中的比重。""健全劳动、资本、土地、知识、技术、管理、数据等生产要素由市场评价贡献，按贡献决定报酬的机制。"过去只能是有形资产的要素参与分配，现在是全要素都可以进行分配，也就是说，分配的逻辑发生了重大的改变。"知识、技术、管理"作为生产要素，强化了以知识价值为导向的收入分配政策，充分尊重科研、技术、管理人才，在分配中体现这些要素的价值。这为机制改革打开了"天窗"。

随着高科技时代的到来，公司的资本形态发生了重要变化，我们对生产要素构成有了新的理解，并增加了技术创新和人力资本的概念。对公司而言，重要的不再是机器和厂房，而是有创造力的员工，即我们的人力，人的经验、智慧、能力都成了资本。虽然资产负债表上没有记载企业的人力资本，但员工能力已经成为企业创造财富的原动力。

人力资本能否得到承认，事关企业改革的进一步深化。一说到分享，有人就会问："分享是分谁的红，是不是要分所有者的红？"其实，劳动者分的就是自己的劳动成果。就《公司法》而言，我国企业是股东所有的，如果股东不把人力资本当成资本，就不会给经营者、劳动者分红。

机制改革挺不容易的，要承认人力资本是资本，要让人力资本参与分配，这就是一场思想上的革命。过去，普通的经营者认为企业是所有者的，资本只有实物形态，也就是现金、厂房、土地、机器等。现在，有效的经营者认为劳动者也是资本，这是一个重大的转变，应该让企业的劳动者共享企业创造的财富。希望中国的企业所有者都是开明的"东家"，一些企业因为所有者不开明，导致没有机制、缺乏创新、人才流失，最后倒闭了。

机制改革考验所有者的选择，改革中的所有权结构和机制都要变化。机制和所有制之间有联系，比如混合所有制为引入市场机制铺平了道路，但所有制并不决定机制。高效的机制来自所有者的经营思想，来自所有者的开明，来自企业的不断探索和实践。现在，不少企业通过设立激励机制，吸引人才，获得竞争优势，因而，企业应该不断加大内部机制的改革力度。

国企改革的最后一扇门

怎么把我国以公有制为主体、多种所有制经济共同发展的基本经济制度跟市场接轨，实现国有资本和市场经济的有效结合，是改革的出发点和难点所在。党的十八大以来，经过在理论和实践上的大量探索，基本解决了这个难题，就是做好国企改革的三大抓手：体制、制度、机制。体制就是处理好国有经济、国有资本、国有企业之间的关系，国资委管资本，国家出资企业管股权，被投资企业开展市场化运营。制度就是国企运作的方式，是所有者、经营者、决策者、执行者之间的关系。机制就是企业效益和经营者、劳动者利益之间的关系。

现在体制、制度上都有比较清晰的办法，在机制上进一步发力，推开国企改革的最后一扇门，是当前最重要的事情。在民企特别是高科技企业里，人力资本参与了分配，骨干员工分到了期股、期权，但有的国企在机制上做得还不太够，由此带来了两个问题：一是优秀的科技人员和管理人才容易流失；二是创新能力不强。这是机制问题，必须从机制上取得突破。在2018年10月召开的全国国有企业改革座谈会上，中央领导强调充分认识增强微观市场主体活力的极端重要性，并指出突出抓好市场化经营机制。这次会议要求以"伤其十指不如断其一指"⊖的思路，扎实推进国企改革。

国务院国资委全面深化改革领导小组2024年第一次全体会议强调，充分激发科技人员能动性，提高科技成果研发效率和质量，使更多科技创新者在创新中受益。创新毕竟是人的一种智力开发工作，科技人才是企业的核心资源，而要激发科技人员的积极性和创造热情，机制改革是关键所在，要健全市场化经营机制。

万华化学从一家做合成革的小厂发展成为效益突出的跨国化学

⊖ 中国政府网. 刘鹤出席全国国有企业改革座谈会并讲话 [EB/OL]. (2018-10-09) [2024-05-13]. http://www.gov.cn/guowuyuan/2018-10/09/content_5328968.htm.

公司，被称为中国的"巴斯夫"。在这个过程中，机制改革发挥了重要作用，它是怎么做的呢？两大改革举措：一是员工持股，万华化学的股本结构是员工持股20%、烟台市国资委持股21.6%，剩下的则是散户，国有股和员工股联合起来一致行动，很巧妙。二是科技分红，重奖有贡献的技术人员，开发出不少高附加值的高端产品。技术人员发明创造的效益提成15%，一提五年，这是真金白银的奖励。这些好的机制发挥了重要作用，通过"让人的创造性劳动按市场价值体现"，不断释放万华化学的"工程师红利"。万华化学2023年营业收入为1754亿元，归母净利润为168亿元。

企业机制是调动企业各动力要素向企业目标前进的内在过程。员工的利益和企业效益之间有正相关的关系就是有机制，反之就是没有机制。企业机制是企业的原动力，无论企业是什么所有制，无论企业规模有多大，有机制的企业才能很好地发展，没有机制的企业很难生存。

国企要持续深化三项制度改革，推动"三能"制度化、程序化、常态化，即"干部能上能下、员工能进能出、收入能增能减"。三项制度改革是为了解决效率问题，比如"收入能增能减"是指推动薪酬分配向做出突出贡献的人才和一线关键苦脏险累岗位倾斜，提高员工的积极性，从而提高效率。今天我们处在一个科技时代、新经济时代，只有效率不行，还要有公平。这也是传统经济与新经济最大的不同之处。因而，国企改革三年行动加大了企业内部经营机制的改革力度，推出科技型企业股权分红、员工持股、上市公司股权激励和超额利润分享、骨干跟投的中长期激励计划等，这些机制极大地调动了广大员工的积极性，也促进了企业分配进一步公平。

这几年，我调研了潍柴动力股份有限公司（简称"潍柴动力"）、郑州煤矿机械集团股份有限公司（简称"郑煤机"）等改革先锋企业。它们的经验表明，做好国企改革有三大法宝：一是坚持党的领导，二是有强烈改革意识的国有企业家，三是建立企业内部的市场化机制。国企改革的底层逻辑是建立真正的市场化机制。我认为，市场化机制有两个方面的含义：一是在市场上要成为公平的竞争主体，解决好"走出去"满足国际通用的市场竞争规则的问题，在国内坚持"两个毫不动摇"，做到国民共进；二是从企业内部来看，就是要建立人力资本与金融资本共享财富的机制。

混改的关键是转换机制

混合所有制不是一混了之，关键是转换机制。混合容易，转换机制并不容易，是否有市场机制，还是取决于能不能转换到位。回顾当年国企改革上市时，一些上市公司完全按照和母公司在人员、资产、财务上"三分开"的要求，真正地把市场机制引入企业。诸如中国建材旗下的北新建材和中国巨石，都通过上市建立起现代企业制度，得以快速发展，成为优质上市公司。

现在有的企业已经"混"起来了，但"混"了以后没有深入改革，也就很难取得成效。这就需要混合所有制企业在推行员工持股、职业经理人制度等方面有所突破，让资本所有者和劳动者共享劳动成果。中国建材的混改之所以成功，得益于把握住了国企市场化改革的方向，顺应了产业结构调整的需要，也得益于发展了一套科学的机制设计，把国企的实力和民企的活力真正结合起来，实现了"1+1>2"。只有国企真正与民企形成水稻一样的"杂交"优势，才能确保混合成功，实现和谐共赢。

以"三盘牛肉"吸引民企。要混合必须实现双赢，要变革必须端出"牛肉"来。在和民营企业"混合"的过程中，中国建材端出公平合理定价、给创业者留有股份、保留经营团队并吸引创业者成为职业经理人这"三盘牛肉"，用公平实在的收益吸引重组企业加入，为发展混合所有制经济、实现国民共进奠定了制度基础，找到了实现路径。"三盘牛肉"的做法，集中反映了与人分利、共生多赢的核心思想，在联合重组的过程中起到了关键作用。

以"三层混合"深化产权改革。第一层，上市公司中，中国建材股份有限公司等公司吸纳了大量的社会资本；第二层，业务平台上，把民企的部分股份提上来交叉持股；第三层，工厂层面，给原所有者保留30%左右的股权。通过"三层混合"，既保证了集团在战略决策、固定资产与股权投资等层面的绝对控制，又调动了子公司在精细化管理、技术改造等环节的积极性。

以"三七原则"设计股权结构。中国建材在联合重组、组建混合所有制企业中通常采用"正三七"和"倒三七"的多元化股权结构。"正三七"是指中国建材持有上市公司中国建材股份有限公司的股份不低于1/3，保证第一大股东相对控股，其他投资机构及流通股不超过2/3。"倒三七"是指中国建材股份有限公司持有其所属子公司的股份约70%，给机构投资者和原创业者保留30%股份。通过"正三七"与"倒三七"的股权划分，集团形成了一套自上而下的有效控制体系，在保证集团有效管控的前提下，确保了上市公司和子公司合并利润，同时将市场机制引入了企业内部。

以积极股东完善公司治理。探索多元化股权结构，重点是要引入积极股东。在实践探索中，我们认为较为合理的混合所有制结构包括国有资本和两三家非公资本组合形成公司的战略投资人，即积极股东，以及财务投资人和股民，这样既能保证企业有负责任的股东，也能使广大投资者有合理的回报。

就北新建材而言，中国建材集团有限公司持有中国建材股份有限公司 45.01% 的股份，中国建材股份有限公司持有北新建材 37.83% 的股份，地方国资公司泰安市国泰民安投资集团有限公司持有北新建材 6.68% 的股份，泰山石膏有限公司管理层贾同春及其一致行动人合计持有北新建材 5.09% 的股份，其余为流通股。就中国巨石而言，中国建材股份有限公司持有其 26.97% 的股份，民企创业团队振石控股集团有限公司持有其 15.59% 的股份，A 股流通股股东持有其 57.44% 的股份。北新建材和中国巨石都是非常优秀的上市公司，都获得了中国工业大奖。北新建材是全球最大的石膏板生产企业，在充分竞争、完全开放的石膏板行业赢得了国内 60% 以上的市场份额。在全球玻璃纤维市场中，中国巨石约占 1/4 的市场份额，规模位居全球第一。

以市场化探索差异化管控。国企改革三年行动提出，支持国有企业集团公司对国有股权比例低于 50%、其他所有制股东能够有效参与公司治理的国有相对控股混合所有制企业，实施更加市场化的差异化管控。我们应该把这些政策落地，让它具体化、可操作，即在监管方式和治理机制上探索全资、绝对控股的国有企业差异化管理，使企业更加市场化，内部更具活力。

2021 年 9 月，为进一步建立健全以管资本为主的国有资本监管体系，激发企业活力，中国建材出台了《国有相对控股混合所有制企业差异化管控实施细则》，并在中国巨石率先实施差异化管控，目的是进一步提升企业的效益和效率。

除了上述机制设计外，包容文化、管理提升等也是中国建材混改成功的关键要素。在文化与制度的结合下，中国建材通过与自然、社会、竞争者、员工和谐相处，实现了包容性增长。管理是企业永恒的主题，是做企业的基本功。企业有再好的技术或商业模式，如果管理不善，质量做不好，成本下不来，照样会失败。

共享机制与觉醒企业家

普通的经营者过去讲得比较多的是激励机制，"激励"这个词有企业把员工当成雇员的含义，我给你多一点，你给我更好地干，干多了我给你更多，而不是把员工真正当成人力资本去平等地对待。"激励"这个词汇在一定时间里是可以用的，但是当社会在发展，经济在发展，企业在发展，人们的认识水平也在不断发展时，它应该有一个转化，转化成"共享"。华为就是这么做的，华为设计了一套分享机制，道理其实是一样的。

从激励机制到共享机制

党的十九届五中全会首次提出，把"全体人民共同富裕取得更为明显的实质性进展"作为远景目标。今天我们所讲的共享，就是在想有没有一个办法，既能解决平均主义问题又能让劳动者分到该分的利益，让社会更加公平，打造企业里的"橄榄型"分配结构，在初次分配时就能实现共同富裕的目标？有没有一个办法，既能照顾到效率又能照顾到公平？我觉得，这个办法就是机制，就是企业的共享机制。

现在来看，共同富裕让企业改革有了新的内涵，那就是由激励机制上升为共享机制。共享机制不是平均主义，更不是"大锅饭"。

共享机制的出发点是社会的公平正义，强调企业员工、技术骨干等人力资本通过员工持股、科技分红等在初次分配中实现与金融资本的利益共享。在分配制度上提升效率与保障公平，是社会稳定发展的必然要求，也是推进共同富裕的必要手段，但是，这并不意味着整齐划一的平均主义。中央财经委员会第十次会议指出，"扩大中等收入群体比重，增加低收入群体收入，合理调节高收入，取缔非法收入，形成中间大、两头小的橄榄型分配结构"。在收入分配中，初次分配是最基本的分配，初次分配中所存在的问题要通过再分配和第三次分配来补充。所以，要打造庞大的中等收入群体，形成橄榄型分配结构，我们首先需要在初次分配上提高效率、保障公平。

赋能人力资本，共享发展，是新时代企业发展的必然要求。在技术迅猛发展的今天，如果掌握知识的人力资本无法共享企业创造的财富，企业就很难有活力。因而在财富分配上，企业要引入共享机制，既要考虑股东等企业所有者的利益，也要照顾企业经营者和劳动者的利益，兼顾效率和公平，实现利益相关者的共赢。共享机制具有深层次的意义，真正激发大家奋斗拼搏，是这个时代所需要的。

实际上，设计一套好的机制是不容易的。企业的高质量发展离不开机制的创新，而这还得依靠管理人员、技术人员等员工，他们得有积极性。机制创新并不神秘，如果企业有好的机制，能算清账了，要做的事就行得通。无论是国企还是民企，谁能破解机制的难题，谁能有好的机制，谁就能发展得快、发展得好。

正如任正非所言，华为发展靠的是"认同、分钱"这四个字。"认同"，即进了华为就要认同华为的文化；"分钱"，即要有机制，分好钱就能有更多的钱，钱要是分不好后面就没钱了。企业的核心是能不能分好钱，利益关系能不能处理好。如果利益关系处理不好，企业最后就赚不到钱；如果利益关系处理好了，企业就能赚更多的钱，优秀的员工就会来，还不会走，最后还会有好的客户。

中国建材旗下有几个机制改革的先行者，合肥水泥研究设计院有限公司（简称"合肥院"）就是其中之一，这是一家从事水泥技术研发、装备制造、国际工程总承包等业务的科研院所。合肥院于1950年在北京建院，1978年迁址合肥，1999年由事业单位改制进入中国建材集团，员工工资也不再由国家划拨。

2002年下半年，我到合肥院与全院领导班子成员、中层干部、业务骨干一起开会交流，并以北新建材改制上市的成功经验，指导和支持合肥院开展改制试点工作。在会上，我提出：集团发展要把体制、机制做好；在做大做强上，集团所属设计院所要先走一步，既要改制也要进行规范化管理；改制要坚定不移地去做，有条不紊地去做，要规范化改制；要立足合肥院的实际，做大做强。

合肥院因经营艰难，曾一度连工资都发不出来，于是采取了"大船搁浅，帆板逃生"的市场策略，以七个处室为单位，实行员工持股，成立七家公司。结果，这七家公司做得越来越好，合肥院反而活不下去了，盖章用的是院里的钢印，赚的钱却是这几家公司的，和院里没有关系。我想这样可不行，就提出赚的钱合肥院占70%，员工持股公司占30%。这几十名技术人员刚开始都不愿意接受我的提议，我便动之以情，晓之以理，用了整整一天的时间，终于把他们说通了。

通过一系列改革，合肥院明确了产权关系，为激励机制的实施创造了良好的企业环境。与基础研究型科研院所明显不同，合肥院属于应用研究型科研院所，从国家直接获取科研项目的难度大、比例小，主要依靠自身应用研究取得的大批科技成果的产业化，进入市场，服务企业、行业和社会。作为科研院所，要让技术领头人、经营管理人员和业务骨干持股，调动他们的积极性，激发他们的创造热情，留住和吸引人才，这是合肥院发展的逻辑。

建立共享平台

现在，我国已经进入中等收入国家行列，应该说社会普遍富足了。在财富分配的时候，既要照顾到所有者，也要照顾到经营者和劳动者。"资本+经营者+劳动者"是企业机制的基础，一定要改变现有的分配规则。不仅国企需要改革，民企也需要改革。

企业所有者的确投入了资本，但企业的财富不能都归金融资本所有，企业不是所有者的，而是全社会的。现代公司的核心是"有限"，它在保护公司所有者只用承担有限责任的同时，也限制了公司所有者的权利，即不是公司维护企业所有者的利益，而是所有者不得侵害公司的利益。

过去我们讲，董事会代表股东的利益，实际上董事会应该代表公司的利益。企业所有者不得操纵董事会，因为公司具有独立的法人财产权，企业所有者只能享受自己应有的权利，而不能超越这个权利，更不能控制董事会。董事会要对公司负责，每位董事要对自己负责，这是大逻辑。可是，过去一些企业既没这么做，也没这么想。所以，现在是时候改变规则了，有效的经营者应该让企业的所有者、经营者和劳动者共享企业的财富。

建立共享平台，不是企业所有者的恩惠，而是企业进化的重要标志，也是对企业财富创造者的一种尊重。人是企业中最重要的资本，虽然在资产负债表上没有记载人力资本，但人的智慧和能力已经成为企业创造财富的原动力。企业在进行财富分配时，要充分维护员工的利益。在国外，与员工共享财富已是企业较为普遍的做法。以员工持股为例，法国工业部门企业的员工持股率超过50%，日本绝大多数上市公司实行了员工持股，在新加坡、西班牙等国家，员工持股也十分流行。

企业要建立共享机制，让员工和企业结成荣辱与共的命运共同体，让大家通过辛勤努力地工作，共享企业财富。大家有了一定的财富，才能在社会上体面地、受人尊重地生活。现在的生活成本高，怎样让员工有能力偿付买房、孩子读书、老人赡养、大病医疗等费用，这是改革中要解决的大问题。不解决这些问题，企业里的骨干员工就很难留住，上一轮改革的红利就会丧失，企业就会失去竞争力，所有者的利益也就得不到保障。

国企改革三年行动高质量地圆满收官，其中一项重要的内容就是要把机制做好，深化三项制度改革，在考核分配、中长期激励、职级晋升、荣誉奖励等方面形成"政策包""工具箱"。其中，中长期激励包括员工持股、上市公司股权激励、科技型企业股权和分红激励、超额利润分享、跟投等。目前，不少国企在大力推行员工持股、超额利润分享等中长期激励计划。从长远来看，通过改革激励制度，建立共享机制，激发企业家、科技人员和广大员工的工作热情，有利于企业实现可持续发展。

现在做企业，要解决共享的问题。华为的成功靠什么？腾讯的成功靠什么？它们靠的就是共享机制。实际上，将企业建成共享平台已经成为今天优秀企业的自觉选择。在追求高质量发展的今天，企业必须开明，把自己所创造的财富分配给员工一部分，让企业成为社会、股东、经营者、劳动者等利益相关者的利益共享平台。

共享机制的实践

其实,机制也不是一个新概念。清朝时,山西的晋商就有很好的机制,设立了银股和身股:银股就是金融资本,即东家;身股就是人力资本,包括掌柜、账房先生和伙计。到了年底分红的时候,东家分 50%,掌柜和账房先生分 25%,伙计分 25%,山西平遥票号等一批晋商就是在这样的机制下繁荣壮大的。

2006 年,我就开始带领中国建材在全国范围内先后联合重组了上千家水泥企业,并通过"三盘牛肉""三七原则"这样的机制为民营企业家团队保留一定的股份,让他们共享重组的红利。自从做了中国上市公司协会会长之后,我有机会接触不同类型的企业,并与企业家们进行深入的交流,这让我进一步体会到,机制不仅是解决国企效率问题的关键,也是解决混合所有制企业、民营企业发展问题的重中之重。发展势头好的企业往往是在内部建立了一套科学有效的机制,并将自身打造为与员工共享的发展平台。

海康威视是一家混合所有制企业,通过不断探索符合市场经济背景和企业自身经营状况的共享机制,海康威视获得了高速发展,成为全球安防行业的龙头企业。成立初期,海康威视出于发展的目的引入自然人股东,2007 年自然人股东转让 16% 股份给当时的管理层和核心团队,开始实施员工持股。

海康威视上市后,从 2012—2021 年实施了五期限制性股票激励计划。通过持续扩大股权激励的覆盖范围,海康威视努力让处于不同层级序列的员工共享发展成果,反过来,这也促进了公司业绩的达成和公司价值的持续增长。伴随着发展进入新阶段,海康威视以视频技术为核心,布局了智能家居、机器人、热成像、汽车电子、储存业务五大创新业务。海康威视的新业务探索出一种出资跟投与股票增值权相结合的新模式，集团及创新业务子公司人员均有机会参与，实现了上下联动，激励员工共同创业，将海康威视打造为名副其实的创业发展平台。

作为高新技术企业的优秀代表，小米科技有限责任公司（简称"小米"）在发展早期就设计了"现金+股票"的弹性分配机制，按照员工自行选择的结果分成三种类型：全部现金、大部分现金+少量股票、少量现金+大量股票。小米在实现内部融资的同时，更是将管理者、技术型员工相继变为自己的股东，起到了留心留人的作用，从而让企业股权、产品价值、人力资源价值有机地联系起来，形成了一个闭环。

在科研院所中，也不乏机制创新方面的优秀案例。2006年，中国科学院西安光学精密机械研究所（简称"西安光机所"）面对虽有雄厚的技术人才优势但"绝大多数科研成果都躺在实验室睡大觉"的现状，开始探索"人才+技术+服务+资本"的创新创业模式，通过"科研人员持股、技术团队和管理团队持大股"的激励方式，把科研成果转化的权责利捆绑在一起，最终实现围绕市场需求确定研发计划，彻底破解了这一产学研结合难题。目前，西安光机所产业化平台已经投资400多家硬科技企业。

有效的经营者认为，共享不是简单地分"饼"，而是要把"饼"烙大，让大家都受益，而建立这种共享机制的核心是在思想上承认人力资本的价值，让人力资本和金融资本共同参与分配，共享企业创造的财富。其实，企业建立共享机制并不难，但一些企业做不来，为什么呢？总结起来，共享机制的建立关键在于以下两点。

第一，所有者要开明，也要不断转变思想。财富不应被看成固定不变的常量,而应被看成可持续增加的变量(增量),与员工一起分享财富不是零和博弈,而是调动员工的积极性将"蛋糕"做大(做出增量)的过程。

第二,采用适合企业自身的方式并形成可行的方案。在一些企业中,所有者意识到企业需要分享自身创造的财富,但是不知道该用什么工具,或者在方法上不会操作。

我们欣喜地看到,国务院国资委为了推进市场化机制,还为科技型企业股权和分红激励、员工持股、上市公司股权激励、超额利润分享等制定了操作指引。不同国企可以根据各自的实际情况而自主地选择这些工具,操作指引也有助于实施落地。不仅如此,很多成功探索这些工具的企业也成为鲜活的学习榜样,山东烟台的万华化学被国资委评价为国企改革的典范。

经过多年的实践和试点,中国建材摸索出几种有效的内部机制,比如员工持股、管理层股票计划和超额利润分享,我把它们称为"新三样"。"新三样"是相对"老三样"而言的,"老三样"是指劳动、人事、分配三项制度改革,针对的是"吃大锅饭",解决"干多干少一个样,干和不干一个样"的问题。"新三样"旨在让人力资本参与分红,解决企业的财富分配问题,目的是提高员工的获得感和幸福感。

员工持股

依照《公司法》,员工持股主要是让骨干员工、科技人员来持股。实践表明,通过员工持股,公司平台能够很好地运营,在平台里员工股份是流动的,持有的股份是激励股而非继承股。一般来说,员工股份不上市流通,而是分享红利和净资产升值部分,员工退休时由公司回购其股份,再派分给新的员工。这样,既能保持员工的稳定性，又能保持员工持股的延续性。当然，员工持股并不是所有类型的企业都适用，一般轻资产、智力技术密集、中小规模的企业较为适合，而重资产、规模大的企业的实践效果并不好。

西方跨国公司一般都有分红权，员工收入的大约一半来自年终分红。中国虽然情况有所不同，但可以选择进一步放权让利，让改革再进一步。比如每年进行分红，并和当期效益结合起来，这样更实际一些。也就是说，员工持有的股份不流通，员工不享受股票溢价，由员工持股公司享受溢价，而员工享受分红权、净资产收益权，这样就不受股票价格下跌的影响。这种方法对员工来讲可能更安稳，对企业而言也等于给员工戴了"金手铐"，使员工能更稳定地工作。

管理层股票计划

管理层股票计划一般包括期权、增值权、限制性股票等，很多公司都在做。股票增值权，也被称为影子股票，股票增值权简便易行，把管理层收益和股价结合起来，进而将管理层的积极性与企业的市值结合在一起。管理层不出现金，也不真正拥有股票，但享受股票的增值，对管理层来说，这是比较安全且行之有效的办法。

我在国外经历了很多次路演，每次在路演结束的时候，基金公司都要让我谈谈有什么激励机制。我说有股票增值权，对方问兑现了没有，我说兑现了，对方就很高兴，就愿意下单买股票，这是如今的现实情况。公司为管理层分配部分股权，实际上也是为了所有者，管理层维护股价，有利于增加公司的价值；而如果管理层和公司的价值毫无关系，就没人去维护股价，公司的价值也就可能下降，其中的大账与小账，所有者应该能算清楚。

国务院国资委2020年发布了《中央企业控股上市公司实施股权

激励工作指引》，文件中有一项非常好的改革。过去国有控股上市公司中的境内上市公司及境外 H 股公司股权激励是按照授予时薪酬总水平的 40% 限定股权激励收益；现在对这一规则做了调整，改成中央企业控股上市公司股权激励的授予价值控制在薪酬总水平的 40% 以内，而对股权激励后续行权收益不再进行控制，也就是说，后续行权的限制被打破了，所持股票可以自由去兑现。这是非常大的变化，对管理层持股制度变革而言意义重大，上市公司对此要充分重视。

超额利润分享

有很多企业不是上市公司，也不是科技型企业，而是生产制造公司或贸易公司，那怎么办？它们就可以实施超额利润分享。这是从税前列支的一种奖励分配制度，把企业新增利润的一部分分给管理层和员工，也就是我们以前常讲的利润提成。比如，企业定了 1 亿元的利润目标，最终利润是 1.5 亿元，超额的 5000 万元就作为利润分享的对象。这样既确保了公司的利益，也提高了员工的积极性，应该普遍实施。

《中共中央 国务院关于深化国有企业改革的指导意见》提到，企业内部的薪酬分配权是企业的法定权利，由企业依法依规自主决定。超额利润分享额在工资总额中列支，公司利润越多，员工分的就应该越多。西方跨国公司用的也是这个方法，到了下半年，每位员工都能算出自己的年收入。当年效益好分红就多，效益不好分红就少。

除此之外，按照国企改革三年行动要求，还应鼓励从事新产业、新业态、新商业模式的国有企业，或者具有较高风险和不确定性的创新业务领域的国有企业，按照风险共担、利益共享原则实施跟投。

在加大力度推动科技型企业开展股权和分红激励工作时,要注意:一是全面系统设计激励制度体系;二是健全内部管理机制;三是科学制订实施方案。

觉醒企业家

如今,越来越多的企业认为,应该把客户的利益放在第一位,员工的利益放在第二位,然后才是投资者的利益。这样的企业可以称为"觉醒企业"。如果企业只关心投资者的利益,一定是还没觉醒,当企业觉醒时,它就会与所有的利益相关者共享利益。觉醒企业有三重底线,第一重底线是环境保护,第二重底线是社会责任,第三重底线是利益相关者的利益。企业不再是追求简单的股东至上、为股东争取利益,而是要处理好企业客户、供应商、银行、社区、投资者、员工等利益相关者的利益。

第一,企业应与环境共存,这可以理解为企业肩负的环境保护责任,尤其要解决好企业与自然和谐共生问题。企业的生产经营活动必须尊重自然、顺应自然、保护自然,否则,就会遭受自然的报复,这个规律是无法抗拒的。在环境保护方面,绿色是担当,绿色是使命,绿色也是方向。

2020年9月,中国明确提出力争在2030年前实现碳达峰、2060年前实现碳中和的"双碳"目标。企业占碳排放总量的主要部分,其中工业碳排放占比高达70%,因此,为了实现"双碳"目标,企业的意识和行动显得格外重要。2021年7月,联合国全球契约组织发布了《企业碳中和路径图》,该报告收录了来自美洲、欧洲、亚洲、非洲的55家企业的先进实践,其中包括中国宝武、华为等13家中国企业。显然,制定碳中和目标、实现公正的零碳未来是一项重要议题,在零碳之路上,企业的参与至关重要。在全球范围内,目前已有超过800家企业提出了自身的碳中和目标。其实,环境保护和超额利润一直是企业面临的两难选择。过去企业对环境保护问题不够重视,甚至为了追求利润而违规排放,如今大部分企业的思想格局和行为都已发生了转变。

毫无疑问,"双碳"目标加速让电动汽车成为汽车产业的未来。我国拥有两亿辆汽车的市场容量,这为电动汽车、自动驾驶技术等产业的发展提供了很大的市场空间,中国新能源汽车产销量已经连续数年位居全球第一。这几年,我先后去了比亚迪、上汽⊖、广汽埃安⊜、北汽新能源等企业调研,并试驾了它们的新型电动汽车,这些产品可谓各有千秋。电动汽车目前最重要的不是电池、电机和电控,而是设计和能源。就像苹果手机做了智能化手机一样,最重要的是引入了时尚化的设计和奢侈品销售的营销理念。现在,电动汽车又紧步当年手机的后尘,将设计与时尚相结合,用时尚营销方式进行销售,实现了从卖产品到卖品牌的转变。

第二,企业的社会责任,这体现在国家、地区和社区等层面。除了经济责任、政治责任外,企业还要积极履行社会责任。合法诚信经营,照章纳税,这是企业的本分。企业还要有家国情怀,奉献社会,回报社会,服务所在地区和社区建设。经常有人问我,什么才是好的上市公司?我说很简单,就是企业要做好三件事:效益好、治理规范、承担社会责任。承担社会责任,现在已经成为广大企业的共识。

当然也有人问,履行社会责任是否会有损企业效益?其实,在

⊖ 全称是上海汽车集团股份有限公司。

⊜ 全称是广汽埃安新能源汽车股份有限公司。

当今社会，积极履行社会责任反倒对于企业提升效益具有重要作用。过去我们讲效益好，更多指的是利润，而现在资本市场分析效益时，不只讲利润，更强调价值。为什么特斯拉在资本市场有那么高的市值？因为它是清洁能源车企，更加契合投资者对社会责任的预期。可见，我们今天在看待企业效益的时候，社会在评估企业价值的时候，实际上都已经考虑了社会责任。

第三，企业应考虑与利益相关者共存共荣。不赚钱的企业不是好企业，但只会赚钱的企业也不一定是好企业。企业应该让所有的利益相关者都能持续地创造价值、共享价值，服务好客户、给予员工尊严和尊重、将供应商视为价值创造的伙伴、服务好社会和社区等，而不应该仅仅为投资者提供投资回报。卡特彼勒公司承诺48小时内在全球任何地方为它生产的车辆和设备提供零部件，麦当劳则要求员工丢掉那些不再冒热气的炸薯条，这些都是为客户提供良好服务的典范。

党的十八大以来，习近平总书记高度重视企业家群体在国家发展中的重要作用，多次强调要弘扬企业家精神。党的二十大报告再次提出"弘扬企业家精神"，无疑让企业家倍感振奋。无论是做大"蛋糕"还是分好"蛋糕"，作为发展经济、创造财富、扩大就业的主体，企业都发挥着不可替代的重要作用。当今社会主要以企业的形式创造财富，而带领企业创造财富的就是企业家。

一些专家和学者认为，企业家把企业做好，纳税越多，对社会就越有贡献，不仅推动了经济繁荣，还发工资养活了员工。其实，这句话只讲对了一半，我国社会的确需要企业家，尤其是改革开放初期，企业就是在党的领导下由企业家带领员工一起奋斗出来的。反过来，企业家离不开员工，没有员工，企业家能够独自创造出财富吗？企业家也离不开客户，没有客户，企业家还能有用武之地吗？财富创造不是仅靠企业家就能实现的，还需要员工、客户、供应商、股东，以及企业所在的社区等利益相关者。因而，企业家要正确理解个人与这些利益相关者的关系，充分认识财富的创造离不开这些利益相关者。企业家要有感恩之心，要能兼顾这些利益相关者的利益，我称这样的企业家为觉醒企业家。

实际上，做企业就是做人的工作。员工的信心比黄金还重要，员工有信心就能推动企业成长，客户和投资者的利益才能得到保证。如果企业对员工漠视，员工对客户也会漠视，企业就会走下坡路。作为社会经济活动的重要力量，企业家要秉持爱国、奉献、创新等优秀品质，努力成为社会经济高质量发展的稳定器，做大"蛋糕"，合理提高劳动报酬，与劳动者共享发展成果，充分调动劳动者的归属感、认同感和积极性，形成良性发展机制。

企业家也要具备底线思维和责任意识，尤其是高收入的企业家要向上向善、关爱社会，增强社会责任意识，积极参与和兴办公益事业。泰康保险集团股份有限公司创始人、董事长兼首席执行官陈东升曾提出，企业家与生俱来就有三重责任：一是为社会创造财富，二是为社会解决就业问题，三是为社会做应尽的公益和承担社会责任。企业家比普通人更会创造财富，不仅要让自己富起来，更要通过一定的机制带领广大员工富起来，要更多地回报社会，多尽社会责任。

习近平总书记在2020年企业家座谈会上的讲话中曾强调，希望企业家增强爱国情怀，并提到了张謇等爱国企业家的典范。张謇是一位清末民初的实业家、政治家、教育家。他一直倡导"实业救国"，是中国棉纺织领域早期的开拓者，一生创办了20多家企业、370多所学校，为中国近代民族工业的兴起、教育事业的发展做出了宝贵贡献，是中国近代具有企业家精神的楷模。

谈到企业家的榜样，我想起了已过百岁高龄的郭鹤年老先生。在 2012 年中国经济年度人物颁奖盛典上，当主持人宣布将全场唯一的"终身成就奖"颁给 89 岁的马来西亚华裔商人郭鹤年时，现场嘉宾纷纷起立，报以热烈而持久的掌声。郭老先生应邀给年轻一代企业家提了四点希望：一是做企业要专注聚焦；二是要有耐心；三是取得成绩后要当心，因为成功也是失败之母；四是有了财富要回馈社会，越多越好。我觉得郭老先生讲得特别好。"穷则独善其身，达则兼济天下。"企业家可能确实比普通人更会做企业，就这一点而言，社会要尊重、认可企业家。反过来，企业家赚了钱干什么？过去，我们讲企业救国、实业报国，如今在和平环境下，企业家还应该多支持教育、多帮助弱势群体，回报社会。

我和福耀玻璃董事长曹德旺有过较为深入的交流，他不仅被称为"玻璃大王"，还被称为"慈善大王"。他从 2009 年开始就一直致力于慈善事业，以父亲姓名成立了"河仁慈善基金会"，至今总计捐款已经超过 120 亿元，2021 年又拿出 100 亿元筹建福耀科技大学（暂名）。曹德旺跟我说，他这些年捐赠的钱不是公司的，都是自己的钱，上市公司的钱一分没动。他是个明白人，知道怎么对待自己的财富。财富多了，就支持教育，做慈善，多尽社会责任。

虞仁荣创办的上海韦尔半导体股份有限公司，是中国最大的图像传感器厂商。清华大学毕业的虞仁荣深知知识的力量，他的成功离不开教育的滋养。他以 300 亿元的巨资，在宁波这个东方港口城市建立了一所高标准的理工科大学。这所大学不仅拥有一流的硬件设施，更有着长远的教育愿景——培养未来的科技领军人才。在他看来，教育是最为根本的公益事业，能够改变人的命运，推动社会进步。

美的创始人何享健捐出他持有的 1 亿股美的集团股票和 20 亿元现金，注入他担任荣誉主席的广东省和的慈善基金会，用以支持佛山本地乃至全省全国的教育、医疗、养老、创新创业、文化传承等多个领域的公益慈善事业发展。

我做了 35 年的大型企业领导，亲历了企业机制的改革，深刻体会到共享对企业的重要意义。我做中国上市公司协会会长以来，努力从新发展理念的高度来思考共享的逻辑，进一步认识到共享的逻辑对每一个企业、每一位企业家来说都是格外重要的。

作为有效的经营者，企业家今天做企业，学会运用共享机制很重要，只要遵循了共享的逻辑、建立了共享机制，无论是国企还是民企、混合所有制企业，都能形成强大的内生动力和外在竞争力。同时，企业家的共享对国家和社会来说也具有重要意义。企业是创造物质财富的主要来源，也是推动创新、实现社会目标的重要推手。企业内部的共享，更有利于实现党的十九届五中全会提出的"市场主体更加充满活力"的目标；而围绕着企业利益相关者的共享，更是扩大中等收入群体，形成橄榄型分配结构，让社会更加公平、更加和谐的重要举措。

我希望我们的企业家能有情怀，在这个时刻要处理好多赢和共赢的问题，不仅要考虑自己那一部分利益，也要考虑社会和广大员工，更多地关心企业的利益相关者，服务社会、回报社会，让自己成为觉醒企业家。其实，共享对每一个企业家、每一个所有者来讲都会更好。这就是我们所讲的，企业的目的是让社会更美好。

THE EFFECTIVE
EXECUTIVE

第 7 章

回归常理做企业

作为企业领导者，先是要从管理转向经营，再由普通的经营者升华为有效的经营者。在今天这样一个充满不确定性的时代，最能确定的是什么呢？依旧是我们内心和管理的基本原则，做企业的原则和原理并没因为诸多不确定性而改变。我把这些原则和原理归纳为做企业的常理，有效的经营者应该秉持这些做企业的常理。我深耕企业 40 年，结合自己的实战经验归纳出了 16 条做企业的常理，也是我这么多年做企业的看家本领。作为有效的经营者，除了要抓好五项任务、掌握十大能力外，还要记住这 16 条常理，因为这是做好企业经营工作的底层逻辑。

做企业的四大主义

能发现"黑天鹅"的人是聪明人,能发现"灰犀牛"的人是理性人,而认为未来充满不确定性的人是老实人,我大概是最后一种人。虽然未来是不确定的,但无论世道怎样不确定,有效的经营者还是要按着常理去做企业。我把其中的一些常理归纳为"四大主义","主义"就是指对做企业所持有的系统主张。

秉持务实主义

做企业是个辛苦活,必须务实,来不得半点虚假。改革开放以后,中国经济为什么发展得这么快?这和我们中国人务实的精神有关。什么叫务实?过去讲的"摸着石头过河"是务实主义,"不管白猫黑猫,会捉老鼠就是好猫"也是务实主义。其实,做企业就是要扎扎实实地做事,一步一步地探索,逐渐找到规律。做企业光靠高谈阔论没用,最根本的还是要做出好的产品、提供好的服务,最后有良好的经济效益,这是有效的经营者要时刻牢记的。今天,有效的经营者首先要种好自己企业的那一亩三分地。

我在北新建材的管理是从整理整顿生产环境开始的,因为企业如果连打扫卫生都做不好,又怎么能做好产品呢?所以,那时我带领大家打扫卫生。有年轻干部跟我说:"宋总,我们为什么总去打扫卫生呢?我们要不要做点大的事情呢?"我说:"一屋不扫,何以扫天下?"打扫卫生不只是一件看似简单的小事,更体现了一种务实精神,我们做事情要从点滴做起,要从细微处做起。

作为有效的经营者,我们不能好高骛远,要一步一个脚印,不能有侥幸心理,一分汗水一分收获。我常说,做企业这么多年,我是十分汗水一分收获。有人跟我说："宋总，你做了两家《财富》世界500强企业，好厉害。"其实，我一点也不厉害，因为我每天工作16个小时，那么多年没有休过一个周末，没有休过年假，我是比大家用了多一倍的时间带出了两家《财富》世界500强企业。所以，我一再强调什么都是时间的函数，不存在哪个人有三头六臂，一定是一分耕耘一分收获。

务实真的很重要，有效的经营者在战略制定、技术创新、财务运作、资本运营等方面都应该有一种务实态度。普通的经营者可能担心，务实和创新会不会矛盾。实际上，一点也不矛盾，创新也要务实，也要追求有目的、有质量、有效益的创新，而不是盲目的创新。

做企业一定要在方方面面都秉持务实主义，包括企业规模、发展速度等，这些也都要根据外部环境和自身情况而定，当大则大、当小则小，小企业可以做专精特新，大企业力争世界一流。做企业千万不要拔苗助长，一定要根据自己的实际情况去做，还要适应发展的节奏。做企业不能只会快跑，也要学会慢跑和长跑。

在信息过载的数字化时代，企业的经营者不能把大量的时间和精力用在处理碎片化的信息上，而是应该沉下心来，把本职工作做好。毕竟，我们不是经济学家、科学家……而是企业的经营者，我们不能代替别人，别人也不能代替我们。我们要把仰望星空的事交给科学家，企业的任务是提升他们需要的望远镜的玻璃片质量，这是企业的本分。做好企业的根本是提供好的产品、好的服务，这是企业的看家本领，必须做好。

坚守专业主义

做企业一定要围绕专业进行。近些年来，我们看到出问题的上市公司除违法乱纪之外，绝大部分都是因为偏离了主业，盲目扩张。有效的经营者认为，做企业要聚焦，横向来讲业务一般不超过三个，纵向来讲产业链上的业务也不超过三个。做企业还是要符合专业化分工，这是一个基本逻辑。

工业化早期，大多数企业其实都是专业化的；随着经济的迅速发展和机会的不断增多，不少企业开始选择多元化；但后来随着市场竞争越来越激烈，许多企业无法过于分散资源，又回归专业化。这么多年看下来，企业做专业化成功的比较多，而做多元化成功的比较少。

有效的经营者主张专业化，但是企业在某个行业碰到了"天花板"，怎么办？那就做相关多元化，比如不同业务在技术上、产业链上、市场上具有相关性，有助于企业构筑自身的业务组合力。其实，中国建材、国药集团都是相关多元化的企业。那么，企业能不能做多元化？答案是肯定的，像华润这样的投资集团做的就是多元化，它很注重业务之间的对冲机制。无论哪种类型的企业，在业务平台层面都要做到专业化。企业要高度聚焦，才能把企业做好。

如今，我们进入一个高质量发展的时代，这个时候得好好研究，企业要不要转型，要不要转行。对绝大多数企业来说，转型并不意味着要转行。企业现在遇到的是产品的供过于求问题，不少行业面对的是供求关系失衡的问题，但只要企业身处的这个行业不是像过去的胶卷、彩色显像管等行业那样彻底萎缩，绝大多数企业更应该考虑的是如何在行业里获得新生和发展。企业要推动高端化、智能化、绿色化转型，做细分领域的头部企业，从而获得成功，这也是企业坚守专业主义的重要方式。

中央经济工作会议提出，促进专精特新中小企业发展。专精特新就是专业化、精细化、特色化、新颖化，它把专业化放在第一位，可见专业化的重要性。专业化就是要聚焦细分领域，做精、做深。我之前调研过的双枪科技股份有限公司，主营筷子、砧板等日用环保餐厨工具，每年生产几亿双筷子、上千万片砧板，是一家绩优的上市公司。这是专业化的典型案例。

坚持长期主义

做企业是一个长期的活，不是百米冲刺，而是马拉松式的长跑。做企业不可能马到成功，即便是"马到了"也不一定会成功。做企业需要一个漫长的过程，是一件苦差事，久久为功，必须要坚守。企业家精神蕴含了创新、坚守和责任这三层意思，坚守是最不容易的。做好一家企业需要10~15年的时间，如果你想把企业做到极致，可能需要30~40年。有人会问我，这是怎么算出来的。其实，这不是算出来的，而是做出来的。像北新建材做石膏板做了40多年，中国巨石做玻璃纤维做了将近50年，它们现在都做到了世界第一，用了四五十年的时间。

北京大学刘俏教授在《从大到伟大：中国企业的第二次长征》一书中指出，一家称得上伟大的企业，必须要经过50年以上的历练，短时间的成功不能被称为伟大的企业，因为不知道后面还有多少风险在等着。只有经得住历史的考验、长期的磨砺，才有可能成为伟大的企业，就这一点而言，我们的企业距离伟大的企业还有很长的路要走。做企业，我们都要有这样的心理准备。我们选择的是坎坷不断、奋斗不息的道路，企业要坚守下去才会终成正果。

我曾去中国商用飞机有限责任公司（简称"中国商飞"）调研，

C919 大飞机商业航班首飞成功引人瞩目，实际上，这是挺不容易的。中国商飞让我印象最深刻的是什么？那就是它的工程师和技术人员大都做了三四十年，从最早做运-10，到后来跟美国麦道合资做 MD-90，再后来做 ARJ21 支线客机，到现在做 C919、C929，坚持做了这么多年。中国商飞的展厅有四个条幅，写着"长期奋斗、长期攻关、长期吃苦、长期奉献"，这就是长期主义。关键是这"四个长期"都体现了人的付出、人的奉献，非常难得。做企业就要有这种长期坚守的思想，要坚持长期主义。

不光企业要秉持长期主义，有效的经营者也要秉持长期主义。现在有时会听到一个词——"躺平"，我不大赞成"躺平"的做法，企业有困难的时候，正是有效的经营者大显身手的时候。他们的使命就是克服困难，如果没有困难，企业要他们干什么呢？有效的经营者就是要克服重重困难，打造精良的产品、提供优质的服务，为社会创造财富。美国第 30 任总统约翰·卡尔文·柯立芝总结美国精神时说："美国的事业就是企业"，其实，企业也是中国的重要事业，但是企业要靠有效的经营者带领才能做好。

要奉行长期主义，做企业还要做好传承。从改革开放到现在，不少企业经营者的年龄都大了，能不能做好传承，这是对有效经营者的一个终极拷问。我之前去青岛见了周云杰、贾少谦，周云杰接了张瑞敏的班，贾少谦接了周厚健的班，这两个年轻人都非常之优秀，特别高兴海尔、海信这两家知名企业都完成了传承。对每个企业来讲，这真的是重要一关，能不能把传承做好，也是有效经营者应该思考的事情。有效经营者既要做好企业，又要育好人——都是长期的活。

弘扬人本主义

做企业要以人为本，终究是一件为了人而干的活。那么，企业的目的到底是什么？有人说是赚钱。不错，做企业是要赚钱的，赚钱又为了什么？实际上，这就是为了人的幸福，为了让社会更美好。做企业不能只看到厂房、土地、设备、产品、现金等，更重要的是要看到活生生的人，企业经营要以人为中心来开展。

对企业来讲，投入产出比最大的就是对员工的投入。1993 年，我做了北新建材的厂长，当时工厂发不出工资，几千名工人面临着困境，怎么办？工厂的热烟炉一天到晚灭火，为什么？工人没有积极性。后来，工厂经过了整修，工人让我给热烟炉点火，我把火把扔到炉子里，跟工人们说："其实，我最想点燃的是大家心中的火。如果大家心中没有火，炉子里的火就会灭，如果大家心中有火，炉子里的火就不会灭。"我点火的那一年，炉子的火就没灭过。在我做厂长前，石膏板生产线每年产量不到 800 万平方米，连额定生产能力 2000 万平方米的一半都做不到；而我当厂长的第二年，产量就超过了 2000 万平方米。

我有时也在问自己，为什么我能带领这家企业扭亏为盈、反败为胜呢？原因很简单，就是我洞察了人性、理解了人心。那时候我问工人："你们怎么才能好好干活？"他们就说："宋厂长，我们很多年没分过房子了，很多年也没涨过工资了。"我回答："那么分房子、涨工资的钱在哪儿？钱在大家的手里，大家努力工作，有了效益，盖两栋宿舍楼不算什么，涨点工资也不算什么。"后来，我就在工厂挂起了两个条幅：一个条幅上写着"房子年年盖"，另一个条幅上写着"工资年年涨"，调动了大家的积极性。

"人"是企业最宝贵的资源,是做好企业最可依靠、最为牢固的基础。沈阳富创精密设备股份有限公司(简称"富创精密")2022年在科创板上市,是国内半导体设备精密零部件的龙头企业。它的股权激励制度健全,通过员工持股等,公司利益与核心管理人员、技术人员的利益紧密绑定。富创精密注重创新研发,实现了部分核心零部件的国产化,制造工艺全球领先,产品也受到了国内外客户的认可。

中国南方航空集团有限公司(简称"南方航空")坚持人才是第一资源,着力构建科学规范、开放包容、运行高效的人才发展治理体系,强调"以人为本",突出以业绩论英雄,想干事的给机会、能干事的给舞台、干成事的给激励。这在很大程度上确保了南方航空为旅客提供全流程、规范化、一致性的服务体验;同时,通过对1.5万名乘务员的党建教育,让员工热爱企业,融洽团结,有集体主义精神,实现了随叫随到,不叫不到,打造"亲和精细"的一流服务品牌,为会员提供全方位立体化的出行服务。

做企业的四大核心

除了四大主义之外,做企业还要聚焦四大核心,即核心业务、核心专长、核心市场、核心客户,这些都是企业非常重要的看家本领。事实上,做企业没有什么诀窍,但有效的经营者一定要抓好四大核心。

做强核心业务

核心业务指的是什么?其实,它就是企业所能提供的最重要的产品或服务，往往为企业贡献最大比重的营业收入和利润。当然，企业也倾向于把最优质的资源配置给核心业务。通常，核心业务的营业收入和利润应占企业营业收入和利润的70%左右，余下约30%则来自非核心业务。所以，有效的经营者要特别重视核心业务的发展和投入，非核心业务若是出血点，就必须下决心剪掉，不要在非核心业务上下很大的功夫。

在核心业务上，企业既可以选择专业化，也可以选择相关多元化，甚至是多元化。我本人是个专业主义者，希望能把某一个专业做好，做到极致。北新建材主营石膏板业务、中国巨石主营玻璃纤维业务，都做了40多年，成为细分领域的头部企业。

相关多元化虽是多元化，但每个业务之间有关联性，尤其是技术上、产业链上、市场上具有相关性，或者兼而有之。一般来讲，产业集团会选择相关多元化。比如，中国建材就是一家相关多元化的企业，所从事的水泥、玻璃、新材料、国际工程等业务都是有相关性的。韩国的现代、中国的华润等都是多元化的公司，它们往往规模较大，基本属于投资集团，而不是产业集团。

无论选择相关多元化还是多元化，企业都要做好主业。集团层面是相关多元化或多元化的，但每个平台是专业化的。一些公司虽然看起来营业收入做得很高，但靠的是各个多元化业务的营业收入加总，并没形成控制力，一旦遇到问题可能就会轰然倒下。像中国建材、国药集团的营业收入也很高，但是它们的营业收入越高，它们在行业中的控制力就越大，因为它们所进行的扩张都是有边界的，都是专业化的扩张。

业务不在于多，而在于精，业务还要归核化，企业要做大做强核心业务。从众多企业的成长历程来看，无论大型企业、上市公司，还是中小企业，绝大部分出问题的企业，关键都在于没有做好核心业务。原则上，中小企业应该采用"窄而深"的业务模式，拓展国际市场，打造行业隐形冠军；大型企业、上市公司的业务也应尽量不超过三个，还要力争每个业务都能跻身行业前三。如果企业的业务分散得像个"大杂烩"，让消费者分不清它到底是做什么的，这样的企业很难长久发展下去。

赤峰黄金是一家民营上市公司，上市后发展了七八个业务，结果非核心业务都亏损，企业不赚钱，股价下跌，陷入了危机。后来，赤峰黄金聘请了王建华出任董事长，王建华曾任山东黄金集团董事长，后来做紫金矿业集团总裁等，管理过几家优秀企业。他上任后遵循业务归核化的原则，把非核心业务都卖掉了，只留下了挖金矿、炼金子的业务，致力于"做专注、专业的黄金矿山公司"，企业愿景是成为受全球欢迎的主要黄金生产商。几年过去了，赤峰黄金重新焕发生机，现金流充沛了，利润也高了，股价也大幅提升。

打造核心专长

企业有了核心业务，还得有核心专长。俗话说"一招鲜吃遍天"，到底哪一招鲜适用于自己的企业呢？归根结底，企业之间的竞争是不同核心专长之间的竞争。企业要明确自身的核心专长是什么，没有核心专长，就没核心竞争力。

企业能够活下来，都有自己的核心竞争力，只不过有的企业说不清楚自己的核心竞争力是什么。核心竞争力可能是某项技术专长，企业在特定技术上确实比其他企业厉害，可能是管理能力、运营效率、成本控制比其他企业好，可能是品牌知名度高，也可能是新的商业模式，还可能不只是某一项技术专长，而是几项专长的组合。

做企业一定要明确自己的优势到底在哪里，怎么维持这种优势，也就是大家常讲的企业有没有护城河，有没有进入壁垒等，这些都与企业的核心竞争力有关。企业如果想做好，就必须培育自己的核心竞争力。

我去湘潭钢铁集团（简称"湘钢"）做过交流，它是湖南钢铁集团旗下的一个钢铁厂。湘钢在整个钢铁业里不算是大钢铁厂，而且它所在的产区既没有焦炭，又没有铁矿，也没有海港，不具备原燃材料优势和运输优势。这样一个钢铁厂该怎么经营？它走了一条极致的差异化路线，不做建筑钢材，主要生产硅钢板和高档汽车薄钢板，中国不少汽车企业用的薄钢板就是湘钢生产的。这两年湘钢的利润排在行业第二位，仅次于中国宝武。中国宝武在湛江的钢铁厂也生产薄钢板，市场占有率达60%，但是中国宝武做的钢种类多。

湘钢旗下的电缆厂，以前是一家很有名的企业，后来被湘钢重组了。我参观了这家电缆厂，它现在不做普通电缆，只做各种各样的特种电缆，成了一家绩优上市公司，也是200家"创建世界一流专精特新示范企业"之一。可以看出，湘钢把极致的差异化作为核心竞争力，作为一种文化基因来经营企业。

今天，企业大都处在高度紧张的状态。为什么？因为变化太快了。即使企业现在形成了核心竞争力，构筑起竞争优势，但有效的经营者也要明白这种优势并不能一劳永逸。企业不仅要加大对核心专长的投入，也要注重核心竞争力组合的完善。有效的经营者要用发展的眼光不断地创新，创造动态的核心专长，进而形成可持续的动态竞争优势。

建设核心市场

市场是企业的舞台，开拓市场是企业的首要任务。做企业必须研究和明确核心市场在哪里,核心利润主要来自哪里,到底是行业市场、区域市场,还是全国市场、全球市场,不管是哪个市场,都要精耕细作。我主张做市场要"三分天下",而不是"包打天下",因为市场那么大,企业要聚焦核心市场。

中国建材的国际工程业务是核心市场建设的一个典范。中国建材原有十几家涉及国际工程业务的公司,分别来自原中国建材集团和原中国中材集团。这些企业经过多年境外EPC项目的实施,建设了一大批世界一流的水泥和玻璃工程,但由于业务同质化,企业之间经常打乱仗,大量内耗,有损各自收益。"两材"重组后,我们召开国际工程业务专题工作会,成立协调工作组,明确精耕市场、精准服务、精化技术、精细管理的要求,提出减少家数、划分市场、集中协调、适当补偿、加快转型的思路,确定统一经营理念、统一竞合、统一对标体系、统一协调机构的"四统一"原则。

针对"一带一路"倡议,中国建材加大资源整合力度,采用"切西瓜"模式,在国际工程业务所涉及的市场中划出东南非洲、中东欧、中东、中亚、南亚、东南亚、南美七个重点区域。这种"切西瓜"模式可以避免相互杀价,化解竞争冲突,让企业更专注市场和坚守长期主义,占领一个市场就要深耕那片市场。

中材国际是中国建材旗下一家做水泥技术装备与工程业务的企业,凭借着自身一流的技术、高性价比和市场开拓能力,全球市场占有率达到了65%。最近几年国际市场变化比较大,中材国际选择了三个市场:中东非、中东和东南亚市场,进行精耕细作,收入和利润增长了20%。这说明即使在困难的情况下,只要找准了自己的核心市场,然后精耕细作,企业依然能够取得良好的效益。

开发核心客户

做企业的核心是创造客户，为客户服务。客户是企业的江山，如果没有了客户，企业最终将不复存在，所以企业要以客户为中心，要理解和满足客户的需求，要为客户创造价值。实际上，企业有没有以及有多少核心客户对企业经营来说至关重要，当然，企业对核心客户也要忠诚。

企业的核心客户，也叫忠诚客户。其实，客户对企业的忠诚源于企业对客户的忠诚，将心比心，真心是用真心换来的。如果企业对客户真心实意，客户也会对企业真心实意。企业需要营销、宣传，有很多技巧可以运用，但是最终还是要看价值观，企业能不能取得成功，往往取决于企业领导者是不是拥有一个正确的、良好的价值观。凡是优秀的企业往往都建立了长期客户群、核心客户群，对客户忠诚，并持续为客户创造价值，提供增值服务。

有时，我们去饭店吃饭，如果点了一大桌子菜，吃不下，就会造成浪费；而如果有服务员在点菜时告诉我们，菜已经够了，不用再点了，我们就会觉得这家饭店很温馨。这就是饭店的一种增值服务，看起来好像少卖了几道菜，但是长期来看，饭店获得了更多回头客。这个故事的道理其实很简单，但是并不那么容易做到。

当然，这不只是服务员等一线员工的事情，也是董事长的事情，如果董事长忘了客户，企业也会衰败。我在和中国商飞董事长贺东风交谈的时候，问他在中国商飞最重要的工作是什么。他说了两点：一是质量管理，飞机载客要万无一失，质量的可靠性是放在第一位的；二是以客户为中心，他每年都要抽时间去拜访各个航空公司客户。航空公司对中国商飞有两方面的要求：一是飞机必须保证安全，二是必须为航空公司创造价值。

中国建材旗下的凯盛浩丰农业有限公司,是国内最大的智慧玻璃温室运营商。公司负责人马铁民每天早晨都要看客户的反馈,并且主要看那些负面反馈,了解客户到底什么地方不满意,关注客户的差评,这样有利于改进工作。我很认同他的做法。比如饭店行业,有时就是因为有苛刻的、挑剔的客户,才促进了整个行业服务意识和服务水平的提高。

除了把握客户的需求外,企业更难做到的是创造客户需求,只有走在客户和市场的前面,才能取得较为显著的创新成果,提供更具特色的产品或服务,吸引和培育更多的长期客户。特来电新能源股份有限公司(简称"特来电")的创新理念是:"不是客户需要什么,我们就开发什么,而是我们创新什么,市场就需要什么。"特来电的定位是打造一个新能源和新交通深度融合的生态运营公司,通过搭建一张中国最大的汽车充电网,它构建了人、车、电池、能源深度联结的工业大数据平台,并保持实时在线和高强度交互,将汽车大数据、用户行为大数据、能源大数据等收集到充电网,实现了约车、买电卖电、大数据修车、大支付金融、大客户电商等互联网增值服务,形成了引领充电网、车联网和互联网"新三网融合"的新能源互联网。

做企业的四支队伍

企业领导者不能只看到厂房和设备,关键是要看到人。要做高质量的企业、高质量的产品,关键是靠高质量的团队。要开展国际竞争、解决当前困难,也得靠企业坚强有力、能打硬仗的队伍。这几年，企业遇到了不少困难，但大家都表现出了坚强的韧性，未来在市场竞争中，还要靠企业团队成员顽强拼搏的精神。在企业里，有效的经营者关键要培养以下四支队伍。

建设一支有企业家精神的干部队伍

习近平总书记多次强调企业家精神并指出，"市场活力来自于人，特别是来自于企业家，来自于企业家精神。"他还在一次企业家座谈会上明确提出了"增强爱国情怀""勇于创新""诚信守法""承担社会责任""拓展国际视野"五点希望，丰富和拓展了企业家精神的时代内涵，为弘扬新时代企业家精神提供了思想和行动指南。在企业里，我总结了企业家精神的三大特质：创新、坚守与责任。企业家是企业的带头人，社会上的企业家群体是要带领整个企业界，带领各种经济体一起克服困难，好企业都会有好的企业家带头人。毛主席曾说过："政治路线确定之后，干部就是决定的因素。"其实，在企业里也是如此，企业目标确定之后，干部队伍就是决定性因素。那么，我们的企业究竟需要一支什么样的干部队伍呢？

对于国有企业的干部，我们国家是有一些具体要求的，就是对党忠诚、勇于创新、治企有方、兴企有为、清正廉洁。我觉得，这20个字不仅适合国有企业的干部，同样也适合其他所有类型企业的干部。深受这20个字的启发，我对企业里的所有干部和员工，提出了"四精五有"的素养要求。"四精"，就是要精心做人、精心做事、精心用权、精心交友。"五有"，就是要有学习能力、有市场意识、有敬业精神、有专业水准、有思想境界。其实，"四精五有"的干部队伍素养，也蕴含了企业家精神的三大特质，因为市场意识包含了创新与竞争，精心做事与敬业精神包含了坚守，四个精心与专业水准本身就是一种责任的体现。

企业里最重要的无形资产就是企业家精神,企业家精神虽然主要来源于我们企业家,但是并不局限于企业家这个群体。如果我们企业里的干部队伍都具有强烈的内驱力与领导力,都能如企业家那般,面对困难具有百折不挠的精神,尤其是在经济下行压力之下,都能众志成城,共同努力渡过难关,对企业都能负起自己应有的责任,那就不仅有助于提升企业的创新力和竞争力,还能推动企业文化建设,增强企业的灵活性和适应力,最终实现企业的可持续发展。

大型集团大多都设有二级企业、三级企业,甚至四级企业。以我曾任职的中国建材为例,在集团总部,由我带领着大家在市场中拼搏;集团所属各层级企业都是独立竞争的市场主体,不同层级企业的董事长或总经理实际上也都是企业家,而且也很优秀。这就形成了一支企业家队伍在市场中竞争的格局,只有真正具有并激发出他们的企业家精神,企业才具有很强的市场竞争力。

在集团型企业里,各层级企业的班子成员、各部门负责人都是企业的经营管理干部。所以,集团型企业里的干部队伍一般有三个层面,一是集团总部的大企业家,二是集团所属各层级企业一把手组成的企业家队伍,三是集团总部及各层级企业一把手之外的其他班子成员、各部门负责人等经营管理干部队伍。21世纪是人才的竞争,是组织质量的竞争,这三个层面的干部队伍的质量关乎企业的未来发展,我们要激发出他们的内心热情与积极性,把他们打造成一支有企业家精神的干部队伍。

培育一支有科学家精神的技术队伍

今天是个高科技时代,技术进步离不开具有科学家精神的技术人才，技术人才是企业的核心资源。也就是说，企业也要打造一支有科学家精神的技术队伍。企业不仅要特别重视技术人员的自我培养，也要积极引入技术人才，设立良好的激励机制，激发他们的创新热情。

万华化学是一家全球化运营的化工新材料公司，为了"让每个中国人都能有一双皮鞋"的目标，公司最早从国外引进技术装备，从事人造革生产，后来进入化工原料生产领域。由于遭遇技术引进失败等困难，万华化学决心自己搞技术研发，随后大刀阔斧地进行体制机制改革，把技术创新作为公司第一核心竞争力，借助员工持股和科技分红两大法宝，激发骨干员工干事创业的积极性，同时鼓励创新，宽容失败，进而实现技术突破。

人才是创新的主体，创新驱动实质上是人才驱动。万华化学深谙这一点，一以贯之地描绘"人才济济、茁壮成长、后继有人"的人才蓝图，夯实创新之基。目前，万华化学全球研发人员已由2018年的1000多人增至3000多人，平均年龄不到31岁。"聚是一团火，散是满天星"，万华化学的"工程师红利"正在不断释放出来。今天，万华化学已发展成为利润超过百亿元的跨国化工新材料公司。

西安光机所创建于1962年，是中国科学院在西北地区最大的研究所之一，属于国家高精尖科研院所，主要研究领域包括基础光学、空间光学、光电工程等。过去由于遇到科研人员流失等问题，西安光机所通过一系列体制机制改革打破了传统科研院所技术与市场之间的壁垒，在"拆除围墙、开放办所"的创新理念引领下，逐步形成了"人才+技术+服务+资本"的"西光模式"。西安光机所通过"科研人员持股、技术团队和管理团队持大股"的激励方式，激发科研人员的热情，解放思想，充分发挥科研院所的优势。

西安光机所明确提出，孵化硬科技企业不是为了单纯的财务回报，实现投资收益只能是目的之一，更重要的是通过体制机制的改革和探索，在高投入、高风险的前沿关键技术领域，实现产学研深度融合，引进更多高端人才，带动科研机构、新兴学科发展，真正让硬科技服务于社会、服务于人民。

组建一支有"四千精神"的营销队伍

企业的生存和发展离不开市场，能不能赢得市场，关键在于营销队伍能否有效行动。企业要把产品销出去，就必须有销售员走出去，找市场、找客户。开拓市场是件十分艰辛的工作，创造客户需求和维护客户关系也需要长期细致的工作，企业要进行双循环就必须有一支能打硬仗的营销队伍。争夺客户和市场，营销工作是一马当先、重中之重的工作。

为了把产品卖出去，北新建材当年成立了推广部门，从车间抽调一些年轻员工专门负责推销产品。我那时是技术员，常给销售员讲解产品性能。当时购买北新建材产品的大多是专家，对于产品怎么用，销售员有时说不清楚，我就跟他们做产品介绍，后来自己干脆从技术员转做了销售员。记得在瑞典沃尔沃参观的时候，它的销售员名片上大都写着硕士，这让我很吃惊。那个时候很多人看不起推销工作，觉得做这行的都是些没文化、只会动嘴皮子的人，但当时厂里有产品、没销路，产品卖不出去，大家就都没饭吃。厂里遇到了困难，我为什么就不能去卖产品呢？1983年，我开始做起销售工作，这一做就是10年。

那10年里，我一天到晚跑市场，虽然很辛苦，但我也由此深刻理解了竞争的本质，深知吃企业这碗饭不容易。记得去建材供应站推销时,每到一个单位,人家就问,你是做什么产品的?有水泥吗?没有。有玻璃吗?没有。有铝材吗?没有。钢材呢?也没有。人家就纳闷:那你推销什么呢?当时建材主要就是水泥、玻璃等材料,很少有人听说过岩棉、石膏板这类新产品,因此推销起来很困难,吃了无数闭门羹。

有一次去广州一家公司推销,当我敲开门向公司材料处处长说明来意后,他说:"我现在很忙,回头再说吧。"怎么办呢?我就坐在走道的小板凳上等着。时至中午,他开门一看说:"小伙子还没走?"我说:"我的话你还没听呢。""那咱们接着说说吧。"就是这样,我慢慢用真诚和努力打动了很多客户,从最初被拒绝到后来被大家接受和喜欢,甚至有客户说:"小宋这段时间没来,我们还有点儿想他了。"

北新建材当年被迫进入市场,经受住了那些艰难打拼、自谋生路的市场历练。现在,北新建材依然很重视营销队伍建设。新型城镇化及新农村建设为石膏板等新型建材提供了新一轮发展的契机及市场空间,北新建材营销网络目前已经遍布全国各大城市及发达地区的县乡,并持续推进渠道下沉,进一步开拓县乡市场。

李强总理在人民大会堂出席记者会时重谈浙商"四千精神"——走遍千山万水,想尽千方百计,说尽千言万语,吃尽千辛万苦。这种筚路蓝缕、披荆斩棘的创业精神,是企业永远需要的。第二次世界大战之后,不少德国人连一句英语也不会说,却扛着德国企业的产品走向了国际市场。这就是德国人的悍马精神。温州人也是这样,不见得懂外语,但是敢于到全世界去推销自己的产品。

中国的企业要在市场上发扬"四千精神",构建"两栖"企业,成为进可攻退可守、既立足国内市场又面向国际市场的"双打"冠军。中国的大型跨国公司正在形成，美的、海信、TCL 等公司的国际化程度都很高，正在把公司产品推广到全世界，比如海信的海外销售额占比将近 50%，新的市场优势正在形成。

锤炼一支有工匠精神的员工队伍

要想产品卓越，把产品做到极致，就必须有硬功夫的工匠。企业要加强技术培训，提高员工的作业水平。我到奔驰汽车厂参访时发现，在斯图加特这座小城市里居然 95% 的人都是工程师；我在丰田汽车厂调研时看到，员工整整齐齐排着队去饭厅，全是清一色的年轻人。他们中学毕业以后就上技校，技校毕业以后就到丰田上班。对企业而言，工匠精神特别重要。

潍柴动力是山东潍坊一家做内燃机的企业，其柴油机的热效率超过 52%，目前是全球最高的。除了过硬的技术外，潍柴动力还很重视弘扬工匠精神，企业的首席技师就是一名"大国工匠"。现在讲"大国重器"比较多，要做"大国重器"必须有"大国工匠"。格力电器之所以能在市场竞争中取得好成绩，不仅得益于公司有位百折不挠、勇往直前、有拼搏精神的企业家董明珠，而且它还有 15 000 人的技术团队、几万名现代工匠。

今天，企业往往比较推崇智能化、自动化，这些很重要，但要把产品做到卓越，合适的管理工法、精益求精的工匠精神、智能化的装备，这三者缺一不可。过去一段时间，我们年轻人很少愿意到专科学校、技校学习，更不用说将来志向做技术工人了。在工匠精神方面，我们未来仍要继续加强职业教育、技能教育，培养更多的技术人员和工匠，这样才符合我国大力发展实体经济，建设制造强国和质量强国的战略。

企业就像一支乐队，每个员工都要清楚自己的目标和责任，在各自岗位上发扬工匠精神，配合默契、高效协作，将产品做到极致。在企业里，个人行为要服从组织行动，局部行动要服从整体安排。企业不仅需要注重团队建设，还要注重团队之间的协调与合作，这是开展各项工作的基础，也是实现企业目标的关键。

我们观察一个企业，不用翻看它的制度汇编，只需要看它的团队是不是一个默契的整体，组织成员是不是按照规则在行事，是不是尽心尽力在做事，就能对它的水平有个基本评价。

做企业的四大风险

企业的每一个决策、每一场博弈等都会有风险，风险会紧跟企业的脚步，零风险的情况从来都不存在。也就是说，企业无论大小，在发展过程中必然会遇到各种风险，这是客观规律。在企业发展过程中，风险一旦超过一定的限度，就会给企业带来危机。因而，企业要建好风险防火墙，及时发现，重视危机的早期应对，在风险处于萌芽状态时就积极化解、妥善处理，实现风险可控、可承受，防止小危机演变成大危机。

防范周期性风险

企业一般都会面临两个周期性风险：一是经济周期风险，二是产业周期风险。通常，经济周期包括繁荣、衰退、萧条、复苏等阶段。这些阶段都会对企业产生一定的风险，在一般情况下，经济繁荣时大部分产业需求都会扩大，普通的经营者对此也会信心十足；而经济萧条时，绝大部分产业需求都会面临萎缩，如果企业不能顺着经济周期优化产能，就会出现经营危机，特别是企业如果预测不到经济萧条期的来临还盲目扩大产能的话，那就会更危险。

欧美经济从第二次世界大战后到1965年经历了20年的繁荣发展，但1965—1985年处于经济结构调整期，欧洲经济开始衰退，而美国经济却出现了繁荣，成功打破了康德拉季耶夫长周期理论的"魔咒"。德鲁克将此归功于，美国进入了企业家社会或创新型经济的时代。我国也是如此，从1992年邓小平同志南方谈话开始，1992—2012年差不多也是20年的经济高速增长期，而后进入了新常态。也就是在那个时候，党的十八大报告明确提出"实施创新驱动发展战略"，用创新的驱动力来缓解经济增速放缓的压力，激发经济增长的动力，创造就业的机会。

产业也是有周期的，最终是由科学技术进步决定的，新科技会带来新产品，新产品会创造新产业。随着科学技术的进步，总会有一大批产业走向消亡，当然也会有一批新的产业发展起来。也就是说，当有了更新的技术之后，一些产业就会被其他新的产业替代，比如外卖冲击了方便面，手机冲击了相机、手表等。企业家一定要能预测到各种新科技对自身所在产业带来的风险，不然就会打垮了竞争对手却输给了时代。

无论处于哪个经济周期阶段，还是身处哪个产业，企业都有发展的极限，产业也都有衰亡的可能。一个产业当发展到极限时就会出现竞争过度的状态，而当一个产业开始衰亡的时候市场就会处于收缩期。因而，企业一定要辩证地看待经济周期和产业周期，重视周期性变化，有进有退，也要注意自己的发展节奏。当周期上行的时候，企业可以走得快一点；当周期下行的时候，企业要走得慢一点，无论快和慢都要突出一个"稳"字。做企业前进打冲锋、攻城略地，那当然好，但是也得学会转移，学会保留实力，这也非常重要。

其实，企业发展也是有周期的。企业在发展过程中，当一项业务如日中天时，就要适时发展新业务，用老业务的利润去培育新业务，当新业务做起来后逐渐代替老业务，这就是我们常讲的穿越企业生命周期、实现持续增长的第二曲线。2016年年初，受第二曲线理论的启发，我对中国建材的原有战略做了调整，将产业升级的路径概括为传统业务的结构调整和技术进步、发展新技术新产业、发展新业态的"三条曲线"，并对中国建材的产业单元做了相应划分，制定了各自不同的发展策略。

按照三条曲线的布局，中国建材构建起水泥、新材料、工程技术服务"三足鼎立"的业务格局，形成了一大批新技术、新成果、新模式，为产业升级提供了强劲的支撑和强大的动能，引领了产业科技进步和创新发展。三条曲线的划分，让中国建材各企业都处在某一曲线的发展范畴，清楚各自的转型升级任务，创新的目标和路线也很清爽，避免打乱仗。

减少决策性风险

决策往往是两难选择，不重视发展而过于看重风险，企业会止步不前；不重视风险而一味地发展，则很可能会轰然倒下，所以好的决策应是在保证企业快速发展的过程中把风险降至最低。在企业里，做决策不是一件容易的事。谁也代替不了企业领导者做决策，而一旦决策错了，那可能就是满盘皆输。企业领导者同意一个错误的决策或否定一个正确的决策，对企业来说同样有害，甚至后者的危害性更大，因为这可能使企业错过了一个重要的发展机遇。

针对一个选择、一个决策,我经常是成百上千次地思考,如影随形、不能释怀。有的时候本来做了决策,但是突然又有了不对称的信息,或是环境发生了重大变化,导致决策出现了问题,这时还得学会悬崖勒马,即使在决策前的最后一分钟,还是要改变主意的。所以,企业领导者不仅要有定力,还得有应变力。坦率地讲,我之所以能将中国建材和国药集团带入《财富》世界500强企业行列,就是"经营"这两家企业的结果。

企业在经营决策层面的风险,主要表现为经营失误,包括战略、用人、决策、管理等方面的失误。有效的经营者认为,任何经营行为都是一个风险管理的过程,最高超的经营艺术就是把风险降到最小,即使有风险也要可控可承受。风险可控可承受是我一直坚持的经营原则之一,有风险是正常的,关键是要知道风险可能发生在哪儿、企业的承受力有多大、有没有强大的"防火墙"和"灭火器"。

风险发生后,不能逃避,也不能掩盖,要正视并迅速切割风险部位,降低风险造成的损失,绝不能盲目投入更多资源进行补救,否则风险点和出血点就会越来越大,最终"火烧连营"。实践证明,任何一家大企业如果在风险控制问题上出了纰漏,一定会险象丛生,甚至是瞬间崩塌。

吉姆·柯林斯在《再造卓越》一书中总结了企业衰落的五个阶段:狂妄自大,盲目扩张,漠视危机,寻求救命稻草,被人遗忘或濒临死亡。企业倒下时可能全部经历了这五个阶段,也可能只经历了其中的几个阶段;有的企业走完这五个阶段要用几十年,有的只用短短几年,诸如雷曼兄弟几乎就是一夜之间倒下的。做企业就像爬山,爬上去可能需要10天时间,但是从山上掉下来只需要10

秒。所以，从来没有强者恒强的道理，即使今天很强的企业，也要思考下一个倒下的是不是自己，因为当下外部环境存在太多的不确定性。

今天的企业，尤其是大企业倒下对社会的影响会更大，怎么做才能避免衰落呢？只要企业没有深陷柯林斯所说的第五个阶段，仍有可能逆势翻盘。企业要想避免衰落、再造卓越，需要做到以下四点：一是规模做大以后要有忧患意识，严防机构臃肿、人浮于事、士气低迷、效率低下、投资混乱、管理失控的"大企业病"。规模是把双刃剑，企业患上"大企业病"，会降低自身的竞争力，进而走向衰落。二是在扩张时要突出主业，要有取舍，不做与企业战略和自身能力不匹配的业务。三是出现危机时，不能掉以轻心，要全力应对，防止风险点和出血点继续扩大。风起于青萍之末的时候，就应该去解决，千万不能大意，更不能采取"鸵鸟政策"，如果不直面危机，危机就会越来越大。四是解决问题时，不能抱着"病急乱投医"的侥幸心理，要静下心来找到解决问题的方法，对症下药，有效地解决问题。

警惕资金链风险

在检查身体时，主要手段是 X 线透视和血液常规检查，而为什么要进行血液常规检查呢？因为血液是反映人体健康状况的"晴雨表"，通过对血液成分的分析，可以了解人的许多生理状况。那么，企业的血液是什么？那就是现金，掌控了现金也就把握了企业的命脉。人死亡的主要标志是肺部停止了呼吸，那企业死亡的主要标志是什么呢？实际上就是资金链断了，现金流出现了问题。因此，做企业的一个底线就是要守护好自己的资金链。

现金是企业的血液，一个企业能否维持下去，不取决于它的账面是否盈利，而取决于它有没有正常运营所需要的现金，现金流动状况更能客观地反映企业的经营情况和真正实力。华为任正非当年到日本大阪调研，望着大阪城中的一口古井出神。大阪城曾遭遇过围攻，因为有井水才能守城，所以任正非说，企业的"井水"就是现金流，现金流就是企业"过冬的棉袄"。

在经营方面，企业的资产负债表、利润表和现金流量表至关重要，而现金流量表又是重中之重。企业要关注经营活动的现金流，追求有利润的收入、有现金流的利润。有效的经营者一定要特别重视现金流，不能出现资金链风险。

第一，要重视财务预算，量入为出。财务预算如果做得过紧，实施不下来，最后形同虚设，如果做得过松就会多花钱。有人说，管理是干毛巾也要拧出三滴水，但若在做项目投资的时候，先多花了"三桶水"，最后拧出了"三滴水"又有什么意义呢？所以，财务预算是一项硬功夫。到底有多少钱，到底做多大的事，千万不能"寅吃卯粮"，入不敷出。

第二，要合理利用财务杠杆，资产负债率不能过高，一般在50%左右比较合理。如果经济或产业周期上行、企业效益良好，资产负债率就可以适当高一点；如果经济或产业周期下行、企业效益欠佳，资产负债率就得降一点，因为资产负债率过高就会增加企业财务费用和偿债风险。其实，发债的利息往往比银行贷款的利息低，但是发债有一个刚性兑付的风险，要特别注意。

第三，要控制好"两金"占用。这里的"两金"，主要就是存货占用资金和应收账款。"两金"不仅占用了大量资金，还产生了一定的财务费用，同时应收账款还会带来相当大的资金风险。一些企业的利润表看起来还不错，但如果看它的现金流量表，就会发现现金入不敷出，其中的一个重要原因就是企业存在大量库存产品和应收账款。

第四，要学会归集资金。做企业往往会存贷双高，既有大量的存款又有大量的贷款。企业应该把有限的资金归集起来，不要分散在各个子公司的不同角落。由于石油、天然气属于资金密集型行业，中石油发展资金需求巨大，如何统筹使用资金资源、提升资金使用效率和效益至关重要。正是在这一需求的推动下，从20世纪90年代开始，中石油结合各发展阶段的不同特点，探索了内部结算中心、财务公司、商业银行等方式，经过反复权衡，最终选取了财务公司与结算中心并存的组合管控模式。

在这一模式下，财务公司担负中石油的集团理财职能，目标是通过资金运营，保证企业资金供应，提高资金使用效率和效益，创造利润；成员企业通过财务公司与结算中心，在整个集团公司需求总量平衡的基础上调节结构差异，将暂时闲置资金集中起来，在整个集团公司范围内统筹合理调配。这样，不仅提高了中石油的整体资金运营效率，还大大缓解了外部资金需求压力，从总体上降低了筹资成本。

规避大企业病风险

很多民营企业、中小企业的普通经营者可能认为，大企业病与自己无关。其实，大企业病不见得必须是大企业才会有，只要企业有成长，就可能会得大企业病。因为一个企业在成长过程中往往会有盲目性，如果不去干预它，它就会疯长，甚至出现机构臃肿、人浮于事、效率低下、士气低迷、投资混乱、管理失控等状况，这是我给大企业病归纳的六大特征。

那么，企业该怎么防范"大企业病"呢？那就要通过管理有意识地去控制机构膨胀、缩小人员规模，给企业"瘦身健体"，在"减"

字上下功夫。企业的逻辑是成长的逻辑，不成长就会消亡。我们一方面必须让企业长大，另一方面在成长过程中也要对企业进行"剪枝"，这与对果树进行剪枝的道理是一样的。

企业在成长过程中不"剪枝"就会膨胀，所以企业要不停地"剪枝"，控制组织层级、机构数量、人员规模。这样不仅可以降低成本，更重要的是可以提高组织竞争力，提升组织活力。

自 2016 年以来，中央企业按照国务院国资委的要求，一直在推进"瘦身健体"、提质增效的活动，让企业"减肥消肿"，增强主业的核心竞争力，显著提升自身的运行效率。而反观这段时间，个别民营企业却借助影子银行和银行表外业务快速举债发展，最后陷入债务的泥潭。有不少民营企业总结认为，它们的主要问题是发展速度超过了自身的可承受能力。

今后，我们可能不一定再需要刻意地去追求企业的规模了，或者说那个追求规模的时代已经过去了。"大而不倒"和"大到不倒"的逻辑有着根本性的错误，有效的经营者应该追求适度的企业规模，而不是用规模作为攀比的砝码。做企业要根据市场空间、自身能力等量力而行，无论做几亿、几十亿元还是做几百亿元的规模都是不错的。企业还是要稳健成长，不宜总讲跨越式发展，更不能拔苗助长。企业越大，风险越多，一旦倒下对社会的危害也会越大，就像多米诺骨牌那样，一家企业倒下会砸垮一连串的企业。因此，企业当大则大，当小则小，不一定非要做成"巨无霸"，得心应手才叫最好。追求活得更好、活出质量，这才是企业存在的真正意义。

企业要警钟长鸣，有效的经营者也会在风险防范上狠下功夫。第一，把风险管理纳入企业经营的全过程，把全面风险管理与战略规划、项目发展、日常经营管理结合起来。第二，坚持并完善管控体系，提高企业运行质量。第三，建立规范的治理结构，形成真正权责明确的制衡机制。第四，建立强大的内审机构，定时定点进行审计。第五，强化依法治企、依法监督，强化内控体系建设，加强对业务流程的管控，确保企业合法合规经营等。

THE EFFECTIVE
EXECUTIVE

后　记

  从萌生写作的想法到这本书的成稿，说起来也有 5 年时间了。记得 2019 年 7 月我曾在一个大企业负责人会议上做过一次演讲，那次演讲的题目是"从管理到经营"。当时，我有感于企业所面对的诸多不确定性，建议我们企业负责人应该更加重视经营工作，而把大量的管理工作下移给部下。但我知道，要做到这一点是极其不易的，因为这些大企业负责人多数和我有着相似的经历，都是从基层一步一步地成长起来的，他们对管理（尤其是对管人管事）有着极大的热情和偏好，如果不去管人管事，他们可能会觉得大权旁落了。事实上，此时此刻对企业的负责人来讲，最重要的是在不确定的环境下做出正确的选择，而不是去管那些具体的琐事。

  在一些企业里，往往不乏训练有素的管理者，真正缺少的是有战略思维的经营者。企业的领导者不仅要从管理者转变成经营者，而且还要从普通的经营者转变成有效的经营者。那次演讲之后，有些与会者就建议我把这些观点进一步完善一下，最好也能写成一本书。其实，这也是我写这本书的最初动意。自那之后，我进行了反复的思考，多次就"有效的经营者"这个主题给不同高校商学院的学员们讲课。

在西方语境下，"management"一词是大管理的概念，往往涵盖经营和管理两层意思。而在东方语境下，尤其是对中国人、日本人来说，往往习惯于把经营和管理分开来讲，认为经营是"做正确的事"，管理是"正确地做事"，经营是眼睛向外，主要是正确决策和获取资源，目标是提高效益，而管理是眼睛向内，处理好企业里的人、机、物、料的关系，目标是提高效率。简单来说，经营是开源，要多赚钱，向市场挣"三桶水"，而管理是节流，要少花钱，干毛巾也要拧出"三滴水"。我们在现实中也常看到，明明是企业的经营决策出了问题，领导者却不去调整企业的经营决策，反而在企业内部进行过度的管理。实际上，用管理的勤奋无法弥补经营的失误，经营失误相当于企业泼出去"三桶水"，而再正确的管理也只能为企业节省出"三滴水"。另外，管理的贡献是边际递减的，而经营的贡献是边际递增的。在一个企业里，既要有经营者抬头看路，也要有管理者埋头拉车。令我没想到的是，我 2019 年到位于海法市的以色列理工学院参观，看到有着 50 年教龄的夏罗默·迈特尔教授在他的教学 PPT 上居然介绍了我的这些观点，并将此称为中国式经营管理论。

从历史上看，整个 20 世纪可以说是"管理百年"，是一个解决产品有无的生产管理时代，因而产生的大量管理理论往往是围绕效率提升而展开的，尤其是彼得·德鲁克 20 世纪 60 年代写的《卓有成效的管理者》，更是把做好管理者的主要任务说得十分清楚，这本书至今仍是企业界人士喜爱的畅销书。但进入 21 世纪以来，随着互联网革命、气候问题、逆全球化，以及一些新兴经济体进入后工业化和后城市化时代，企业所面临的环境发生了重大变化，"不确定性"和"脆弱性"这两个关键词更好地反映了新时代的特点。也正是因为有感于这些变化，"有效的经营者"的概念和逻辑在我的大脑里逐渐清晰起来。

我做企业工作 40 年，其中工厂领导做了 17 年，大型央企领导做了 18 年；之后又做中国上市公司协会会长多年，其间调研了数百家企业。可以说我经历了中国企业领导者从管理到经营的全过程，尤其是在做央企领导的漫长岁月中，我对如何做个有效的经营者是有深切体会的。彼得·德鲁克在《卓有成效的管理者》一书中提出了有效管理者的五大要领，即善用时间、重视贡献、利用长处、要事优先、有效决策，而我结合自己的经历、观察和思考在《有效的经营者》一书中也归纳并提出了有效经营者的五项任务，即正确选择、有效创新、资源整合、创造价值、共享机制。如果要从管理者转变为经营者，并从普通的经营者成长为有效的经营者，我们就要抓好这五项任务。

在本书中，我特别强调了经营的有效性。也就是说，即使我们理解了从管理到经营的内在道理，也还远远不够，因为经营还存在着有效性的问题。本书实际上是从两个层面展开的，一个层面是从管理到经营，另一个层面是如何做到有效的经营，并详细讨论了有效经营者的五项任务。在本书中，我还介绍了一些可以提升经营能力的方法。我相信，这些观点、心得体会与方法对今天的企业领导者和致力于成为企业领导者的人士来说都有一定的参考价值。

也正因为如此，这本书是为企业领导者、致力于成为企业领导者的人士而写的，当然，也可供企业管理人员和各大高校商学院的学员们阅读学习。毕竟，从有效经营者的角度思考企业领导者的主要任务还是一个新的尝试。虽然在本书的构思和写作中进行了反复的研究，力求观点的精准和内容的扎实，但书中可能还会有一些不完善甚至不准确的地方，也希望广大读者不吝赐教，我们可以共同来完善这一创新尝试。

这本书特邀我国著名管理学专家王方华教授作序。王方华教授和我是因共同出任全国 MBA 教育指导委员会委员而结识的，后来我也多次听过他的演讲，被他在企业经营管理方面广博的学识和深邃的思想而深深折服。他系统地审阅了书稿并提出了许多重要而中肯的建议，我对他能为本书作序充满了感激之情。在本书写作的过程中，机械工业出版社吴亚军编辑全程参与，他是我认识的少有的优秀编辑，我的《企业迷思》《三精管理》等也均由他出任编辑，他那扎实的工作作风和对管理理论的钻研学习态度给我留下了深刻印象。与以前一样，在这本书的出版过程中，中国企业改革与发展研究会的李秀兰和李倩也做了不少细致的工作，尤其是机械工业出版社做出了大量的努力。在此，对大家的支持和帮助表示诚挚的谢意，也借此感谢喜爱拙作的读者们，你们的鼓励与支持是我持续写作的动力和源泉。

宋志平

2024 年 5 月